KB020174

강한 나라는

어떻게 만들어지는가

강한 나라는 어떻게 만들어지는가

2016년 1월 4일 초판 1쇄 발행
2016년 3월 25일 초판 2쇄 발행

지은이 강철규
펴낸이 윤철호
펴낸곳 (주)사회평론

편집 최연순·오순아·신성식·박보람·노희선
마케팅 박소영·정세림

등록번호 10-876(1993년 10월 6일)
전화 02-326-1182(영업) 02-326-1185(편집)
팩스 02-326-1626
주소 서울특별시 마포구 월드컵북로12길 17

ISBN 978-89-6435-811-5 03900

HOW THE POWERS WERE MADE

강한 나라는 어떻게 만들어지는가

강철규 지음

사회평론

차례

서론 – 우리는 발전하고 있는가? 6

1부 늪에 빠진 한국 15

1장 쿠오바디스 – 방향 잃은 대한민국 17
2장 무엇이 희망공유사회를 만들까 23

2부 신분 이동, 역동의 사회적 기술 31

3장 나라의 흥망을 가른 '시민권 제도' 34
4장 로마의 번영과 해방노예 43
5장 르네상스인의 탄생 – 역사상 최초의 주체적 자유인 55
6장 근대 흑인 노예의 해방 – 탐욕과 인권 67
7장 누가 땅을 소유하는가 94

3부 교환과 교역의 확대, 세계를 하나로 만들다 115

8장 선사시대와 고대의 교환 교역 기술 120
9장 중세 국제무역의 중심, 베네치아 144
10장 대서양시대의 개막 158

11장 부국의 조건 – 세계 경제 주도권이 바뀌어간 이유   173
12장 박제가의 교역 확대론   186

4부 견제와 균형, 권력을 통제하다 195

13장 로마 쇠망의 원인 – 견제와 균형의 상실   201
14장 영국 의회 제도 성립과 권력 분립 시스템   209
15장 몽테스키외의 삼권분립과 미국 헌법   229
16장 기업지배구조의 진화   242
17장 독점금지 제도와 유인설계   254

5부 신뢰와 법치, 공동체의 조건 273

18장 신뢰받은 조직 – 싱가포르, 홍콩의 부패방지기구   277
19장 최초의 성문법, 함무라비 법전   288
20장 로마법과 중국의 법가사상   299
21장 법의 지배 – 마그나 카르타와 나폴레옹 법   326
22장 재산권의 확립과 보호   342

결론 – 미래를 만들 사회적 기술들   353

주   364
참고자료   372

우리는 발전하고 있는가?
신분 이동과 소득 상승이 가능한 세상으로

우리 사회는 어디로 가고 있는가? 진정한 발전은 무엇인가? 필자는
꽤나 오래전부터 이러한 문제들에 의문을 가지고 있었다.

경제학자로서 처음에는 경제가 성장하면 당연히 사회가 발전한다
고 믿었다. 대부분의 경제학자들도 그렇게 생각한다. 경제학자뿐 아니
라 정치인, 언론인, 일반 시민까지도 대체로 경제성장률이 높으면 그
사회는 발전하고 있다고 믿는다.

그러나 언제부턴가 경제성장이 사회 발전의 유일한 기준이 될 수
없다는 생각이 들었다. 경제성장률이 높아도 국민의 행복은 비례해서
증가하지 않는 경우가 적지 않기 때문이다. 그러한 예는 역사상 대단
히 많다.

아프리카에서 흑인들을 강제로 끌고 와 생산하게 한 사탕수수를
유럽에 수출해 농장주에게 막대한 수익을 얻게 한 아이티의 경우, 그
사회를 발전하고 있는 사회라고 할 수 있을까? 남의 나라를 식민지화
하여 그곳 주민을 수탈함으로써 경제성장률을 높인 경우 이를 발전이

라 할 수 있을까? 멀리 볼 것도 없다. 우리 사회에 커다란 충격을 준 용산 참사에서 보듯이 재개발을 서두르다 여러 사람을 불에 타 죽게 한다면 이를 발전의 과정이라 할 수 있을까? 혹은 그 사회는 발전된 사회일까? 그게 아니라면 도대체 사회의 발전이란 무엇인가?

이런 고민을 하던 중 시선을 사로잡은 책 한 권을 만났다. 아마르 티아 센Amartya Kumar Sen의 『자유로서의 발전Development As Freedom』이라 는 책이었다. 인도 출신으로 케임브리지 대학에서 박사학위를 받고 케 임브리지와 옥스퍼드 대학 교수를 거쳐 현재 하버드 대학 경제학 교 수인 아마르티아 센은 아시아인으로는 처음으로 노벨 경제학상을 받 은 학자이다. 서구와는 전혀 다른 환경에서 성장한 아마르티아 센은 인도의 극심한 경제적 빈곤을 잘 아는 경제학자임에도 인류 사회가 발전한다는 개념을 자유라는 완전히 다른 시각으로 해석했다. 사회 구성원의 실질적 자유가 신장된다면 그것이 발전이라는 것이다. 경제 성장률이나 소득의 규모 등은 그다음의 이야기이다. 소득이 낮은 나라 라도 자유가 신장된다면 훨씬 행복하고 발전된 사회라고 센은 힘주어 말한다. 경제성장이나 소득보다 더 중요한 가치가 자유라는 것이 그의 주장이다.

발전과 4가지 기본 가치

센의 책을 읽고 난 후, 나는 발전이란 경제성장과 자유 확대가 함께 실현되는 것이라고 생각하게 되었다. 아무리 경제성장률이 높아도 사 회 구성원의 자유가 신장되지 않으면 발전된 사회는 아니라는 확신을 갖게 되었다.

사실 경제와 자유는 차원이 다른 가치이다. 경제는 수단적 가치이고 자유는 기본적 가치라고 볼 수 있다. 즉 자유는 인류가 추구하는 궁극적 가치이지만 경제는 자유를 확대할 수도 있고 억압할 수도 있는 수단적 가치이다.

자유 이외에도 인류가 보존하고 추구하여야 하는 기본적 가치가 있다. 생명, 신뢰, 재산권 보호 등이 바로 그것인데, 이들은 자유와 함께 인류가 공통으로 추구하는 기본적 가치이다. 이들 기본적 가치는 그 자체로서 목적이지 무엇을 위한 수단은 아니다.

이렇게 생각을 정리하면 애매하던 것이 보다 분명해진다. 기본적 가치가 실현되는 사회가 발전된 사회이며, 이들 가치가 진보할 때 발전하고 있다고 할 수 있다. 인간의 생명을 존중하지 않는 사회는 발전된 사회가 아니다. 서로 믿고 협력하지 않는 불신 사회 역시 발전된 사회가 아니다. 재산권을 기본적 가치로 보호하지 않는 사회도 마찬가지이다. 인간의 노동으로 생산된 재산을 소유하거나 처분할 수 있는 권한이 재산권이다. 생산자는 자신의 의지로 만든 생산물을 소유하고 처분할 권리를 가진다. 따라서 재산권을 침해하는 것은 인권을 침해하는 것이나 다름없기 때문에 이를 보호할 필요가 있다. 넓은 의미로 노동의 착취를 불식하는 것도 재산권 보호에 속한다.

이런 관점으로 보면 발전의 개념을 새롭게 정리할 수 있다. 진정한 발전이란 센의 주장에서 한 걸음 더 나아가 자유, 생명, 신뢰, 재산권이라는 인류가 지향하는 기본적 가치를 실현하는 것이다. 이를 기반으로 신분 이동과 소득 상승이 가능한 세상을 만들 수 있다. 이것은 단순히 경제성장을 발전이라고 생각하는 단선적 통념과는 매우 다른, 필자가 생각하는 진정한 발전의 의미이다.

사회적 기술: 제도, 조직, 리더십

하지만 여전히 해소되지 않은 의문이 있다.

어떻게 이를 실현할 것인가의 문제이다. 경제성장률을 높이는 것은 경제학 이론에 따라 투자를 늘리고 기술 진보를 이루면 실현이 가능하다. 그 결과도 다양한 지표와 숫자로 계량화할 수 있다. 그러나 자유를 확대하고 신뢰를 구축하며 재산권을 보호하는 것은 어떻게 이루어지며 이를 어떻게 평가한단 말인가? 그 방법을 찾는 것이 이 책의 목적 중 하나이다. 역사적 사례 속에 숨겨져 있는 일정한 법칙을 찾아보는 것이다.

그동안 필자가 얻은 결론은 이렇다. 인류 사회의 발전은 법과 제도의 개선을 통해 이루어진다. 그런데 법과 제도는 그냥 정하기만 해서는 효력이 나타나지 않는다. 비전과 실천 능력이 있는 리더십이 필요하며, 이를 효과적으로 집행하기 위한 조직이 필요하다. 이때, 제도와 조직과 리더십이 바로 사회적 기술Social Technology이다. 사회적 기술은 우리가 통상 알고 있는 자동차 생산 기술이나 휴대폰을 만드는 기술 등과 같은 물리적 기술과 다르다. 사람 간의 게임 규칙인 제도와 이를 실행에 옮기는 조직 그리고 이것을 이끄는 리더십이 하나의 시스템을 이루는 것이 사회적 기술이며, 이것이 잘 작동할 때 사회 발전의 원동력이 된다.

이 책에서 나는 발전을 가능하게 하는 좋은 사회적 기술이라는 새로운 개념을 기준으로 하여 인류사가 어떻게 전개되었는지, 기억할 만한 발전 사례는 어떤 것들이 있는지 차례대로 소개할 것이다.

역사를 발전시킨 사회적 기술

인류 최초의 사회적 기술은 언어였다. 언어가 생겨남으로써 비로소 다른 동물과 구별되는 인간 사회가 형성되고 인간관계를 규율하는 사회적 기술들이 나타나기 때문에 언어는 사회적 기술의 시작이자 기반이었다.

인간이 영장류 중에서 유일하게 발달된 사회를 구성하고 발전시킬 수 있었던 것은 의사 전달을 하고 소통을 하며 협동을 이끌어낼 수 있었던 말과 문자 덕분이다. 말과 문자가 발명되면서 다른 사회적 기술이 잇달아 등장하게 된다. 이웃과 교역을 하고 협력과 경쟁을 하며, 때로는 전쟁을 치른 것도 역시 언어가 있기에 가능하였다. 어느덧 말과 문자, 즉 언어는 모든 사회 활동에 필수적 수단이 되었다. 이런 점에서 말과 문자의 발명으로 사회적 기술의 토대를 마련한 것이라 하겠다. 말과 문자가 있으므로 규칙을 정하고 이를 기록하여 문서화하며 약속을 하는 등 미래를 설계할 수 있기 때문이다. 말과 문자 그리고 이를 바탕으로 한 사회적 기술이 개발되면서 인류 사회는 급속히 발전했다.

이 책의 본론에서는 이처럼 인류 역사를 바꾼 탁월한 사회적 기술들을 4가지로 압축하여 그 사례를 살펴보았다. 사회적 기술이 만들어낸 4가지 의미 있는 현상들은 신분 이동, 교환과 교역의 확대, 견제와 균형, 신뢰와 법치이다.

신분 이동을 가능하게 한 사회적 기술은 열린 사회를 만들어 사회 구성원의 열정과 잠재력을 자극한다. 교환과 교역의 확대는 공동체의 범위를 경제적, 문화적으로 넓혀 인류 사회의 번영을 이룩한다. 견제와 균형 시스템은 정치적으로 권력 독점을 막고 부정부패를 축소시키며 독점과 독단의 폐해를 줄임으로써 사회의 균형적 발전에 기여한다. 신뢰와 법치는 사회 구성원 간의 관계를 공정성과 믿음의 토대 위에 올려놓는 데 기여한다. 초기에는 이들 모두가 포함된 복합적 사회적 기술들이 발전한다. 언어와 문자, 정복 전쟁에 따른 시장 확대나 신분 제도의 변화, 문화의 교류 혹은 충돌 속에 사회적 기술이 전개된다.

그렇다면 이러한 사회적 기술들은 저절로 발생한 것일까? 아니다. 인류의 치열한 투쟁과 노력의 결과물이 사회적 기술이다. 로마인의 성산항거부터 노예해방을 위한 링컨 대통령의 남북전쟁에 이르기까지 치열한 싸움으로 얻어진 것도 있고, 시민권 법이나 권리장전, 농지개혁 그리고 르네상스, 시민혁명을 통해서 격이 다른 새로운 인간상을 만들어낸 것도 있다. 페니키아인의 지중해 무역, 베네치아인의 무역 확대를 위한 각종 제도와 전략 속에서 사회적 기술의 발달을 엿볼 수도 있다.

개인의 자유권과 재산권을 확보하기 위하여 투쟁과 때로는 혁명이 필요하였다. 교환과 교역은 위험을 무릅쓴 지리적 발견과 이익을 위한 무역의 확대를 통하여 이루어졌다. 견제와 균형 시스템을 구축하는 일은 로마법에서 보듯이 평민의 항거로 이루어지기도 하고 몽테스키외와 같은 학자의 아이디어가 반영되어 만들어지기도 하였다. 신뢰를 가져오는 법치는 통치술로 발전되기도 하였고, 지배와 피지배 간의 투쟁과 혁명으로 만들어지기도 하였다. 탁월한 지도자의 리더십이 새로운 사회적 기술을 이끌기도 하였다.

오늘날에는 많은 사회적 기술들이 민주주의적 합의에 의하여 결실을 맺는다. 정치과정을 통하여 새로운 사회적 기술들이 등장하는 사례가 늘어나고 있다. 국내는 물론 유엔이나 유럽연합에서 보듯이 국제적으로도 정치과정을 거쳐 만들어지는 길이 열려있다.

미래를 위한 새로운 패러다임

다소 길었던 설명처럼, 이 책은 오랜 고민 끝에 내놓는 발전에 대한 개인적, 사회적 경험의 결과물이다. 이 책의 궁극적인 목적은 사회적 기술을 둘러싼 과거 역사적 사실을 소개하는 데 있는 것도 아니고 발전이란 개념 정의에 있는 것도 아니다. 오히려 미래에 있다고 하겠다. 우리가 미래에도 지속적인 발전을 하기 위해서는 무엇을 해야 하는가에 대한 돌파구를 찾고자 이 작업을 시작했다.

이제는 경제성장률만 높이면 된다고 믿는 개발연대의 사고에서 벗어나 새로운 차원의 발전 패러다임으로 넘어가야 한다. 그래서 진정한 발전이 무엇인지를 다시 검토해보고, 발전의 기준으로 삼을 수 있는 사회적 기술을 눈여겨보아야 한다. 이를 통해 인류가 지향하는 기본적 가치를 실현하는 방향과 후퇴시키는 방향을 가려낼 수 있을 것이다.

그리고 혼미에 빠져있는 우리 사회의 미래 발전을 위해서는 어떠한 가치들이 존중되고 실현되어야 하는지도 설명할 것이다. 특히 경제성장률 높이기에 몰입하는 과거 개발연대의 패러다임에서 벗어날 필요가 있다. 경제성장률 높이기가 자유, 생명, 신뢰, 재산권 보호 등 기본적 가치를 실현하는 데 중요한 수단이긴 하지만 이것 때문에 그보다 더 소중한 기본적 가치들을 잃거나 훼손하는 일은 더 이상 용납되어서는 안 된다. 이 책이 좀 더 나은 미래를 꿈꾸는 모든 이들에게, 그리고 우리 후손들을 위해 무엇인가 좋은 것을 남기려는 모든 이들에게 참고가 되기를 바랄 뿐이다.

이 책이 나오기까지 도움을 준 고마운 분들에 감사한다. 책의 기획에 대해서 호의적 평가를 해준 한겨레신문의 곽정수 대기자와 취지를 듣고 즉각 출판을 결정해준 사회평론의 윤철호 사장님, 그리고 원고를 편집하면서 여러 조언을 아끼지 않은 편집부에 감사를 드린다. 이 책의 제목은 이 분들의 진지한 논의와 토론 끝에 얻어진 것이다. 독자들에게 발전과 사회적 기술이라는 키워드가 잘 전달되었으면 한다.

책을 집필하기 위해 1년 동안 거의 매일 국립중앙도서관에 출근하다시피 했다. 사회과학 서적이 진열되어 있는 4층은 개가식으로 되어 있어서 얼마든지 참고문헌을 찾아볼 수 있는 쾌적한 환경을 제공해주었다. 국립중앙도서관이 고맙기 그지없다.

마지막으로 가족에게 감사한다. 한평생 남편과 가족을 위해 헌신하고 질병과 정신적으로 고통 받는 이웃의 아픔을 치유하는 기도에 많은 시간을 들여 온 아내 임규심과 올해 결혼한 늦둥이 강범수와 며느리 조유수에게 이 책을 선사하고 싶다.

2015. 11
강철규

1

늪에 빠진 **한국**

HOW THE POWERS WERE MADE

1장 | 쿠오바디스
방향 잃은 대한민국

패러다임 전환기

고속 성장을 구가하던 대한민국의 경제성장 속도가 둔화되기 시작한 것은 어제오늘 얘기가 아니다. 경제가 불쌍하다는 대통령의 말처럼 성장이 정체되고 있다. 한국의 경제성장률은 개발연대(1960~70년대) 10퍼센트 전후의 고성장기를 지나 잠시 7퍼센트대에 머물렀고, 10여 년 전부터는 5퍼센트대 성장을 기록하다가 이제 3퍼센트 아래로 점차 떨어지고 있다. 경제성장률이 떨어질 때마다 정부와 정치권은 호들갑을 떨며 정치적인 의도로 경제 살리기 구호를 반복하여 외치고 있지만 백약이 효력이 없다.

경제가 성장할수록 높은 성장률을 유지하기는 더 어려워진다. 어린아이가 성장하는 속도를 다 큰 어른이 따라잡을 수는 없다. 성장기 아이는 해마다 옷이 안 맞을 정도로 쑥쑥 자라난다. 하지만 고등학생만 되어도 신체적 성장 속도는 뚝 떨어진다. 밥을 잘 안 먹어서가 아니라 이미 자랄 만큼 자랐기 때문이다. 이제 유년기를 지나 여러 선진국과 키를 나란히 하게 된 대한민국을 상대로 아직도 왜 키가 이전처럼 자라지 않느냐고 채근하는 건 어리석은 일이다.

또 청소년이 신체만 컸다고 어른 대우를 받는 게 아니듯, 경제 성장률이 높다고 선진국으로 인정받는 것은 아니다. 성인으로 인정받기 위해서는 나이에 걸맞은 정신적 성숙이 뒤따라야 하고, 그래야만 성인 사회에 진입할 수 있다.

우리 사회도 마찬가지이다. 유소년기 사회의 성장 패러다임과 성인기 사회의 발전 패러다임이 서로 다르다. 유소년기에는 우선 성장이 중요하였지만 성인 사회의 발전 패러다임은 인류가 지향하는 공통의 기본 가치인 자유, 생명, 신뢰, 재산권 보호 등의 실현을 중시하여야 한다. 유소년기에도 이 가치들이 유효하긴 했으나 그때는 경제성장에만 몰두해도 자유, 생명, 신뢰와 같은 기본적 가치가 덩달아 개선되는 면이 있었다. 그러나 이제는 다르다. 경제 규모가 확장됨에 따라 그에 걸맞는 가치들의 실현에 한걸음 더 나아가야 한다.

양극화되는 사회

오늘날 경제성장률보다 더욱 눈여겨봐야 하는 것은 양극화 문제다. 2015년 한 통계자료에 따르면 2014년에 10대 그룹의 사내유보금은 전년 대비 40조원이 늘어나 504조원이 되었다. 반면 가계는 부채가 68조원이나 증가했다. 기업은 돈을 쓰지 않고 쌓아두면서 부자가 되고 있는데, 일반 가정은 빚을 내서 생활하면서 점점 가난해지고 있다는 말이다.

양극화가 심화될수록 다수 서민의 경제적, 사회적, 정치적 자유가 제한되고 사회의 갈등과 대립이 증폭되어 공동체의 신뢰가 깨진다. 이 과정에서 천부적 인권이 훼손되기도 한다. 이렇게 되기까지 근로자들이 일한 만큼 제대로 대접을 받았는지도 살펴야 한다. 그것은 재산권이 제대로 보호되었는가에 대한 문제와 직결된다. 이렇듯 경제의 양극화가 확대되면서 자유, 생명, 신뢰, 재산권 보호 등 인류가 지향하는 기본 가치들이 훼손되는 문제가 발생하는 것이다.

"경제가 불쌍하다"는 대통령의 말은 성장률에 대한 것인가, 양극화에 대한 것인가? 성장률에 대한 집착은 과거 성장 패러다임에 매달리는 것으로 현재와 미래의 문제를 해결하지 못한다. 하지만 안타깝게도 모든 관심은 여전히 성장률에 쏠려 있는 듯하다. 정치인이나 정부 그리고 언론, 학계를 막론하고 대부분의 사람들이 이러한 사고의 틀에 갇혀 있는 것이 현실이다. 경제성장률이 높으면 안심하고 경제성장률이 떨어지면 큰일 날 것처럼 걱정한다. 무엇을 어떻게 보완할지에 대해서는 혼란스러운 상태이다 보니 익숙한 경제지표에 다시 매달리고 만다.

우리가 현재의 새로운 문제들을 인식하지 못한 채 어디로 가고 있는지조차 모르는 이유는 진정한 발전이 무엇인지 모르기 때문이다. 개발연대를 살았던 노·장년층은 성인 사회에 맞는 사회 발전 패러다임에 익숙하지 못해 성장 패러다임에 여전히 매달리고, 청소년들은 이미 현실을 옥죄는 양극화 속에서 어디로 갈지 방향을 잃고 있다.

무너지는 공동체-희망격차 사회

대한민국은 가난한 나라였다. 하지만 더 나아질 것이라는 희망이 있었다. 독재와 가난에도 미래에 대한 희망을 모두가 공유하고 있는 사회였다. 더 나아질 거란 믿음이 경제성장을 가능하게 한 숨은 요인이었다.

이제는 경제의 총량이 크게 늘어나 1인당 소득이 3만 달러를 바라보는 선진국 문턱에 들어섰다. 하지만 자세히 들여다보면 대한민국은 양극화가 극심하고 갈등과 대립이 증폭되는 위기의 사회가 되어가고 있다. 가난하지만 노력하면 잘 살 수 있고 가난을 극복할 수 있을 것이라는 희망을 가지고 뛰었던 개발연대와는 매우 다른 양상이다. 방향과 희망을 잃은 무기력한 사회적 분위기가 나타나고 있다.

자녀를 가진 부모들은 사교육과 스펙 쌓기 경쟁에 모든 소득과 정열을 쏟아붓고 있다. 아이들의 개성이나 잠재력을 살리기보다는 오로지 자기 자녀가 경쟁에 이겨서 일류 학교에 진학하는 것을 목표로 하고 있다. 그 성과는 부모의 소득이나 지방과 수도권, 강남과 강북 등의 지역 차이에 따라 달리 나타난다. 사람들은 강남을 시기하면서도 자녀를 위해 이곳으로 몰려든다. 심지어 자녀 과외비를 벌기 위해 부모가 노래방에서 알바를 하기까지 한다. 자녀들이 경쟁에서 이기도록하기 위해 전력투구하는 경제성장 패러다임의 산물이다.

자녀들에게 감사, 배려, 협력 등 함께 사는 데 필요한 공동체의식을 심어주기보다는 경쟁에서 승리하도록 사교육을 시키는 것이 더 중요한 사회가 되어 버렸다. 머리로는 이것이 좋은 선택은 아니라고 생각하면서도, 실제로는 코앞의 이익만을 위해 올바르지 않은 선택도 마다하지 않는다. 나 혼자로서는 어찌할 수 없는 제도와 관행이 사람들의 어깨를 짓누르고 있다.

그 과정에서, 내 자유와 성공이 중요한 만큼 더불어 사는 이웃과 사회 구성원들의 자유와 성공도 중요하다는 것을 까맣게 잊는다. 이웃의 생명도 내 생명과 똑같은 가치가 있다는 사실에 대하여는 무덤덤해지거나, 알고 있어도 무시해버리기 일쑤다. 내가 속한 공동체가 행복해야 나도 행복할 수 있다는 당연한 진리가 잊혀지고 있다. 오로지 돈, 명예, 권력을 얻기 위해 나와 더불어 사는 이웃의 생명과 재산 그리고 자유와 신뢰를 가볍게 여기는 사회가 되어 버렸다. 과연 이런 변화를 발전이라고 할 수 있을까? 이런 상황에서 엄청난 경제성장을 이룩했다는 것만으로 우리는 발전했다고 할 수 있을까?

경제성장률이나 국민소득 규모, 그리고 수출량 등 여러 가지 수치는 그토록 선망하던 선진국 수준에 가까워졌는데, 우리가 진정으로 꿈꿨던 신뢰와 협력의 사회는 온데간데없다. 그 대신 어디로 가야할지 모르는 무기력하고 희망 없는 안타까운 모습이 펼쳐지고 있다.

용산 참사나 세월호 참사가 대표적 사례다. 이런 대형 재난에 대처하는 우리의 자세에서 볼 수 있듯이 생명을 존중하는 안전한 공동체 사회를 건설하겠다는 꿈이 사회 전반에서 무너져 내리고 있다. 또 국민의 생명과 재산을 보호한다는 국가의 역할에 대한 불신도 뿌리 깊게 자리하고 있다. 경제성장률의 증가만을 추구하며 이기적인 경쟁에 몰두하다보니 공동체의 구심점마저 모호해지고 있는 것이다.

이러한 가운데 양극화는 더욱 극심해져 희망을 상실하는 계층이 늘어나는 사회구조를 고착화시키고 있다. 열심히 하면 더 나은 삶을 살 수 있다는 믿음이 사라지고 있다. 그런 믿음이 가장 필요한 젊은이

사이에서부터 말이다. 오늘날 대한민국의 가장 큰 고민은 경제성장률의 둔화가 아니라 희망이 사라지고 있다는 것일지도 모른다.

공동체 의식의 상실은 패러다임 전환기에 나타나는 사회 현상이다. 과거 성장 패러다임이 수명을 다하였는데 대체할 새로운 사회발전 패러다임이 무엇인지 모르기 때문에 생기는 일이다. 새로운 사회발전 패러다임은 인류가 지구 상에 살면서 오래도록 추구해 왔던 공통의 가치들을 실현하는 것이다. 프롤로그에서 잠시 말했듯이 자유, 생명, 신뢰, 재산권 보호 등의 가치이다. 개발연대에는 경제성장을 통해 이러한 가치들이 어느 정도 실현되었기에 모두 열심히 일하며 희망을 가지고 있었다. 빈곤에서 해방되어 경제적 자유가 확대되었고 인간의 존속과 번영이 가능해졌으며 신뢰도 쌓였다. 시장경제의 자유 거래를 위해 사유재산권 제도도 어느 정도 마련되었다. 그런데 지금은 지난 반세기 동안 이룩한 성장의 토대 위에서 새로운 자유, 생명 존중, 신뢰 구축, 재산권 보호 문제가 등장하였는데 이를 모른 채 고장 난 레코드판처럼 성장률 높이기 구호만 외치고 있다. 신뢰로 쌓아올린 공동체 의식도 더 이상 진전되지 못하고 하나씩 무너지고 있다.

어떻게 하면 새로운 사회 발전 패러다임으로 전환할 수 있을까? 사회 구성원 모두가 희망을 가지고 다시 열심히 뛰어갈 목표를 찾을 수 있을까?

2장 | 무엇이 희망공유사회를 만들까

사회적 기술: 제도, 조직, 리더십

과거의 성장 패러다임만을 반복해서는 우리가 빠져 있는 늪에서 헤어날 수 없다. 경제성장만 부르짖어도 괜찮은 시대는 이미 지나갔다. 성장률이라는 숫자만으로는 현재의 문제를 해결하기는커녕 심화시키기만 할 뿐이다. 이제 어른이 되어버린 우리 사회에 걸맞은 새로운 발전 모델과 사고가 필요하다.

관점을 바꿔 경제성장 대신 신분 혹은 계층 이동이라는 측면에서 세상을 바라보자.

한국은 지난 반세기 동안 계층 상승이 가능한 사회였기에 발전하는 사회라고 할 수 있었다. 그러나 지금은 계층 상승이 점점 더 어려워지고 있다. 계층 이동이 열린 사회에서 닫힌 사회로 변화하고 있는 것이다. 닫힌 사회에서는 사람들이 자발적으로 노력 함으로써 생기는 경제 활력도 사라지게 된다. 일본은 잃어버린 10년을 겪으면서 한때 니트족NEET: Not in Employment, Education or Training이라는 말이 등장하여 사회적으로 격렬한 논쟁을 일으켰다. 그들은 고용도 되지 않고 교육도 받으려하지 않으며 직업훈련도 포기한 이들로 사회적 활동과 경제적 활동을 완전히 단념한 사람들이다. 먼 나라의 일만이 아니다. 우리나라에도 최근 3포 세대라는 말이 생겼다. 연애와 결혼 그리고 출산을 포기한 세대를 의미한다. 최근에는 직장, 인간관계까지 포기한 5포 세대, 그에 더해 꿈과 희망마저 포기한 7포 세대도 등장했다. 이는 사회적 여건상 아무리 노력해도 계층 이동이 불가능한 세태를 반영한 표현이다. 이러한 사람들이 늘어나는 사회는 분명 문제가 있는 사회다. 그런 사회에서는 생명 존중과 자유 확대가 불가능하고 창의력이 발휘될 수 없다.

오늘날 이처럼 신분(계층) 이동의 길이 막힌 것은 경제적 격차에 기인하는 경우가 많다. 직업의 격차가 원인이 되기도 한다. 권력이 있는 기관과 그렇지 않은 기관에 종사하는 사람들 간의 격차가 더욱 심해졌기 때문이기도 하다.

우리에게는 이러한 격차사회로부터 벗어나기 위한 방안이 필요하다. 이는 정책과 제도의 도입으로 풀어야 한다. 이것을 해결하는 것이 바로 사회적 기술이다.

사회적 기술이라는 단어는 우리에게 그다지 익숙한 말은 아니다. 기술이라고 하면 용접 같은 특수 기술에서부터 프로그래밍 같은 최첨단 기술을 떠올리게 마련이다. 하지만 모든 기술이 이런 물리적 기술을 의미하는 것은 아니다.

사회적 기술은 간단하게 얘기하자면 사회 변화를 이끌 수 있는 게임 규칙, 즉 제도라고 할 수 있다. 다만 이 제도를 실현하려면 제도를 운영하는 조직, 그리고 조직을 이끄는 리더십이 필요하다. 즉 사회적 기술은 제도, 조직, 리더십을 통괄하는 시스템이라고 할 수 있다.

사회적 기술과 제도의 상관관계는 쉽게 유추해볼 수 있지만, 조직과 리더십이 포함되어야 한다는 것에 대해서는 언뜻 의문이 들 수 있다. 하지만 조직과 리더십까지 사회적 기술의 범위에 포함시켜야 하는 이유는 명백하다. 제도는 제도 자체만으로 성과를 내지 못한다. 이 제도를 집행하는 주체인 조직과 이를 운영하는 리더십에 따라 동일한 제도라도 천차만별의 결과를 가져온다. 어떤 제도를 도입하느냐는 문제도 리더십의 영향을 받곤 한다.

민주주의를 예로 들어보자. 민주주의가 확립되지 않았다고 평가받는 제3세계 국가도 민주주의가 발달된 미국, 서유럽 국가와 표면상 비슷한 제도를 가지고 있다. 하지만 이를 운용하는 조직과 리더십에서는 차이가 있다. 이들이 뒷받침되는지 여부가 실질적인 민주주의의 실현 여부를 결정한다.

좋은 사회적 기술, 나쁜 사회적 기술

제도, 조직, 리더십을 포괄하는 사회적 기술은 기계·전자·화학·우주 항공 등의 물리적 기술과는 완전히 다른 개념이다. 인류 역사상 나타났던 사회적 기술들은 권력자가 만들어내기도 했지만, 반대로 시민들이 그것을 얻기 위해 투쟁하고 때로는 전쟁까지 불사하는 과정에서 만들어지기도 하였다. 지난 세기 유럽 통합(EU 통합)을 이끌어낸 사례처럼 비전과 실천 능력을 갖춘 리더십이 오랜 시간을 들여 제도를 만들고 실천할 수 있는 조직을 구성하는 경우도 있다. 그런가 하면 미국의 남북전쟁과 같이 노예해방을 위해 전쟁까지 치른 경우도 있다.

물론 다른 방식도 얼마든지 있다. 로마의 평민은 귀족에 항거하여 호민관 제도를 얻어냈고, 프랑스 신흥 시민계급은 절대왕정에 항거한 대혁명으로 새로운 법과 제도를 탄생시켰다. 이런 역사적 사건들을 통해 인권과 생명의 존엄성이 중요해졌고 재산권의 보호가 국가의 최고 의무로 확립되었다. 영국에서는 마그나 카르타Magna Carta로 시작되는 왕과 귀족 간 권력투쟁이 그 후 수백 년 계속되어 결국 세계 최초로 왕권을 견제하는 의회 제도를 만들어냈다. 영국의 의회 제도는 1688년의 명예혁명으로 이어져 근대적 사유재산권 제도와 산업혁명을 이끌어 냈다.

뒤에서 더욱 자세히 서술하겠지만, 이러한 사회적 기술 중에도 번영에 이바지한 좋은 사회적 기술이 있고 사회를 쇠락시키는 나쁜 사회적 기술이 있다. 우리가 할 일은 좋은 사회적 기술을 찾아내 도입하는 것이다.

사회적 기술이 포괄하는 영역

사회적 기술은 경제성장과 대립하는 개념이 아니다. 오히려 경제성장을 포함하여 그보다 상위의 가치를 실현하는 더 넓은 차원의 기술이라고 할 수 있다.

경제성장을 위한 제도와 방법들도 사회적 기술에 속한다. 교환과 교역의 확대를 위해서 무역의 자유화를 확대하는 일, 오늘날 FTA를 비롯한 각국 간의 협력 등도 사회적 기술이다. 다만 경제성장률을 높인다 해서 반드시 사회가 발전하는 것은 아니다.

경제성장보다 더 차원이 높은 발전의 가치들이 존재한다. 이를 해결하는 사회적 기술이 좋은 사회적 기술이다. 반면 경제가 아무리 성장해도 그것이 사람을 희생시키는 성장이라면 이는 발전에 기여했다고 할 수 없다. 생명 존중이라는 가치를 훼손하는 것이기 때문이다. 사회 발전을 위해서는 개인의 자유를 확대시키는 사회적 기술이 고안되어야 한다. 개인의 신체의 자유, 재산, 사상의 자유를 보장하는 각종 제도나 법률 그리고 정책 등의 사회적 기술이 필요하다. 이러한 기본적 가치를 손상시키는 제도는 좋은 사회적 기술이라고 할 수 없다.

신뢰 구축도 역시 중요한 기본적 가치이다. 신뢰는 사회 구성원 간의 협력을 이끌어내고 경쟁에 지친 이웃들을 행복하게 만든다. 공평한 분배나 법적용의 공정성 등이 이루어지면 신뢰 구축에 기여하게 된다.

재산권의 보호가 확립되는 것도 중요하다. 중세시대에는 왕의 재산권 침해가 문제였다. 오늘날에는 사유재산권의 보장과 더불어 근로자의 정당한 노동에 대한 대가를 보장하는 경제 정의가 중요하다. 일한 만큼 대접받는 사회를 건설하는 것, 노동에 대한 정당한 대가를 주는 것이 현대적 의미의 재산권 보호이다. 이를 보장할 때 사회가 발전한다.

견제와 균형 또한 사회적 기술이 다루어야 할 가치이다. 견제와 균형은 민주주의의 핵심 작동 원리인 동시에 오늘날에는 상생 협력을 위한 유인설계incentive design로도 발전하고 있다. 풀어 말하면 주인-대리인 관계에서 발생하는 도덕적 해이moral hazard문제를 사전에 예방하고 상생하도록 하는 디자인이다.

마지막으로 법치라는 가치가 있다. 공정한 법치를 위해서 인류가 어떠한 법을 어떻게 만들었는지 살펴볼 필요가 있다. 인권에 관한 제도와 재산권에 대한 제도는 어떻게 법제화되었는가? 오늘날 대부분의 사회적 기술은 의회의 입법 활동을 통하여 결정된다. 아이디어가 출현하거나 이해관계를 조정해서 법제화하기까지가 오늘날 사회적 기술을 구축하는 과정이다. 다만 법을 만드는 일도 중요하지만 법 적용이 공평하고 엄격해야 한다. 이 역시 사회적 기술의 영역에 포함된다.

과거에서 미래를 찾다

사회 발전에 사회적 기술이 이렇게 중요하다면, 좋은 사회적 기술을 어디서 찾아낼 수 있을까?

과거는 미래의 거울이다. 지금 우리가 겪는 비슷한 상황이 지난 역사에서 다양한 모습으로 변주되어 왔다. 우리는 바로 그런 역사적 사실들에서 힌트를 얻을 수 있다.

인류의 긴 역사 속에서 번영했던 사회는 몇 가지 뚜렷한 특징을 가지고 있다. 첫째, 계층 이동이 활발한 역동적 사회였다. 우리 속담에도 있는 "개천에서 용 난다"는 말이 상징하듯이 대한민국은 신분 상승이 가능한 사회였다. 그리고 그 덕분에 발전하고 있는 사회였다. 반면에 신분 이동이 불가능한 계급사회는 정체하거나 멸망의 길을 걸었다.

둘째, 교환과 교역이 확대되는 사회다. 이런 사회는 사회 구성원들이 활발히 생업에 종사하여 보다 많은 생산물을 만들어냈다. 또한, 더 넓게 더 멀리 교환하고 교역하려는 노력이 계속되었다. 실크로드를 통해 동서교역이 확대되었던 시대, 지리상의 발견으로 대서양 항로가 개척되었던 대항해시대 등은 번영과 활기가 넘치는 시대였다. 세계적 규모로 교환과 교역이 확대되면서 인류는 역사상 유례가 없는 부의 증대를 가져오는 산업혁명을 준비할 수 있었다.

셋째, 사회의 모든 권력 구조가 분립되어 견제와 균형을 이루는 사회였다. 또는 권력분립을 위해 투쟁하고 노력하는 사회였다. 권력분립이 이루어졌던 로마 공화정이 번영하다가 제정기로 들어서면서 황제의 독재 시대가 되자 쇠퇴하고 멸망의 길로 들어섰던 사례가 대표적이다. 마그나 카르타 이후 수백 년간 치러냈던 영국 왕과 의회 간의 투쟁은 권력분립을 가능하게 하였다. 이것이 명예혁명으로 결실을 맺고 산업혁명의 동력이 되었다는 사실을 주목해야 한다.

넷째, 법치가 발달하여 사회가 안정되고 신뢰가 쌓이는 시대도 역시 발전한다고 볼 수 있다. 법치는 사회 구성원 간의 신뢰를 높이는데 기여한다. 함무라비 법전Code of Hammurabi을 반포하였던 바빌론 왕국, 근대법의 모태가 되었던 로마법, 시민의 인권과 재산권 제도 등을 확립시킨 나폴레옹 법 등은 각각 번영하였던 시대를 상징한다.

이상과 같은 신분 이동, 교환 및 교역의 확대, 권력분립, 그리고 신뢰와 법치의 강화는 사회가 발전하고 있다는 징표이다. 그러한 사례들을 역사에서 찾아보면 우리가 어디에 있고 어떻게 하면 번영하고 발전할 수 있는지에 대해 지혜를 얻게 된다.

첫째, 신분 이동이 가능한 사회로 만들어라.
둘째, 교환과 교역이 확대되는 사회를 만들어라.

셋째, 견제와 균형 장치가 작동하게 만들어라.

넷째, 공정한 법치가 실현되는 사회를 만들어라.

위의 4가지 현상을 잘 보여주는 역사적 사실과 사건들을 이제부터 구체적으로 살펴볼 것이다. 우리에게 교훈을 주고 우리가 처한 어려운 늪에서 벗어나게 해줄 대안이 무엇인지를 밝히는 데 과거의 역사가 거울이 되어줄 것이다.

2

신분 이동, 역동의 **사회적 기술**

HOW THE POWERS WERE MADE

신분 이동은 역사 발전의 원동력

인류 역사는 인간의 자유가 확대되는 방향으로 발전해 왔다. 역사적으로 어느 시대, 어느 사회를 막론하고 신분 상승의 기회가 열려 있는 경우에 발전했고, 닫혀 있는 경우에 활력을 잃고 쇠퇴했다.

모든 사회 구성원 간의 신분에는 일정한 격차가 있다. 인종적, 종교적, 법률적, 사회적, 경제적 차이 등 다양한 요인에 의해 신분 격차가 존재한다. 이러한 격차에 따라 사회적 질서가 생기고 질서에 따라 행동 양식이 달라진다. 같은 노예라 하더라도 로마의 노예는 인종적으로는 차이가 적었으나 법적으로는 차이가 있었으며 근대 아메리카로 강제 매매된 아프리카 흑인 노예는 법적으로는 물론 인종적으로 차별을 받은 경우였다. 종교적으로 보자면 313년 로마가 기독교를 공인하기 전 수백 년 동안 기독교인들은 지하에 숨어 살아야 할 정도로 박해를 받았다.

법률적으로는 모두가 평등한 오늘날에도 선·후진국을 막론하고 99퍼센트의 서민과 1퍼센트의 부자를 가르는 경제적 신분 격차가 날로 심화되고 있다. 학력, 지역별, 성별, 피부색, 경제력 등의 차이로 사회적 신분 격차는 법률적으로 평등 사회라 하더라도 여전히 존재하고 있다. 오늘날 전 세계에 만연한 채 날로 심화되고 있는 빈부 격차가 이를 말해준다.

어느 사회를 막론하고 이러한 격차가 완화되거나 해소되는 경우에는 번영하고 반대로 격차가 고착되거나 심화되는 경우에는 쇠퇴한다는 것을 역사가 우리에게 웅변해 주고 있다. 그러므로 우리는 역사상 신분 이동을 이루었거나 그것이 가능하도록 투쟁하였거나 제도와 정책을 만들어간 사례를 눈여겨 볼 필요가 있다. 그것이 바로 역사를 발전시킨 사회적 기술의 구체적 사례이기 때문이다.

완벽한 평등이 이루어진 사회는 어쩌면 신화일지 모른다. 그러나 평등을 향해 조금씩 인류 역사가 이동하고 있는 것은 확실하다. 그런 의미에서 평등이 어느 정도 실현되었는지 못지 않게 중요한 것은 평등으로 가는 길이 열려 있는지가 중요하다. 그것이 평등의 수준 차이보다 더욱 중요할 수 있다는 뜻이다.

"개천에서 용 난다"라고 했을 때 개천의 미꾸라지는 아직 미천한 신분이다. 미천한 신분에서 용이 될 수 있는 기회가 열려 있느냐 닫혀 있느냐가 중요한 이유는 그것이 열려 있을 때 미꾸라지들의 활동이 활기차게 이루어지기 때문이다. 처음부터 모두 평등한 것이 중요한 것이 아니라 신분 이동의 가능성이 있는가가 중요한 것이다. 법률적으로, 경제적으로, 사회적으로 평등한 이상 사회가 이루어졌다면 신분 이동의 중요성도 사라지게 된다.

신분 이동이 사회를 움직이는 에너지로 작용하는 시기는 그 기회가 마련되었을 때이다. 평등이 어느 날 갑자기 하늘로부터 주어진 것이 아니라 시민의 노력으로 쟁취되었을 때, 그리고 일정한 업적과 성과 등 기준에 따라 신분 이동 기회가 부여되었을 때 사회 발전을 촉진한다. 신분 상승이 가능한 사회에서 신분 이동을 위한 노력이라는 사회적 에너지가 솟아나기 때문이다.

갑자기 모두에게 높은 신분이 부여되었다 해도 그 에너지를 수용할 산업이나 문화 예술 활동이 존재하지 않는 한 사회적 갈등만 커질 뿐 사회적 활력이 증진되지 않을 수 있다. 사회적 기술이란 시대정신에 따라야 한다. 근대 서구사회에서의 노예의 해방은 산업혁명 이후 필요한 자유노동이 확대되는 데 기여했기 때문에 활력의 원천이 되었다고 할 수 있다.

3장 | 나라의 흥망을 가른 '시민권 제도'

제도 하나를 잘 도입하면 나라를 흥하게 할 수 있고 잘못 도입하면 망하게 할 수 있다. 그러한 예가 아테네와 로마의 시민권 제도 도입에서 극명하게 나타난다.

시민권 제도라는 사회적 기술이 나라의 번영을 좌우할 만큼 영향력이 큰 제도였다는 점이 놀라울 수 있다. 영향력이 클 수밖에 없는 이유는 사회 구성원들의 신분 이동을 좌우하는 제도이기 때문이다. 신분 이동이 열려 있는 사회는 활력과 열정이 넘치게 되고, 신분 이동이 막힌 사회는 정체하기 마련이다. 의욕과 열정이 사라지고 모든 활동이 위축 되면서 국가 혹은 사회의 에너지가 잠자게 된다. 이런 점에서 아테네 출신 부모 밑에서 출생한 자식들만 아테네 시민으로 인정한 아테네의 닫힌 시민권 제도는 시민의 활력을 잠자게 하고 인구를 감소하게 하는 등 아테네의 쇠퇴를 촉진시켰다.

반대로 로마는 일찍부터 패자동화라는 포용정책의 일환으로 열린 시민권 제도를 도입한 결과 수백 년간 번영을 맛보았다. 뿐만 아니라 후대에 시민이라는 개념을 확립시키는 데 기여하였다. 로마에서는 시민이라는 추상적 지위를 법적인 권리의 소유자로 발전시켰다.[1] 시민권이란 단순히 정치에 참여할 수 있는 권리만을 의미하는 것이 아니라, 법적 평등을 바탕으로 하는 신분 공동체의 일원이 되는 권리를 말한다.

아테네의 닫힌 시민법

아테네의 닫힌 시민법은 세계 최초로 시민 민주주의를 도입한 아테네를 결국 쇠퇴하게 만들었다. BC 5세기 페리클레스[Perikles] 시대의 일이다. 페리클레스는 그가 참주로서 정치를 하였던 BC 452년에서 BC 429년까지 아테네를 전성기로 이끌었던 인물이다. 아테네의 황금시대였던 BC 5세기 페리클레스는 민주주의를 꽃피우고 평화주의를 추구하였으며, 파르테논 신전 등을 재건축하였고, 조각, 회화 등 문화예술을 발전시켰다. 그러나 그가 만든 시민법 제도가 역설적으로 아테네의 장기 발전의 발목을 잡고 말았다. "부모 모두 아테네 시민인 가정에서 태어난 자식만이 아테네 시민이다"라는 조항 때문이다. 바로 이 조항이 아테네 시민의 인구수를 감소시켰을 뿐 아니라 경제의 활력을 위축시켜 점차 쇠퇴의 길로 빠져들게 했다. 인구의 감소와 경제 활력의 침체는 급기야 펠로폰네소스 전쟁에서 아테네 패배의 한 원인이 되었다.

　로마 쇠망의 원인을 연구한 몽테스키외[Montesquieu]의 저서 『로마의 성공, 로마제국의 실패*Considérations sur les causes de la grandeur des Romains et de leur décadence*』에 아테네 쇠퇴기와 로마 공화정기의 인구를 비교해 볼 수 있는 중요한 인구 자료가 나온다. 완전 쇠퇴기의 아테네 인구는 43만 1천 명(팔레론의 데메트리오스 조사)이었는데 그중 청년 인구는 1/11인 4만여 명에 불과하였다. 왕정이 끝나고 공화정이 들어서서 각종 제도가 틀이 잡혀가기 시작하던 시기의 로마 인구는 아테네와 비슷한

44만 명이었고 그중 청년 인구는 1/4인 11만 명이었다. 청년 인구로 볼 때 로마의 국력이 3배나 더 강했다.[2] 도시국가 아테네의 국력 쇠퇴는 인구의 감소로 나타나는데 그 시기에 특히 청년 인구가 줄어들고 있었음을 알 수 있다. 이것이 페리클레스 시민법과 무관하지 않다는 사실에 주목해야 한다. 물론 당시 아테네에 전염병이 돌아 많은 사람이 사망했다는 기록이 있다. 그러나 전염병으로 청년들만 많이 사망했다는 증거는 없다. 따라서 쇠퇴기에 청년 인구 비율이 낮았던 것은 닫힌 시민법의 영향을 받은 결과로 봐야한다. 페리클레스 자신은 그 법의 폐해가 나타나기 전에 세상을 떠났기 때문에 미리 예견하지 못했을 것이지만 배타적 신분법이 한 세대 이후 나라의 흥망을 좌우할 정도로 큰 영향을 미쳤다는 사실이 놀랍다.

이에 대하여 후에 로마 황제 클라우디우스Tiberius Claudius Caesar, 41~54 재임는 48년 그의 유명한 원로원 연설에서 "아테네인들은 전쟁터에서 그토록 강했는데도 짧은 번영밖에 누리지 못했습니다. 그 까닭은 바로 과거의 적을 동화시키려하지 않고 그들을 이방인으로 따돌렸기 때문입니다"[3]라고 아테네인의 순혈주의적 배타성을 비판하였다.

로마의 패자동화 정책

아테네와는 달리 로마에서는 패전국이라도 우수한 사람에게 시민권을 부여하고 심지어 원로원 의원으로도 받아들였다.

로마는 정복 전쟁으로 점령한 속주에 군사 통치를 실시하였다. 전쟁을 이끈 지휘관이 통치 업무를 담당하였다. 전쟁이 끝나면 즉시 공병을 이용하여 속주의 기반시설을 정비하였고 도시를 건설하여 치안을 유지하였다. 이어서 속주의 피지배민에게 각 민족의 고유한 특성에 따라 무니키피움Municipium이라는 지방자치단체를 두도록 하였고, 내부 자치를 전적으로 허용하였다. 뿐만 아니라 그 지역 유력자들에겐 로마 시민권도 부여하였다. 때로는 원로원 의석도 제공하였다.

전후 처리가 끝나기 전에도 이러한 조치들이 신속하게 취해졌다. 즉, 도시 건설과 현지인에 의한 자치, 그리고 시민권 부여나 원로원 의석 제공 등 적극적인 패자동화 정책을 펼쳐나간 것이다. 패자동화 정책이야말로 로마를 발전시킨 중요한 사회적 기술이었다.

이러한 패자동화 정책을 로마의 지도자들도 자랑스럽게 생각하였다. 클라우디우스 황제의 연설은 이를 웅변으로 전하고 있다.

BC 505년 로마인은 다른 부족 출신인 클라우수스와 그 일족을 로마 시민으로 받아들였을 뿐만 아니라 클라우수스에게 원로원 의석을 주어 귀족의 반열에 올려 놓았습니다. … BC 49년에 율리우스 카이사르Julius Caesar는 국경을 루비콘 강에서 알프스 산맥으로 확대하여, 속주였던 북부 이탈리아를 본국에 편입시켰을 때도 로마의 이름 아래 통합하였습니다. … 자랑스런 로마 부대에 우수한 속주 출신이 앞다투어 지원하고 수혈한 덕분에 다시 활력을 찾았습니다. 출신지가 어디든 출신 부족이 과거의 패배자이든 아니든 가리지 않고 인재를 흡수하여 활용해야 한다는 사고 방식을 우리 조상들은 이미 보여주었고, 지금 우리에게도 유용한 통치 지침이 될 수 있을 것입니다. … 로마는 해방노예 아들들을 국가 요직에 등용한 사례도 있습니다.

클라우디우스 황제의 이 같은 연설 덕분에 원로원은 일단의 갈리아인의 지도자들을 원로원 의원으로 받아들였다. 특히 황제가 태어난 리옹과 갈리아에 특별한 혜택을 부여했다. 실제로 황제 자신의 비서 중에도 해방노예들이 다수 포함되어 있다. 예를 들어 나르키수스는 수석비서였고, 팔라스는 재무비서였으며 칼리스투스는 청원비서였다.[4]

로마 황제인 클라우디우스가 스스로 이같이 자랑스럽게 말한 패자동화 정책은 로마를 번영으로 이끄는 데 매우 중요한 역할을 하였다. 패자동화 정책은 정복지에 펼친 개방적이고 포용적 정책이었다.

『플루타르코스 영웅전 *Paralled Lives*』으로 유명한 그리스인 플루타르코스Plutarchos가 "패배자조차도 자신들에 동화시키는 로마인의 사고방식" 덕분에 로마가 크게 번성하였다고 패자동화 정책을 칭찬한 것도 같은 맥락이다.

클라우디우스 황제의 조각상.

실제로 카이사르 이후 2세기까지 5현제 시대를 황금시대라 하는데 이 시기 번영의 중요 요인 중 하나가 패자동화 정책이었다.

카이사르는 갈리아 전쟁 때 도움을 준 북부 이탈리아에 사는 모든 주민에게 시민권을 부여하였고, 남프랑스와 에스파냐에 사는 유력자들에게 시민권을 주었다.

초대 황제 아우구스투스Augustus, BC 63~ 14 재임는 카이사르의 이런 개방적 노선을 충실히 따라 로마시민권 공여 제도를 확립하였다. 이 제도는 로마군에서 보조병으로 종사한 속민이 15년 만기제대하면 시민권을 부여하고 세습도 가능하게 하였다. 업적과 성과 그리고 노력의 보상으로 시민권 취득을 가능하게 한 것이다. 이 점이 로마제국이 근대 영국, 프랑스, 스페인의 제국주의와 다른 점이기도 하다.

업적과 성과에 따라 시민권을 부여한 것은 노예해방 정책으로도 나타났다. 노예라 하더라도 일정한 성과를 내면 주인이 해방노예로 신분을 바꾸는 것을 인정하고 이를 제도로 확립해 놓은 것이다.

로마의 신분 제도는 원로원 계급, 에퀴데스Equites 계층(상인 및 무역을 한 부유층), 평민, 노예로 구성되어 있다. 이 중 노예는 15퍼센트 정도를 차지했다. 노예 중에서 업적과 성과가 있는 경우에 주인의 허가로 신분 해방이 될 수 있는데, 이렇게 해방된 노예는 로마시민권보다 하급인 라틴시민권을 보유하게 된다.[5] 이러한 라틴시민권 보유자가 인구의 40퍼센트 정도를 차지하였을 것이라 한다.[6] 그동안의 연구 결과를 종합해 볼 때 로마의 인구 구성은 에퀴데스 이상이 20퍼센트, 해방노예를 포함한 평민층이 65퍼센트 정도를 차지하였고, 나머지 15퍼센트가 노예였을 것으로 보인다.

시혜적 시민권 부여가 오히려 독이 된 이유

속주민 혹은 이방인에게 능력과 업적에 따라 시민권을 부여하는 열린 제도는 로마를 수백 년간 번영케 하였다. 이 시민권 제도가 카라칼라 황제Carucalla, 211~217 재임 시대에 완전히 열린 제도로 다시 바뀌게 되는데 이것이 독이 되어 로마를 쇠퇴하게 만들었다. 역사의 아이러니라 할까 아니면 제도의 남용이라 할까, 하여튼 시민과 비시민이라는 신분 구분을 없애 만인에게 시민권을 확실하게 부여한 이 제도가 발전의 발목을 잡게 되었다.

대규모 욕장 건설과 잔혹성으로 악명이 높았던 카라칼라 황제는 212년에 안토니누스 헌법에서 지방분권 속주제를 모두 폐지하고 제국의 모든 남성에게 시민권을 부여하는 카라칼라 칙령을 발표하였다. 평등주의를 명분으로 업적과 성과와 관계없이 모든 남성 자유민에게 시민권을 부여한 것이다. 얼마나 정의로운 평등 정책인가?

그러나 이것이 독으로 작용했다. 전에는 시민권을 획득하고자 열심히 일하고 공을 세우려는 자세로 살아왔던 사람들이 이제 신분 상승이라는 목표가 사라지자 노력과 의지를 잃게 된 것이다. 모두가 시민이 됨으로써 기존 시민권자들의 자존심 역시 상처를 입었다. 뿐만 아니라 시민권을 획득하고자 하는 속주민들의 투쟁에 의해서가 아니라 황제의 재량으로 갑자기 시민권이 부여된 과정도 문제였다. 취득권이 기득권으로 바뀌면서 신분 상승의 인센티브가 없어진 것이다. 과유불급인 셈이다.

이 칙령의 숨은 목적은 속주민을 로마시민으로 만듦으로써 로마시민에게만 자격이 있었던 군단병 대상자를 늘리기 위한 것 이외에 로마시민에게 부과되던 유산상속세와 해방노예세 등을 로마시민이 된 속민에게 확대하여 세수를 증대시키려는 것이었다. 그러나 학자들의 연구에 의하면 세수는 증가하지 않고 오히려 감소하였다. 친족에게는 해당되지 않았던 유산상속세나 해방노예세 부과는 속주민 전통에 그다지 맞지 않았기 때문에 유산상속세를 5퍼센트에서 10퍼센트로 인상하였음에도 불구하고 그동안 10퍼센트씩 부과하던 속주세를 능가할 만큼 조세수입이 늘어나지 않았다. 증세 목적으로는 완전히 실패한 정책이었다.

로마사 연구를 꾸준히 해온 시오노 나나미도 이 점을 인식하고 다음과 같은 주장까지 하고 있다.

카라칼라의 속주제 폐지와 시민권 부여가 첫째, 기존 시민권자들의 긍지를 사라지게 하였고, 둘째, 속민들이 손쉽게 기득권을 가지게 되어 경쟁과 노력이 사라졌

셉티미우스 세베루스Septimius Severus 황제 가족이 새겨진 동전. 하단 오른쪽 인물이 카라칼라이다. 카라칼라는 공동 통치자였던 동생 게타Geta를 죽이고 제위에 올랐다.
이후 카라칼라는 모든 기록에서 게타의 흔적을 지워버렸다.

다. 셋째, 로마가 하나로 통일되리라는 카라칼라 황제의 의도와는 달리 속주민들은 동화되지 않았고, 속주세 폐지 대신 임시세가 남발되어 오히려 부담이 더 늘어났다. 넷째, 속주와 로마의 경제는 점점 유연성을 상실하고 더 이상 발전하지 못하였다. 다섯째, 일반 시민의 지위가 차별적 계급으로 사실상 강등되었다. 신분이 낮은 사람은 평생 출세할 수 없는 사회가 되어버린 것이다. 이들을 종합해볼 때 결과적으로 신분 이동의 길을 터놓아 활력을 불어넣었던 로마시민권 제도의 이점을 카라칼라가 지워버린 꼴이 되었다.

이 제도의 시행 이후 재정수입의 결손이 큰 문제로 등장하였다. 속

주세 폐지로 인한 세수부족분을 보충하기 위해 디오클레티아누스Dio-cletianus, 284~305재임는 토지세와 인두세를 부과하였다. 그 결과 4세기 이후 농민들이 농경지를 버리고 도시로 이주하기 시작하였다. 이로 인해 농업 생산 기반은 더욱 약해질 수밖에 없었다. 급기야 재정수입의 증가를 위해 로마 시민에게도 직접세를 부과하는 조치까지 취해진다.

시민권 제도를 완전 개방한 것은 그 자체로 혁신이었다. 그러나 시민권 제도 개방 이후 벌어질 사태에 대한 분석 없이 보완책을 마련하지 않고 황제가 갑자기 시혜적으로 시민권을 부여한 것이 문제였다. 속주세 폐지 등 재정수입의 감소에 대한 대비책도 없었다. 새로이 부과한 임시세와 토지세, 인두세의 과중한 부담으로 속주민들의 농경지 이탈 현상이 나타났다. 도시 이주가 늘어난 결과 농업경제가 피폐해졌다. 번영하던 나라가 쇠퇴하기 시작한 것이다. 세 부담이 증가한 도시민의 불만도 커졌다.

아무리 혁신적 제도라 하여도 실행시기가 중요하다. 그 파급효과를 생각하여 철저한 보완책과 경과조치가 함께 추진되어야 한다. 무작정 도입하는 개혁정책이 성공하기 어려운 것은 이 때문이다. 사회적 기술은 제도와 조직과 운용이라는 시스템으로 작동했을 때 그 목적을 달성할 수 있다.

4장 | 로마의 번영과 해방노예

로마는 노예제 사회였다. 인구의 약 15퍼센트 정도를 차지한 노예들의 생활은 비참하였다. 그러나 로마는 해방노예 manumission 제도를 일찍이 도입하여 신분 이동의 길을 터놓았다. 이 점에서 로마의 노예들은 열심히 노력하면 해방노예로 신분 이동이 가능하다는 희망을 가질 수 있었다.

대부분의 신분제 사회는 하층민으로서는 희망이 없는 사회이다. 그러나 로마는 신분제 사회를 유지하면서도 해방노예 제도라는 사회적 기술을 도입하여 노예라는 최하층민들에게도 희망을 가지게 하였다. 실제로 1세대 해방노예의 수는 50만 명 정도였는데 이들과 자유민으로 태어난 그 자손들이 로마를 활기차게 만든 역동적인 존재가 되었다.

로마 노예의 실제 모습

로마는 고대 노예제 사회의 전형이라 할 수 있다. 전쟁 포로 등으로 잡혀온 노예들의 삶은 비참하였다. 5세기 기독교 작가 살비아누스 Salvianus는 『하느님의 통치에 대하여 *On the Government of God*』에서 "여자 노예들은 파렴치하기 짝이 없는 주인들에게 강제로 봉사한다. 주인들은 여자 노예들을 상대로 성욕을 채운다. 자신이 처한 상황 때문에 함정에 빠진 여자 노예들은 저항할 수가 없다"[1]고 기록했다. 노예는 주인에 헌신해야하는 의무가 있었다. 그렇지 않으면 죽음을 당할 수도 있었다. 이들은 인간이 아닌 주인의 재산에 지나지 않았다.

이 점이 중요하다. 노예들은 인간이기는 하지만 신이 혐오스러워하는 저열한 인간이며 주인의 재산에 불과하다고 여겨졌다(로버트 냅 *Robert Knapp*은 『99퍼센트 로마인은 어떻게 살았을까 *Invisible Romans*』에서 두 개의 챕터를 할애하여 묘지 비문, 파피루스 선집 그리고 문학작품 등의 풍부한 원자료를 근거로 비교적 상세하게 로마 노예제 사회의 실상이 비참했음을 밝히고 있다).

노예들의 이러한 비참한 상태가 역설적으로 노예해방 제도의 효과를 극대화하는 역할을 하였다. 노예 상태에서 벗어날 수만 있다면 무엇이든 하려 할 것이고, 맡은 업무의 성과를 높이기 위해 전력을 투구할 것이기 때문이다. 주인의 재산에 불과한 신분에서 인간으로 다시 태어나는 엄청난 신분 상승이 기다리고 있기 때문에 주인을 위한 일, 성과를 내는 일에 피나는 노력을 기울일 터였다.

이러한 노예들은 어디에서 공급되었을까? 로마는 자유민을 노예로 사고파는 것이 불법이었기 때문에 대부분의 노예는 공화정 시기 대외 영토 확장 전쟁에서 잡아온 포로들이었다. 노예의 자식들은 다시 노예 신분이 된다. 빚진 자가 노예가 되는 경우도 있었다. 이 중에서 빚 진 자가 스스로 자유민을 포기하고 노예가 되겠다고 하는 경우에는 이를 계약노예라고 한다.

그러면 이러한 노예의 숫자가 얼마나 되었을까? 일반적으로 제정 초기에 노예는 로마 전체 인구의 15퍼센트 정도였을 것으로 추정하고 있다. 제정 초기 로마 인구는 세계의 20퍼센트 정도인 5천만 명 이상일 것으로 보이는데 그렇다면 노예는 대략 750만 명 정도로 추정된다. 이들의 대부분이 로마를 비롯한 대도시에 집중되어 살았다. 대도시 가구에서 노예를 소유하고 있는 비중이 높았기 때문이다. 지역적 편차가 있지만 평균적으로 보면 일곱 가구 중 한 가구가 노예를 소유하였고, 주로 가사노동에 투입하였다.

흥미로운 사실은 노예가 당시 지배적인 생산 활동인 농업의 노동자로 쓰이지 않았다는 것이다. 주로 시칠리아에 있는 대 사유지에만 노예 노동력이 집중적으로 투입되었고, 그 외 로마제국의 농촌 지역에서는 노예 노동이 중심이 아니었다.

그런데 로마의 노예에 대하여 우리가 자칫 혼동할 수 있는 것은 그들의 피부색이다. 노예하면 흑인 노예를 연상하지만 로마의 노예들은 전혀 그러하지 않았다. 그들의 피부색은 로마인들과 별반 다르지 않았다. 로마가 점령하였던 여러 속주가 유럽과 지중해 연안의 아프리카였기 때문에 주인과 노예가 같은 피부색에 같은 언어, 같은 얼굴 모양을 한 경우가 많았다. 노예들은 대부분 신체적 조건과 문화적 배경이 주인과 비슷하여 같은 언어를 사용하였고, 피부색이나 외양으로 주인과 완전히 구분되는 노예는 거의 없었다.

다시 말해 인종적으로 차이가 없었다는 것이다. 이 점에서 18세기 전후 아프리카로에서 아메리카로 강제 이주된 흑인 노예들과는 근본적으로 달랐다. 그리고 흑인 노예들은 일부 가사노동에 투입되었지만 대부분은 사탕수수 농장이나 목화 농장 그리고 커피 농장에서 농업 노동자로 일했다는 점 역시 다르다.

신분 이동을 가능케 한 해방노예 제도
로마인들은 노예를 어떻게 생각했을까? 로마인들은 여러 기록에서 나타난 바와 같이 노예를 재산처럼 생각하고 심하게 학대했다. 그렇지만 원로원 의원 등 지배계층에서는 특이하게도 노예를 자유민으로 해방시키는 해방노예 제도를 일찍이 도입하였다.

로마 노예들의 생활은 어떤 모습이었을까?
로마 노예들은 비참한 삶을 살고 있었다. 아플레이우스Apuleius의 장편소설 『황금당나귀 Metamorphoses』라는 로마시대의 유명한 풍자 작품은 다음과 같이 당시 노예들의 비참한 생활상을 재현하고 있다. 황금당나귀에서 당나귀로 변한 주인공 루키우스는 빵집에서 일하는 노예들의 비참한 삶을 이렇게 묘사하고 있다.

오 신이시여! 이 비참하고 가엾은 인간들을 보십시오! 온몸엔 피멍이 들고 등짝엔 채찍질 자국이 선명하며 옷은 다 해져서 누더기나 다름없었습니다. 어떤 이는 겨우 중요 부위만 가리고 있었습니다. … 머리가 빡빡 깎였고 이마엔 낙인이 찍혀 있으며 발엔 족쇄가 채워져 있습니다. 눈꺼풀은 방앗간의 연기로 새카맣게 그을려 있고 눈은 제대로 뜰 힘도 없는지 반쯤 잠겨 있습니다.[2]

로마에서 해방되지 못하고 노예 신분으로 남아있는 노예들이 비참한 생활을 하고 있었

로마 건국신화에 나오는 로물루스Romulus가 사비니와의 전쟁에서 승리한 BC 8세기 중엽에 포로들에게 로마시민권을 부여하겠다고 약속을 함으로써 패자동화 정신이 싹텄고, 법에 의한 시민권 획득 원리가 적용되기 시작하였다. 실제로 사비니인 유력자들을 원로원 의원으로 영입하였다. 이러한 전통 때문에 로마의 원로원은 포로(노예)가 인간이며 짐승과 달리 인간성을 가지고 있다는 점을 인정하는 경향이 있었다. 일반 로마인은 노예를 자신들의 재산인 가축과 비교하기도 하고 도덕 관념이 부족하고 무능력한 인간이라고 생각하기도 했지만 지배계층은 이와 다른 생각을 하였고 그러한 사고의 전통 위에서 이

다는 것은 여러 저술에서 언급되고 있다. 그리스 철학자 아테나이오스Athenaeos는 2세기경 노예가 당하는 모욕적 세계를 다음과 같이 묘사하고 있다.

그들이 술을 마시다 말고, 야! 야! 소리치며 가까이 오라고 손가락질 하는 것보다 더 가증스러운 일이 또 있을까? 게다가 머리에 피도 안 마른 녀석의 시중을 들어야 하고, 요강을 대령하면 우리 눈앞에서 볼일을 본다. 여자들은 자기들이 먹다 남은 케이크나 닭고기조차도 우리 노예들이 먹지 못하게 한다. 하지만 정말로 우리의 피를 끓게 만든 일은 따로 있다. 그들이 남긴 음식을 조금 먹었기로서니 우리더러 탐욕스런 밥버러지라고 할 때이다.[3]

이 정도면 시도 때도 없이 하찮은 잘못에 대해 구박하고 매질하는 노예 학대가 어느 정도인지 알 만하다. 거기에 정신적, 성적 학대까지 가해졌으므로 가히 인간 이하의 대우를 받았다고 하여도 과언이 아니다. 노예들은 숙소도 제대로 제공받지 못하였고 복도나 계단 밑에서 쭈그려 자는 것이 보통이었다고 한다.

들은 노예의 해방제도를 운영하게 된 것이다.

경우에 따라서는 지식이 많은 노예도 있었을 것이고 장사나 경영 능력이 뛰어난 노예도 있었을 것이다. 그런 재능을 가지고 주인을 이롭게 하는 경우도 많이 나타났다. 이 때문에 많은 노예를 거느린 귀족들 사이애서 노예해방 제도를 도입하는 것이 좋을 것이라는 인식이 널리 퍼졌을 수도 있다.

클라우디우스 연설문에서 본 바와 같이 로마인은 패자동화 정책에 의해 속주민의 일부를 로마시민으로 받아들였을 뿐만 아니라 원로원 의석을 주어 귀족의 반열에 올려놓기도 하였고, 해방노예의 아들들을 국가 요직에 등용하기도 하였다. 로마인은 이러한 패자동화 정책을 스스로 자랑스럽게 생각하였으며 그러한 사고방식 덕분에 로마가 크게 번성하였다.

이는 시민권을 제한하였던 아테네와 확연히 다르고 노예해방을 위해 전쟁까지 치러야 했던 19세기 아메리카의 흑인 노예 제도와도 비교된다.

해방노예가 로마 번영에 기여했나?

해방노예제가 로마의 번영에 기여하였는가에 대하여는 상반된 견해가 있다. 위에서 본 바와 같이 플루타르코스나 클라우디우스처럼 해방노예제를 포함하여 패자동화 정책이 번영의 밑거름이었다고 자랑스럽게 자부하는 견해가 있는가 하면 패자동화의 결정판이라고 할 수 있는 해방노예제 때문에 로마가 멸망에 이르렀다고 주장하는 학자들도 있다.

부정적 시각은 20세기 초 로마의 해방노예를 연구한 테니 프랭크 Tenney Frank의 주장에서 나타나는데 그는 해방노예제를 "티베르 강으로 흘러들어오는 오른테스 강"이라고 비유한 바 있다.[4] 동방 출신의 해방노예의 숫자가 거의 로마 인구의 80퍼센트를 점하여 10퍼센트 정도에 불과한 로마의 순 혈통을 압도했다는 것이다.

이를 이어받은 아놀드 맥케이 더프Arnold Mackay Duff는 1928년 로마의 해방노예를 묘사한 글에서 프랭크의 주장을 그대로 받아들이면서, 다음과 같은 결론을 내린다. "그렇다면 해방노예와 그 후손이 로마를 파멸시키는 데 상당한 역할을 한 것으로 보인다. 노예해방의 방향을 제대로 잡았더라면 로마시민들에게 그토록 비통한 결과를 초래하지는 않았을 것이다. 다시 말해 그렇게 많은 동방의 혈통이 흘러들지는 않았을 것이다."[5] 로마가 동방의 혈통이나 해방노예들에 의해 압도되어 결국 멸망에 이르렀다는 주장이다.

그러나 오늘날 대부분의 학자들은 이러한 견해를 잘못된 주장이라고 비판하고 있다. 우선 로마의 해방노예 수가 인구의 80퍼센트가 될 만큼 그렇게 많지 않았다. 로마의 경우 212년 카라칼라 황제에 의하여 보편적 시민권을 도입하기 전까지, 로마시민은 제국 전체의 10~15퍼센트이었는데 그중 로마시민권자인 해방노예는 50만명 정도로 추정된다. 다만 해방노예의 자손들은 로마시민이기 때문에 해방노예라는 신분은 1세대 후부터는 사라진다.

해방노예 수는 대단히 적었고, 특히 제국 전체 인구의 15퍼센트에 달하는 노예의 숫자와는 비교도 되지 않았다. 해방노예가 자유인보다 수적으로 더 많았을 가능성은 전혀 없다. 이러한 결론은 해방노예를 티베르 강으로 흘러들어오는 오른테스 강이라고 과장해서 묘사하는 것이나, 이름을 근거로 추정해 해방노예의 규모를 크게 잡는 것과는 정면으로 배치된다.[6]

유명 철학자도 해방노예

그러면 어떤 사람들이 해방노예가 되었는가? 우선 남자는 지적으로나 사업적으로 유능한 자, 여자는 40세 이상이 되어 가임 연령이 지난 사

해방노예가 된 몇 가지 사례

해방노예가 되기 위해서는 주인의 가정이나 사업에 열심히 봉사하여 좋은 평가를 받아야 한다. 이는 전적으로 주인의 판단과 결정에 따른다. 그런데 기록에 따르면 노예가 돈을 지불하고 해방된 경우도 점차 증가한 것으로 보인다. 노예는 임금을 받았는데 이를 저축하여 스스로 자신을 사기도 하였다. 해방노예의 자유를 증명해주는 다음 문서에서 돈을 주고 자유를 획득한 사례를 발견할 수 있다.

유서 깊고 아름다운 도시 헤르무폴리스에서 루페르고스의 아들이며 사라피온의 손자인 마르쿠스 아우렐리우스 아모니온은 친구들이 참석한 가운데 그의 집에서 자란 34세의 노예 헬렌이 더 이상 노예가 아니며 이 시간부터 자유인임을 선언한다. 그는 헬렌에게 자유를 주는 대가로 헤르무폴리스주 티세케오스 구역에 사는 아나로우스의 아들 아우렐리우스 알레스로부터 2200드라크마를 받았다. 알레스는 2200드라크마를 헬렌에게 주었으며, 그 돈을 다시 돌려달라고 요구할 수 없다. 존경하는 카이사르 마르쿠스 아우렐리우스 안토니우스 피우스 황제 치하 3년째, 그라투스와 셀레우크스가 집정관에 재임 중인 8월 7일 유서 깊고 아름다운 도시 헤르무폴리스에서 이 계약이 체결되었다.[7]

람들이라고 보면 된다. 노예 중에는 아주 유명한 철학자나 작가도 있었다. 그들이 어떠한 경로로 유명하게 되었는지는 불분명하지만 해방노예들이었을 가능성이 높다. 로마 공화정의 희극작가 플라우투스Plautus를 비롯하여 견유학파Cynics를 창시한 그리스 철학자 디오게네스Dio-genes, 로마제정 초기의 스토아학파Stoa 철학자 에픽테토스Epictetus, 우화작가 이솝Aisopos과 파이드로스Phaidros는 모두 노예였거나 노예와 관련된 집안 출신이었거나 일생의 한 시기를 노예상태로 살았다고 알려져 있다.

그런가 하면 로마제국의 국경을 넘어 노예로 팔린 갈리아 출신의 한 남자가 자신의 노예 생활과 돈을 주고 자유를 되찾기까지의 과정을 다음과 같이 생생하게 전하는 비문도 발견된다.

나, 가이우스 오필리우스 아림네스투스는 팔라티네 선거구에 사는 카이우스의 해방노예다. 나는 아직 살아있지만 아내 마르쿠스와의 사이에서 낳은 딸 민디아 프리마와 아들 가이우스 오필리우스 프로쿨루스를 위해 이 묘비를 세운다. 내가 태어난 곳은 이교도의 땅인 갈리아 지방이다. 빚 때문에 억울하게 노예로 팔리는 순간부터 내 인생은 송두리째 바뀌었다. 그러나 아버지에게 받은 이름을 더럽히지 않기 위해 할 수 있는 모든 일을 했다. 노예에서 해방시켜 달라는 탄원이 허사로 돌아갔을 때 나는 돈을 주고 자유를 되찾았다.[8]

주인이 노예에게 자유를 주는 상황은 여러 가지 경우였다. 너그럽고 친절한 마음에서, 자유인 신분의 수족을 두어 자신의 이익과 사회적 신분을 강화하기 위해, 자유를 사려는 노예한테서는 돈을 받아 이익을 챙기기 위해, 심지어 생활비만 축내고 밥값도 못하는 늙은 노예를 내쫓기 위해서도 자유를 주었다. 그러나 가장 많은 경우는 노예가 주인을 위해 열심히 일

로마 사회에 활력을 가져온 해방노예제

로마 해방노예 제도를 간략히 재구성해보면 다음과 같다.

주인이 자신의 사업을 노예에 맡겨본다. 사업을 잘 경영하면 고마움의 뜻으로 노예를 해방시킨다. 해방 후에도 노예에게 아버지와 같은 후원자 역할을 하면서 해방노예의 도움을 받아 지속적으로 수입을 얻는다. 해방노예는 더욱더 다양한 사업에 종사한다. 경우에 따라서는 대성공을 거둔다. 이런 시나리오대로 된다면 로마의 해방노예 제도는 로마 사회에 큰 활력을 불어넣었을 것이다.

하여 성과를 내는 경우였다. 자유인 신분이 된 이후에도 후견인과 자식의 관계 혹은 주인과 대리인 관계를 유지하며 주인에게 이익을 가져다 줄 가능성이 높은 노예들이 해방노예로 신분 상승이 되는 것이었다. 로마의 법학자 울피아누스와 가이우스는 남녀 노예가 모두 주인의 대리인이 될 수 있다는 점을 분명히 밝힌 바 있다. 로마법에는 "해방노예나 아들은 후원자 혹은 아버지를 항상 존경하고 신성하게 모셔야 한다"라고 명시되어 있다. 해방노예는 법률용어로 아들과 동일시한다. 즉 후원자 patron은 현대 영어의 아버지 father와 일치했다. 주인의 주 대리인이 되는 노예에게는 아들과 마찬가지로 기술을 배울 기회와 함께 자유인이 될 수 있는 기회가 부여되었다.

해방 노예가 되는 의식은 모든 경우가 반드시 일치하지는 않았다. 치안판사 앞에서 공식적으로 자유인이 되는 방법이 있는가 하면 친구들 앞에서 자유인임을 선언하거나 또는 유언으로 노예해방을 알리는 방법 등이 있었다.

해방노예가 얻은 시민권은 일반 시민권과는 다소 차이가 있다. 공식적으로 얻은 시민권은 로마시민권이지만 나머지 비공식적 해방노예는 그보다 하급인 라틴시민권이 주어졌다. 라틴시민권자는 자식에게 유산을 물려줄 수 없을 뿐 아니라 로마에서 정치와 관련된 직위를 가지지 못하였다. 그러나 경제활동에는 아무런 제한이 없었다.

법률가 발레리우스 페트로니아누스의 관에 부조된 로마 노예의 일상.

1세기에 나온 페트로니우스Petronius의 소설 『사티리콘Satyricon』에 등장하는 주인공 트리말키오는 큰 부와 권력을 획득한 후 '제왕'과도 같은 방탕과 향락의 호화판 연회를 베푼다. 라틴 문학의 유명한 캐릭터인 트리말키오가 바로 해방노예 출신의 부자였다. 해방노예가 부를 획득하고 저속하지만 권력을 행사하는 모습을 소설을 통해 묘사한 것이다.

해방노예와 후원자의 관계는 쌍방에 두루 이익이 되는 관계였다. 간혹 학대도 있었지만 해방노예는 후원자에게 사업상 이득을 가져다 주었고 후원자는 명예를 얻을 수 있었다. 해방노예에게는 신분상의 이동이 이루어진 것이기 때문에 더할 나위 없이 기분 좋은 일이었다. 그래서 해방노예는 자부심을 가지고 행동하였다. 해방노예는 떳떳하게 자신의 신분을 묘비에 밝혔고, 자신이 훌륭한 노예로서 성실히 돈을 모아 자유를 사는 데 성공했다는 사실도 자랑스럽게 기록에 남겼다. 묘비명 등에 이러한 기록들이 많이 남아 있는 것은 해방노예로서 성공한 사례가 많았음을 의미한다. 더불어 당시 신분 상승에 대한 긍정적 정서가 있었고, 사람들이 개인의 능력을 보여주는 과시적 증거를 남기고 싶어 했다는 것을 알 수 있다.

로마의 노예들은 해방노예가 되기 위해 열정과 성의를 다해 주인의 사업을 도왔다. 그리고 해방노예가 된 뒤에는 창의력을 발휘하여 여러 다른 분야로도 능력을 발휘하였다. 이러한 사회적 에너지가 냅의 표현대로 "평범한 로마인들의 세계를 헤집고 다니는 역동적인 힘"에 의해 촉발된 것이다. 해방노예제는 로마에 활력을 불어넣고 번영케 하는 데 결정적 역할을 하였다.

5장 | 르네상스인의 탄생
역사상 최초의 주체적 자유인

르네상스Renaissance는 생명과 인간에 대한 인식을 혁명적으로 바꾸어 놓은 획기적 사건이었다. 이전까지의 중세적 인간은 죄인으로 태어난 피동적 인간이었을 뿐이다. 그러나 르네상스를 통해 새로 태어난 인간은 주체적·능동적 인간이었다. 주체적이란 말은 의식의 능동성과 행위의 적극성을 의미한다. 다시 말해, 스스로 판단하고 의지를 가지고 행동하는 자유로운 인간이다.

르네상스인은 역사상 최초로 탄생한 자유인이었다. 그 이전의 수동적 인간과는 전혀 다른 근대인을 탄생시킨 시대가 바로 르네상스였다. 르네상스인은 유럽 역사를 바꾸었다. 과학혁명과 산업혁명 그리고 자유·평등·박애를 부르짖은 프랑스 대혁명이 바로 이러한 주체적 근대인들에 의해 일어났다.

도시가 자유민을 만들다 – 봉건 영지에서 도시로 이동
르네상스형 인간은 14세기에 갑자기 튀어나온 것이 아니라 수세기에 걸친 역사적·사회적 변화 속에서 탄생했다. 다시 말해 르네상스형 인간은 12세기 이후 꾸준히 나타난 사회적 기술의 발달에서 비롯된 변화의 결과로 형성되었다고 할 수 있다. 당시 몇 가지 뚜렷한 변화가 있었는데, 12세기 이후 유럽 각지에서 일어난 도시의 발달, 상공인들의 부의 축적, 도시민의 자유 추구 활동, 이들 도시민에 의한 활발한 문화예술과 학문 과학 활동을 꼽을 수 있다.

십자군 원정 이후 중세 유럽은 지중해 연안과 북유럽의 라인 강 유역 등 여러 지역에서 영주의 성 밑에 부르크bourg, 즉 도시가 발달하기 시작하였다. 이곳 주민들은 대부분 상공업에 종사하는 사람들이었다. 영주도 이를 환영하였는데 도시가 발달하면 상공업이 번성하여 세수가 늘어나는 이점이 있기 때문이다.

도시에 사는 사람, 부르주아bourgeois는 자신의 상공업 활동을 위해 보다 자유 성향의 영주 밑에 모여들게 되었고 영주들은 이들을 활용하기 위해 각종 유인책을 동원하였다. 더 많은 상공인들이 도시에 모여들도록 규제를 완화하는 등 영주들끼리 편의 제공 경쟁을 할 정도였다. 이러한 중세 도시들은 200여개나 되었으며 이들 도시에 1년 이상 살게 되면 농노에서 해방되어 자유민이 되는 제도도 생겨났다. 이역시 신분 상승을 가능하게 하는 사회적 기술의 하나였다. 이 때문에 이런 도시를 자유도시라고 부르기도 한다.

도시의 발달 여부는 상공인의 힘에 좌우되었다고 해도 과언이 아니었다. 그들은 여러 지방과 교역을 하며 부를 축적하였다. 특히, 지중해 무역을 장악한 지중해 연안의 이탈리아 도시들이 두각을 나타냈다. 베네치아, 피렌체, 제노바 등 이탈리아 도시들을 이끈 상공인들은 향신료와 유리 제품 등 동서양을 잇는 무역과 금융업을 통해 가장 많은 부를 축적하였다. 이렇게 부를 축적해서 르네상스를 후원하고 이끈 대표적인 상인 가문이 피렌체의 메디치Medici가였다. 수백 명의 작은 도시에서부터 수천 명의 큰 도시에 이르기까지 다양한 도시들이 출현하고 부를 쌓기 위한 경쟁이 치열하게 이루어졌다. 시간이 흐르면서 베네치아의 국제무역 규범이나 피렌체의 금융 제도 등 사회적 기술들도 함께 발달하였다.

이들이 도시에 모여 살기 시작하면서 이곳 도시민들은 중세 장원에 묶여 있던 농노들과는 전혀 다른 인간형으로 변모하였다. 그 대표적 특성이 자유를 추구하는 자유민이라는 점이었다. 상공업과 대외교역은 자유가 확대될수록 유리하므로 이들 도시민들은 더 큰 자유를 갈구했고 스스로 자유민임을 자랑스럽게 여겼다.

자유인을 만들어간 사회적 기술들

중세 지중해를 중심으로 자유 교역이 확대되어 200여개의 유럽 도시에서 경쟁적으로 부를 축적한 도시민들은 도시를 자치적으로 운영하고 싶어 했고 자유민으로 신분이 상승되기를 원했다. 나아가 도시 자유민은 정치적으로 공화제를 요구하기도 하였다.

메디치가와 같은 부호는 이러한 변화를 적극적으로 받아들여 플라톤 아카데미The Platonic Academy와 같은 연구 조직을 만들고 철학, 역사 등 인문 연구를 적극 추진하였다. 천재적 예술가들이 이들의 후원을 받아 자신의 이름을 걸고 예술 활동을 하였다. 자유도시, 공화제, 플라톤 아카데미, 인간 중심의 예술 활동 등 정치, 경제, 인문, 문화, 예술 모든 분야에서 자유로운 근대인들이 활발하게 활동하며 새로운 사회를 만드는 여러 가지 사회적 기술을 봇물처럼 쏟아낸 것이 르네상스였다.

이 과정에서 문인들은 이 시대에 맞는 새로운 인간상이 어떠한 것인지 논의하기 시작했고, 예술가들은 이를 그림과 조각에 담아냈다. 이렇게 만들어진 근대 인간이 '자유로운 주체적 개인'이었다. 피동적인 중세의 인간상에서 해방되어 새로 태어난 근대인은 그 후 과학혁명, 종교개혁, 시민혁명을 가능케 한 사회적 기술들을 개발하여 근대 유럽의 역사를 주체적으로 만들어간다. 인간이 타고날 때부터 보유한 천부적 자유권과 재산권을 제도적 권리로 정착시키고, 나아가 시민혁명과 민권운동을 주도하며 3권 분립의 근대 국가를 성립시킨 것도 바로 이들 르네상스기에 출현한 근대인이었다. 근대인이 만든 개인의 자유권과 재산권 제도 그리고 삼권분립 등은 오늘날까지도 인류 역사를 지탱해주는 매우 중요한 사회적 기술들이다.

주체적 인간이 되어가다 – 의식의 능동성, 행위의 적극성

인류학에서는 인간을 3가지 특성을 지닌 존재로 분석한다. 생물학적 존재, 사회적 존재, 그리고 역사적 존재가 바로 그것이다.

사람도 다른 동물과 마찬가지로 신진대사를 한다는 점에서 생물학적 존재이다. 인간은 동시에 사회적 존재이다. 가족, 사회를 떠나 살수 없기 때문에 각자의 주체는 사회적 관계 속에서 만들어진다. 내가 있으면 네가 있고 나와 너의 관계를 맺어 가면서 살아간다. 뿐만 아니라 역사적 존재이기도 하다. 누구도 역사적 굴레를 벗어날 수는 없다. 어느 시대나 시대정신이 있고 이 시대를 뛰어넘어 살아간 사람은 없다고 해도 과언이 아니다. 역사적으로 어느 시기, 어느 장소에서 태어나 살다가 죽어가는 것이 모든 인간의 운명이기에 그 역사성을 부인할 수 없다. 개인은 역사 속에서 만들어지는 존재이다.

르네상스를 통해 발견된 주체적 인간은 자신이 완성된 인간이라기보다는 사회적 존재로서 그리고 역사적 존재로서 만들어지는 인간이라는 점을 스스로 깨닫게 된다. 각 개인은 이성과 감성을 가진 생물학적 존재이며, 천부적 인권을 가지고 태어난 인간이라는 점에서 무게가 동등한 존재이다. 각자는 사회적 관계 속에서 자신의 주체성을 찾아가고 역사적 제약 속에서 제한된 자유와 평등을 누리며 살아간다.

이것은 왕이나 영주에 속해 노예나 농노로 살아가던 중세시대의 삶과는 전혀 다른 삶을 의미한다. 인간은 각각 다른 종류의 독특한 개성을 가진 개인이자 인간으로서 같은 무게의 권리를 지닌 주체적 존재가 되었다. 그리고 서로 대등한 관계에서 사회생활을 통해 성숙해가는 존재가 되었다. 이러한 맥락에서 성숙한 근대인의 '첫 아이''가 르네상스기에 태동하여 점차 확산되었고 그 후 계몽주의와 시민혁명, 인권선언 등을 이루어내며 근대 사회를 만들어갔다.

종교적으로도 그동안 교회의 신부를 통해서만 가능했던 신과의 대화를 개인이 직접 스스로 할 수 있다고 보았다. 또한 사후 세계보다 현실 세계가 중요하다고 생각하기 시작했다. 결국 르네상스는 신과 세계를 이해하는 중세적 사고를 무너뜨리고 주체로서 개성을 가진 개인의 역할을 강조한 사고의 혁명을 이끌어냈다.

초기 인문학자들은 르네상스의 인간상을 태어날 때부터 완성된 인간으로 해석하기도 하였으나, 종국에는 "인간은 태어나는 것이 아니라 만들어진다"라고 한 데시데리위스 에라스뮈스^{Desiderius Erasmus[2]}의 견해로 통합된다.

인간은 천부적 인권을 가지고 태어난 주체적 인간임에는 틀림없으나 교육을 통해, 개인의 선택의 자유를 통해 사회적, 역사적으로 만들어져 간다는 에라스뮈스의 해석이 르네상스인의 실체를 보다 정확하게 표현한 것이다. 개인은 타고난 본성을 토대로 삶의 과정 속에서 사회적 관계에 따라 변화하고 성숙한다는 것이 훨씬 더 현실에 가깝다. 즉, 자신과 타인의 개성을 서로 인식하게 된 '주체이자 객체로서의 인간상'이 르네상스형 인간의 진정한 모습이다. 주체적 인간의 탄생 혹은 재발견이라는 점에서, 르네상스기에는 역사상 유례가 없는 신분상의 변혁이 이루어졌다. 각자 개성을 가진 개인들이 토대가 되는 자유로운 개인주의 사회가 시작된 것이다. 각각 다른 종류의 독특한 개성을 가졌지만 인간으로서는 동등하게 자유로운 개인들이 역사상 최초로 르네상스기에 태동하여 근대를 만들었다는 점에서 의미가 크다.

신이 아닌 인간의 눈으로 세상을 보다 - 원근법의 탄생, 종교개혁

르네상스가 만든 인간상은 노예에서 농노로, 농노에서 자유 시민으로 바뀌는 신분 상승과는 차원이 다른 인간의 속성에 대한 근본적인 인식 변화를 의미했다. 세계와 인간을 새롭게 발견한 인식 혁명인 셈이다.

중세의 유럽인들은 원죄를 짓고 태어난 죄인으로서 평생 속죄하며 신에 순종하는 경건한 삶을 목표로 살아가야 하는 존재였다. 때문에 중세 미술 작품들은 경건하지만 어둡고 암울한 모습으로 그려졌다. 그러나 르네상스의 인간상은 이러한 인식을 혁명적으로 바꾸어 놓았다.

인간은 신의 형상으로 태어난 아름다운 존재이며 자유로운 사고와 행동을 할 수 있는 주체적 존재라고 새롭게 인식되었다. 죄인으로 태어나 평생 속죄하고 순종하며 살아가는 중세형 인간에서, 자유로운 인간으로 태어나 자기의 눈으로 세상을 바라보는 주체적 인간으로 거듭난 것이다.

미술 작품은 이런 변화를 상징적으로 보여준다. 대표적인 것이 원근법이다. 오늘날 일반화된 원근법은 단순하게 보면 미술 기법의 하나에 불과하다. 하지만 당시에는 신과 인간에 대한 혁명적 인식 전환 없이는 만들어질 수 없는 변화였다. 레오나르도 다빈치의 수태고지는 이 점에서 선구적이다. 신이 인간을 내려다보는 시선이 아니라 인간의 눈으로 사물을 바라보는 시선이 작품에 나타난다. 이 걸작은 중세와는 달리 그림 속 공간을 인간 중심의 공간으로 바꾸어 놓음으로써 르네상스를 대표하는 상징적 작품이 되었다.

2014년 프란체스코 교황의 한국 방문을 기념하여 한국에 전시되었던 피렌체와 바티칸의 문화 체험전 「천국의 문」에서도 르네상스기 원근법을 잘 나타낸 작품들을 선보였다. 몬테 디 조반니의 모자이크 화 「피렌체의 주교 성 제노비우스」와 피렌체의 산조반니(세례자 요한) 세례당의 동문인 「천국의 문」에 조각된 기베르티의 「솔로몬과 시바의 여왕」, 「여호수아가 약속의 땅에 입성」, 「다윗과 골리앗」 등 여러 작품에도 원근법은 잘 나타나 있다.

르네상스 화가들은 전지전능한 신의 관점이 아니라 인간인 내가 보는 세계, 내가 파악한 세계를 그리기 시작했다. 세계를 바라보고 인식하는 나, 그리고 사람들과의 관계에서 주체적 판단과 주체적 의견을

레오나르도 다빈치의 「수태고지」(1472-1475, 우피치 미술관 소장). 신의 시선이 아닌 인간의 시선으로 바라봤다는 점에서 르네상스의 출발을 상징적으로 보여주는 작품이다.

제시하는 나의 존재를 탄생시킨 것이다. 이는 세계와 인간 그리고 신과 인간에 대한 사고와 인식의 변화에서 나왔다.

종교적 숭배와 교육의 목적으로 만들어졌던 교회의 성상들을 이제는 예술 작품으로 감상하게 되었고 인간들이 정한 가격으로 가치를 평가할 수 있게 되었다. 작품의 작가가 누구인지 밝히기 시작하였고 예술가들은 자신의 이름을 걸고 명작을 남기려 노력하였다. 레오나르도 다빈치, 미켈란젤로, 보디첼리, 브루넬레스키 등 천재들이 실력을 뽐내기 시작했다.

이렇듯 르네상스기에는 인간 개인의 역할이 획기적으로 중요해졌고, 주체적 개인주의 사회가 시작되었다. 익명의 장인이 천재적 예술가로 등장하고 신의 형상을 가지고 태어난 아름다운 인간들이 스스로를 예찬하며 개성을 가지고 살아가는 근대 사회로 바뀐 것이다.

더 나아가 16세기에 마틴 루터는 인간이 사제를 통하지 않고 직접 신과 대화할 수 있다는 혁명적인 선언을 했다. 성직자들만 읽도록 허용되었던 성서는 일반 대중이 누구나 읽을 수 있도록 각 나라의 언어로 번역되었고, 인쇄·출판을 통해 각지로 보급되었다. 근대를 만드는 매우 중대한 변혁이었다.

　주체에 대한 인식은 객관적 세계에 대한 관찰로 이어졌다. 코페르니쿠스, 갈릴레이, 뉴턴 등의 과학자에 의해 과학혁명이 일어났고, 주체로서 목숨을 걸고 세계를 탐험하는 모험가들이 등장했다. 이들의 등장으로 세계를 하나의 시장으로 묶는 지리상의 발견이 활발히 이루어졌다. 이사벨 여왕Isabel I, 1451~1504 재임과 콜럼버스Columbus의 산타페 조약으로 대서양 항로와 중남미, 북미가 발견되었고, 세계는 더욱 가까워졌다.

혁명을 낳은 사회적 기술 – 예술·과학혁명과 종교개혁의 토대

학문도 발달하였다. 특히 메디치가는 플라톤 아카데미를 세워 학자들을 모았고 개인의 존중을 내세우며 신성에 묻혀있던 인간성을 발굴하는 데 주력하였다. 이를 위해 학문의 보고와도 같은 그리스 시대의 역사·철학·문학·과학 등 고전들을 찾아 번역하기 시작하였다.

　여기에 기름을 부은 것이 1453년 오스만 투르크에 의한 콘스탄티노플 함락이다. 천 년을 지배해온 동로마 제국이 멸망하고 이슬람이 지배하는 새로운 제국이 들어선 것이다. 그 충격으로 두 가지 경향이 나타났다. 우선 중세적 기독교에 대한 반발이고 다른 하나는 콘스탄티노플 등에 있던 고대 그리스의 발달된 철학·과학·역사 등에 관한 재조명이다. 유럽은 중세 사회에서는 듣도 보도 못하던 학자와 학설을 접하게 된 것이다. 그리스의 인문주의도 근대적 자유주의를 갈구하는 상인계급에게는 매력적이었다. 메디치가가 플라톤 아카데미를 설립하여 적극적으로 학자들과 고전을 수집·번역하고 논의하게 한 것은 이를 입증한다. 메디치가는 그리스의 수도원에서 많은 서적을 수집했는데 1491년 로렌초 메디치는 요하네스 라스카리스를 그리스에 있는 아토스 수도원에 보내 200권 이상의 고서적을 수집해왔다.[3]

『인류의 역사*The Story of Man*』의 저자인 시릴 아이돈Cyril Aydon은 르네상스를 일으킨 힘과 과학혁명을 촉진시킨 힘은 같은 뿌리에서 나온다고 주장한다. 교역으로 창출된 부, 신기술, 새로운 대륙의 발견, 그동안 알려지지 않았던 고전작품들의 발굴이라는 동일한 토대 위에서 르네상스와 과학혁명이 나타났다는 것이다. 르네상스 시대의 많은 걸작이 메디치가의 본거지인 피렌체를 중심으로 탄생한 이유도 부를 축적한 상인이 작품의 진가를 알아보고 그것을 수집하고 전시하며 적극 후원한 덕분이었다.

당시 이탈리아로 지식이 도입되는 루트는 세 갈래였다. 하나는 이베리아 반도의 톨레도Toledo(1085년에 리콘키스타로 이슬람 지배로부터 이 도시 회복)의 도서관이었고 시칠리아 섬이 또 다른 루트였다. 톨레도는 중세 유럽 지식의 최고 중심지였다. 코페르니쿠스 등 유럽의 최고 학자들이 이곳에서 공부한 기록이 있을 만큼 대학과 도서관이 잘 구비되어 있었다. 시칠리아 섬은 878년 이후 이슬람령이었다가 1060년 이후 노르만인에 정복되었다. 여기는 지중해 무역의 중심지 중 하나였기 때문에 그리스어, 아라비아어, 라틴어가 함께 쓰였다. 이곳에는 고전들이 많이 보존되어 있었다. 세 번째는 콘스탄티노플에 보존된 그리스어 문헌을 수집하는 루트였다. 북이탈리아 도시의 상인과 지배자들이 콘스탄티노플과 통상을 하고 정치적 관계를 맺는 과정에서 문헌자료들을 수집하였다. 이러한 세 루트를 통해 자료를 수집, 번역, 전달함으로써 선진문명의 지식이 봇물처럼 들어왔고, 이것이 르네상스를 일으킨 토대가 된다.[4]

당시 서구는 유클리드, 아르키메데스, 히포크라테스, 프톨레마이오스 등도 모를 만큼 학문에 후진적이었다.[5] 그 당시 학문적 선진국은 이슬람 세계인 아랍제국이었다. 아랍제국은 그리스 문명을 전수받아 과학문명을 발달시켰고 세계교역에 앞장서며 중국과 더불어 매우 선진적인 문화와 문명을 만들어가고 있었다. 이 문화를 콘스탄티노플과 가까운 이탈리아 도시들이 받아들여 르네상스를 꽃 피운 것이다.

르네상스는 사회적 기술의 결정판

자유롭고 주체적인 인간상을 가진 근대인이 과학혁명과 종교개혁을 이끌었고, 역사적으로 미국 독립과 프랑스 대혁명의 원동력이 되었다. 이러한 르네상스 인간상을 만들어낸 역사상 탁월한 선택과 사회적 기술은 무엇인지 요약해보자. 전술한 바와 같이 사회적 기술은 제도, 조직, 리더십을 내용으로 하는 시스템이다.

첫째, 상공인들의 위험을 무릅쓴 교역 교환 활동.

둘째, 도시를 형성하고 자유 혹은 자치도시를 만들어간 노력.

셋째, 단테, 페트라르카, 포지오, 에라스뮈스 등 자유와 주체의 근대적 개인을 새롭게 인식시킨 문인들의 지적 활동.

넷째, 천재적 작품으로 개인의 자유와 인간의 아름다움을 표현한 예술가들(중세에는 창작자가 익명이었지만 근대에는 예술가들이 자신의 이름을 내걸고 작품 활동을 하였다. 이들이야말로 주체적 개인주의에 바탕을 두고 선구적 활동을 한 사람들이었다).

다섯째, 메디치가와 같이 시대의 흐름을 꿰뚫어 적극적으로 문화예술 및 역사, 철학 등 학문의 발달을 지원한 적극적 후원자의 존재.

이처럼 르네상스기에는 각 분야에서 사회적 기술의 발달이 종합적으로 이루어졌다. 르네상스는 근대사를 바꾸어 놓은 사회적 기술의 '결정판'이었다.

6장 | 근대 흑인 노예의 해방

탐욕과 인권

근대 중남미와 미국으로 팔려간 아프리카 흑인 노예들은 사탕수수와 커피 농장 그리고 담배와 면화 농장의 노동자로 일했다. 이들은 주로 사탕수수 농장이 있는 카리브 해 연안의 유럽 제국 식민지 섬으로 팔려갔고 담배와 면화 농장이 있는 미국 남부 그리고 커피 농장이 있는 브라질 등으로도 팔려갔다.

르네상스 이후 주체적 개인이 탄생하여 인간 존중의 시대가 열리고 있던 바로 그 시기에 유럽인들에 의해 이 같은 반인륜적 노예무역이 성행하였다는 것은 역사의 아이러니이다. 인권보다 경제적 이익이 더 중요한 식민지 시대의 유럽 제국과 신흥 상인들의 탐욕이 이 같은 반윤리적 노예무역과 노예 제도를 거의 4세기 동안이나 지속시켰다.

당연히 이러한 잘못된 역사의 추를 바로잡기 위한 노력도 전개된다. 이것은 인류 역사를 생명 존중과 자유 확대의 실현이라는 역사의 올바른 발전 궤도로 끌어 올리기 위한 고되고 힘겨운 싸움이었다. 중남미에서, 그리고 유럽에서, 마지막으로 미국에서 노예무역 금지와 노예해방을 위한 투쟁과 전쟁이 전개된다. 노예가 인간인가 혹은 재산인가의 논쟁에서부터 노예무역을 금지할 것인가 또는 노예제를 폐지할 것인가까지 노예 제도를 둘러싸고 치열한 논쟁이 벌어진다. 결국 이는 노예해방운동으로 이어졌고, 미국에서는 남북전쟁까지 일으켰다.

대서양을 둘러싼 삼각무역

근대 노예가 처음으로 유럽에서 발견된 것은 14세기로 알려져 있다. 그러나 노예를 무역의 대상으로 삼은 본격적인 노예제는 공식 기록에 의하면 1519년, 최초의 무역선이 아프리카에서 출발해 대서양을 넘어 푸에르토리코에 도착하면서부터 시작했다.

노예무역을 최초로 승인한 나라는 콜럼버스를 파견한 스페인이었으며, 때는 1501년이었다. 이로부터 19세기까지 1천만 명 이상의 노예가 강제로 무역선에 실려 중남미와 미국 그리고 유럽으로 팔려나갔다. 콜럼버스가 대서양 항로를 개척한 이후 전개되는 대항해시대에 중남미 식민지에서 유럽으로 금, 은 등 귀금속과 더불어 설탕과 럼주가 수출되었다.

그런데 정작 중남미에서는 인구가 거의 8할 이상이 줄어들어 노동력 고갈 사태가 벌어졌다. 유럽인들이 전파한 세균과 전염병 때문이었다. 일부 유럽 이민이 이를 보충하기도 하였으나 족탈불급足脫不及이었다. 이윤이 많이 남는 설탕 무역을 위한 사탕수수 농장은 이곳 기후에 맞았다. 사탕수수 농장에 필요한 노동력은 부족한 현지 원주민 대신에 아프리카에서 강제 수송한 노예들로 채웠다.

유럽의 탐욕스런 상인들이 아프리카에서 노예를 실어다 중남미와 북아메리카 그리고 유럽에 공급했고 중남미의 금, 은 등 귀금속과 설탕, 럼주 등을 유럽에 수출했다. 그리고 유럽의 생활필수품과 총포 등을 아프리카에 수출했다. 아메리카로부터는 설탕, 면화, 담배 등이 유럽으로 수출되었고 반대로 유럽에서는 모직물이 아메리카로 수출되었다. 사이렇게 대서양을 놓고 벌어지는 삼각무역이 성행하였다. 사람과 물자와 자본이 전 지구 규모로 이동하는 근대무역의 시대가 열린 것이다.

19세기까지 노예무역을 가장 많이 한 나라는 포르투갈과 영국이었다. 전체 노예무역의 75퍼센트가 이들 두 나라에 의해 이루어졌다. 이때 노예 이송 과정에서의 사망률이 20퍼센트에 이르렀다고 한다.

노예는 자유로운 인간인가, 재산인가?

설탕 생산은 유럽의 노예 상인들이 본격적으로 노예제와 산업을 연결시킨 고리였다. 콜럼버스가 발견한 중미지역의 섬들에서 사탕수수를 재배하여 생산한 설탕을 유럽에 수출하는 사업이 매우 높은 수익을 가져다주었기 때문이다. 『설탕, 세계를 바꾸다Sugar Change the World』를 저술한 마크 애론슨Marc Aronson과 마리나 부드호스Marina Budhos는 다음과 같은 일화를 소개하면서 설탕이 노예제와 자유 사이의 연결 고리였음을 역설하고 있다.

1714년 폴린Pauline이라는 아이티 설탕 농장 노예가 빌뇌브 부인을 따라 아이티를 떠나 프랑스에 도착하였다. 그런데 폴린이 갑자기 수녀원에 남기를 희망하였다. 빌뇌브 부인이 격분한 것은 당연한 일이다. 그녀는 재판관에게 달려가 자신의 재산을 돌려 달라는 취지로 청원을 하였다. 폴린이 자유로운 여성이었나, 혹은 사고 팔리다가 쓸모가 없어졌을 때 창고에 처박히는 물건이었는가?[1]

폴린이 프랑스에 도착하여 수녀원에 남기를 희망한 데는 그만한 이유가 있었다. 과거에 프랑스에 들어온 노예를 루이 14세가 해방시킨 예가 있기 때문이다. 물론 루이 14세는 프랑스령 설탕 섬에서 행해지는 노예제가 합법적이라는 법령을 반포하였다. 폴린 사건이 있기 23년 전이었다. 그런데 노예 두 명이 어렵사리 프랑스에 도착했다. 이 때 루이 14세는 "그들이 프랑스 흙을 밟는 순간" 자유를 얻었다고 말하며 그들을 해방시켜 주었다. 이런 일이 있었기 때문에 재판관들은 폴린 쪽으로 기울었다. 그들의 눈에 그녀는 재산이 아니라 진정한 인간이었다.

18세기 노예해방운동의 깃발을 들었던 토마스 클라크슨Thomas Clarkson은 1785년 노예해방 관련 논문으로 케임브리지 대학의 최고 논문상을 받았다. 논문 제목은 「개인의 의사에 반하여 누군가를 다른 사람의 노예로 만드는 것이 합법적인가?Is It Lawful to Enslave the Unconsenting?」였다. 그는 이후 계속하여 노예무역의 금지와 노예해방을 위한 운동을 전개한다.

이보다 앞서서 1776년 미국의 독립선언문에는 "누구든 결코 잃어버릴 수 없는 일정한 권리, 곧 생명권, 자유권, 재산권이 있다"고 명기되었다. 하지만 영국으로부터 새롭게 독립한 미국의 이 유명한 독립선언문은 재산을 가진 백인들의 자유에 한정된 선언이었다. 흑인들은 여전히 노예상태에 놓여 있었다.

프랑스 대혁명도 마찬가지였다. 1789년 8월 프랑스 국민회의는 '인간과 시민의 권리선언'을 반포하였는데 여기에서 "인간은 태어난 순간부터 늘 자유로운 존재로 평등한 권리를 갖는다"라고 선언하였다. 그럼에도 불구하고 이 선언은 또한 "재산권은 침해할 수 없는 신성한 권리"라고 명기하고 있다. 그래서 노예들은 무엇인가? 평등한 인간인가, 아니면 그들의 소유주에 소속된 재산에 불과한 것인가의 질문이 계속 남는다.

노예에 관한 한 인권과 재산권이 여전히 대립되고 있었다. 프랑스 한편에서는 노예들이 해방되어야 한다고 주장하였다. 이에 반대하는 사람들은 설탕을 생산하여 본국에 이익을 안겨주는 식민지 섬들에서 노예 폭동이라도 일어나면 프랑스의 경쟁자들을 도와주는 꼴이 될 것이며, 이는 결국 국가를 파탄시키고 위험에 빠지게 할 것이라고 반박하였다.

영국에서도 마찬가지였다. 노예 폐지론자들은 아프리카인들의 해방을 위해 목청을 높였지만 식민지에 이권을 가진 왕들과 영주들은 여전히 노예제를 지지했다.

18세기 후반 혁명의 시대는 한편으로는 인간의 자유와 평등을 주장하면서도 동시에 재산권이 존중되는 시대였다. 모두가 백인이고 자유시민이라면 아무런 문제가 없었다. 하지만 중남미 식민지 사탕수수 농장에서 일하는 흑인 노예들의 인권은 존중되지 않았다. 그들은 한편으로 인간이면서 다른 한편으로는 백인에게 이익을 가져다 주는 재산일 뿐이었다. 실제로 세계 도처에서 노예의 인권과 백인의 재산권 간에 험악한 충돌이 발생하기 시작했다. 먼저 노예 노동으로 사탕수수를 재배하던 아이티에서 해방운동이 일어났다.

노예들의 자유를 향한 투쟁 – 1804년 아이티 독립

설탕 농장 노예 노동자들은 투생 루베르튀르Toussaint Louverture를 지도
자로 하여 노예해방운동을 전개하였다. 1789년 일어난 프랑스 대혁명
이 자유·평등·박애를 내걸고 성공을 거두자 프랑스령 식민지 생도맹
그Saint-Domingue에서 1791년에 노예 반란이 일어났다. 아이티의 투생
루베르튀르는 그 과정에서 노예 폭동의 지도자로 등장한다. 투생은 처
음에는 이웃에 있는 스페인령의 산토 도밍고(지금의 도미니카 공화국)

아이티의 독립 영웅 투생 루베르튀르.

와 후에는 프랑스와 동맹을 맺
었다. 1796년에 프랑스 혁명정
부가 파견한 송토나총독의 학
정에 반대하는 투쟁을 벌여 송
토나는 추방되었고 투생은 소장
으로 진급됨과 동시에 프랑스
국민회의로부터 그의 통치를 인
정받는다.

1798년에 프랑스 본국의 정
치가 혼란(로베스피에르와 자코
뱅당의 공포정치)해지자 그 틈을
타 영국군이 아이티를 침공해왔
다. 전쟁 과정에서 영국군이 점
차 약화되는 것을 본 투생은 이

듬해 한편으로는 영국과 다른 한편으로는 미국과 협상을 하여 무역을 계속한다는 조약을 맺는다. 무기와 상품을 수입하고 설탕을 수출하는 무역이 상호 이익이었기 때문에 성사될 수 있었다. 영국령인 자메이카를 침공하지 않는다는 조건으로 영국군은 철수하기로 했고 미국에 대해서는 미국 남부를 침공하지 않는다는 조건이 붙었다. 그러나 1801년 토머스 제퍼슨이 대통령에 취임한 후에는 아이티와의 우호 관계가 붕괴되고 말았다. 나폴레옹의 집권 체제로 들어간 프랑스는 아이티에서의 노예제 재건을 포기하고 대신 상업상 이익이 되는 그곳을 식민지로 다시 복귀시키고자 하였다.

이에 맞서 투생은 1802년 식민지 독자 헌법을 기초하여 7월 7일 공포하려고 하였다. 가톨릭을 국교로 하고 프랑스 자치 식민지로 나폴레옹에 충성을 맹세하며 그는 스스로 종신 총독이 된다는 내용 등이 포함되어 있었다. 그리고 이러한 노예해방과 독립을 전 스페인령 식민지에도 전파하려 하였다. 나폴레옹은 이를 용납하지 않고 그의 처남 샤를 레클레르가 지휘하는 3만 5천 명의 군대를 파견한다. 초반에는 원정이 성공적이었다. 그들은 1802년 반군의 지도자 투생을 생포하여 7월 프랑스로 연행한 후 처벌하였다. 투생은 프랑스 감옥에서 1803년 폐렴으로 사망했다. 그러나 아이티인들은 투쟁을 계속하였고, 2년간의 전투 끝에 프랑스군 5만여 명을 물리치고 1804년 1월 드디어 독립 아이티 공화국을 탄생시켰다.

자유를 향한 전투에서 아이티의 노예들은 처음에는 영국군을, 그다음에는 프랑스군을 패배시키고 독립을 쟁취한 것이다.

노예가 자유인인가 재산에 불과한가의 격렬한 싸움에서 인류 역사상 처음으로 노예들의 승리로 매듭지어진 것이 바로 아이티의 독립이다. 투생을 비롯한 노예 지도자들과 그들을 따랐던 노예들의 노력과 희생으로 이루어진 것이다.

여전히 노예제를 유지하고 있던 미국은 아이티 사태를 면밀히 주시하였다. 존 애덤스 제2대 미국 대통령은 투생에게 총과 군수품을 보내기도 했다. 그러나 노예해방을 주장하면서도 스스로는 수백명의 노예를 평생 소유하고 있던 제3대 대통령 토머스 제퍼슨은 아이티를 위협으로 보고 독립국으로 인정하지 않았다. 미국은 노예해방을 위한 남북전쟁을 치른 제16대 에이브러햄 링컨 대통령 시기에 이르러서야 비로소 아이티와 외교관계가 수립된다.

유럽 및 미국에 미친 영향

클라크슨 등 노예해방론자들은 영국에서 노예해방 노력을 계속하였다. 먼저 노예무역을 제한하여야 한다고 주장하였다. 1806년 노예무역에 영국 정부가 개입, 제한하는 법안을 제출하였고, 이 법안은 1807년 상하원을 통과하였다. 미국도 같은 해 미국인이 노예 수입에 간여하는 것을 금지하는 법안을 통과시켰고, 이듬해인 1808년 제퍼슨 대통령이 미국 노예 수입 금지 법안에 서명하였다.

아이티 노예해방운동이 성공을 거둔 이후 유럽과 미국에서 반인륜적이고 자유·평등·박애의 시민혁명 정신에도 위배되는 노예제에 대한 반성이 일었다. 또 이를 제거하기 위한 사회적 기술들이 법 제정으로 결실을 보기 시작하였다. 노예무역 금지 법안이 의회를 통과한 것이 대표적 사례이다. 마크 애론슨과 마리나 부드호스의 말을 빌리면

"한 사람의 인간, 아니 어떤 인간이든 소유물이 될 수 있는가를 둘러싼 위대한 경연에서 변화의 물결"이 생긴 것이다.

드디어 영국에서는 1833년에 아예 노예제를 폐지하는 법안이 통과된다. 왕실이 노예를 소유하고 있었을 뿐 아니라 귀족적이며, 계급 중심적인 영국이 노예제 자체를 불법이라 선언한 것이다. 1833년 8월 1일 모든 노예가 해방된다. 토머스 클라크슨, 윌리엄 윌버포스 등 노예제 폐지론자들의 끊임없는 노력이 결실을 본 것이다.

그러나 미국은 아직 아니었다. 노예제를 유지하려는 남부 주와 북부의 자유주 간에 남북전쟁을 치르고 난 1865년이 되어서야 노예 제도를 폐지하게 된다. 19세기 말에 브라질이 마지막으로 노예제를 폐지함으로써 전 세계적으로 노예제가 사라진다.

노예해방을 이끈 링컨의 리더십

콜럼버스가 아메리카 대륙을 발견한 지 불과 27년 만인 1519년 최초의 노예 무역선이 푸에르토리코에 도착하였다. 그때부터 미국에서 노예해방이 이루어지기까지 350여 년간 아프리카에서 서유럽과 아메리카에 약 1천만 명의 노예가 실려왔고 그 후손들이 지금까지 그 지역에 자리를 잡고 살아가고 있다.

노예무역은 고수익 사업이었다. 아프리카에서 흑인 노예를 반강제로 실어다 중남미와 미국의 사탕수수, 담배 또는 면화 농장주들에게 고가로 판매하는 무역이기 때문이었다. 그러나 이러한 노예무역은 생명 존중 사상에 반하고 인간의 자유와 평등에 역행하는 반인륜적인 행위로서 인류 역사 발전을 가로막는 오점이었다. 이를 바로잡아 노예를 자유민으로 해방시키려는 노력이 18세기 말부터 19세기에 걸쳐 서유럽과 중남미 그리고 미국에서 활발히 일어났다.

미국에서 노예해방이 이루어지기까지는 결코 쉽지 않은 과정을 겪어야 했다. 미국 연방이 북부와 남부로 분열될 위기로 치달았고 전쟁 이외에는 해결책이 없었다. 영국에서 노예제 폐지가 선언된 1830년대부터 노예 해방론자와 노예제 유지론자 간에 격렬한 논쟁이 벌어지기 시작했다. 결국에는 전쟁으로 승부를 가를 수밖에 없었다. 다행히 노예 해방을 내세운 북부가 전쟁에서 승리하여 역사적인 노예해방이 이루어졌다. 1863년 링컨 대통령이 노예해방을 선포하고 1865년에 노예해방을 입법화한 수정헌법이 미국 의회를 통과하면서 법적으로 노예해방이 완성되었다. 역사를 바꾼 사회적 기술이 만들어지는 순간이었다.

남북 전쟁은 산업화가 먼저 이루어진 북부의 자유주와 노예 노동을 중심으로 담배와 목화산업을 이끌어온 남부 노예주 간의 싸움이었다. 당시 산업혁명의 영향으로 모직물 대신 면직물이 호황을 누리기 시작하였는데 면직물의 원료를 공급하는 목화 산업에서 흑인 노예 노동은 필수적이었다.

노예해방을 위하여 이 전쟁을 이끈 것은 주지하다시피 링컨의 리더십이었다. 그는 노예 해방론자였으나 동시에 연방이 분열되는 것을 가장 경계한 정치인이기도 하였다.

불붙은 노예해방 논쟁

미국에서 노예해방이 사회적 문제로 논의되기 시작한 것은 영국에서 노예제가 폐지된 1830년대 초부터다. 당시 미국에서 노예제 찬반 논란에 기름을 부은 사건이 일어났다. 이른바 냇 터너^{Nathaniel Nat Turner}의 반란 사건이다. 1831년 버지니아주 사우샘프턴에서 흑인 노예 냇 터너 등 70명이 반란을 일으켜 백인 57명을 살해했다. 이들은 모두 진압되었고 100여 명이 처형되었지만, 노예제에 관한 격렬한 찬반 논쟁을 불러일으키는 계기가 되었다.

당시 미국의 노예제는 비도덕적이고 반기독교적이라는 관점에 대해서는 북부는 물론 남부에서도 대체로 동의하고 있었다. 그러나 수익을 올리는 면화 농장이 남부의 핵심 산업으로 자리를 잡기 시작하면서 노예제 옹호론자가 남부에서 공공연히 출현하여 힘을 얻게 된다. 옹호론자들은 면화 농장에 노예들을 핵심 노동력으로 사용해야 한다고 주장했다.

철학 교수인 토머스 듀는 "동물 사이에 약육강식의 법칙이 있듯이 인간이 인간을 노예로 삼는 것 역시 자연의 섭리"라는 주장을 폈다. 부통령을 지낸 반反연방주의자 칼훈은 "노예제가 없이는 부유하고 문명한 사회는 존재할 수 없다"고 주장하며 고대 아테네의 민주주의가 노예제 때문에 가능했다는 예를 제시하기도 했다. 하느님이 노예의 표시로 흑인들의 피부색깔을 검게 만들었다고 주장하는 목사들도 있었다. 노예제가 도덕적이냐 아니냐를 떠나서 경제적 이유로 노예제를 옹호하는 학자들도 있었다. 경제적 필요 때문에 이를 합리화하려는 여러 가지 이유들이 등장했다.

한편 노예제 폐지론자들의 주장도 격렬하였다. 윌리엄 로이드 개리슨^{William Lloyd Garrison}은 모든 노예를 즉각 해방해야한다고 외치는 「해방자^{The Liberator}」라는 신문을 발행하였다. 퀘이커 교도들은 개리슨의 격렬한 논조에 고무되어 지하철도Underground Railroad라는 흑인 해방 지하조직을 만들었다. 이것은 농장을 탈출한 노예들을 추격자에게서 보호하고 안전한 지역까지 데려다주는 전국적 지하 조직망이었다. 1833년에는 미국 노예폐지협회American Anti-Slavery Society가 조직되어 흑인들을 아프리카로 돌려보내자는 운동을 전개하기도 하였다. 그 성과의 하나로 수만 명의 흑인 노예가 아프리카로 건너가 라이베리아 공화국을 건설하였다.[2]

이러한 논쟁의 배경에는 남북 모두에 무시 못할 경제적인 이해관계가 자리하고 있었다. 산업혁명으로 상공업이 활기차게 일어나고 있는 북부의 자유주에서는 노예가 아니라 산업노동자가 필요하였다. 면화나 담배 재배가 주산업인 남부 주에서는 노예 노동이 훨씬 높은 이익을 가져다 주기 때문에 오래도록 노예 노동력을 공급 받아 남부의 주요 산업을 유지하고자 하였다.

이 무렵 영국의 산업혁명으로 근대적 방적기와 방직기가 도입되어 면직물이 대량생산되면서 세계 섬유 산업에서는 모직물에서 면직물로 소비자 수요가 전환되는 의류혁명이 일어나고 있었다. 당연히 미국 남부의 면화 농업이 호황을 누렸다. 그동안 담배 농장이었던 경작지가 면화 농장으로 전환되었다. 1860년에 미국 면화 생산량은 23억 파운드나 되었고 총수출의 2/3를 면화가 차지하고 있었다.

이에 따라 노예의 값도 올라갔다. 학자들은 1800년에 거래된 30세 남자 노예의 가격이 600달러 정도였다고 보았다. 그러던 것이 60년 후 남북전쟁이 일어날 무렵에는 3,000달러까지 치솟았다. 당연히 재산으로 노예를 보유하고 무임금 노동력으로 이들을 활용하는 남부 주

의 지주들은 필사적으로 노예 해방을 반대했다.[3]

연방의회의 핵심의제가 된 노예 제도

정치적으로는 새로운 주가 연방에 가입하려 할 때마다 노예주인지 아닌지가 쟁점이 되었다. 새로 가입한 주에 노예제를 허용할 것인가 여부가 남북 모두에게 중요했다. 남부에서는 노예 제도가 경제적 사활이 걸린 문제였기 때문에 주차원에서 노예제를 찬성하고 이를 밀어붙였다. 그러나 북부에서는 남부의 노예 제도만 아니라면 값싼 노동력을 마음 놓고 이용할 수 있었는데 그 기회가 막혀 불만이었다.

실제로 1819년 미주리 주가 노예주로 연방 가입을 신청하였을 때 남부는 당연히 찬성하였지만 북부는 강력히 반대하였다. 반대 이유는 노예의 3/5을 인구로 계산하는 당시 제도에 따라 미주리 주가 연방에 가입하면 연방 의회에서 노예주를 대표하는 의원의 숫자가 너무 많이 늘어나기 때문이다. 논란 끝에 미주리 주는 일단 연방 가입이 승인되었다. 다만 앞으로 루이지애나 주 이북, 즉 북위 36도 30분 이북에서는 노예제를 일체 금지한다는 조건부 타협안으로 승인되었다.[4]

1845년에는 텍사스 주가 노예주로 가입을 신청하였다. 워낙 남쪽이었고 서부 개척 등의 필요를 인정하여 가입이 승인되었다. 그러나 캘리포니아, 뉴멕시코, 유타 주 등의 가입 신청이 이어지자 문제가 심각해졌다. 당시 이 지역에 몰려든 이민자들은 대부분 북부 출신이었기 때문에 그대로 두면 자유주로 연방 가입 신청이 가능하였다. 이렇게 되면 연방 의회 의원 수에서 노예주와 자유주 간의 불안한 균형이 깨질 우려가 있었다.

1849년 마침내 캘리포니아 주가 자유주로 연방 가입을 신청하자 남부 주들은 발칵 뒤집혔다. 남부 인사들 사이에서 연방을 탈퇴하겠다는 말이 이때부터 나오기 시작하였다. 캘리포니아 주는 주민투표 결과 12,000대 800의 큰 표 차로 노예제를 허용하지 않기로 하였다. 테일러 대통령도 주민 의사를 존중해야 한다고 선언하고 만약 남부가 연방을 탈퇴하려 한다면 군대라도 동원해서 이를 막겠노라고 위협하였다. 결국 1850년 헨리 클레이Henry Clay 타협안이 나왔다. 노예제 허용 여부는 주민의 의사를 존중하되, 기존 탈출 노예법을 더욱 엄격하게 개정하여 남부의 권리를 보장하자는 요지였다. 개정안에서는 탈출한 노예를 도와주면 형사 처벌을 받도록 하고 탈출 노예는 주인이 당국의 영장 없이도 체포하여 끌고 갈 수 있도록 하였다. 이 안에 대하여 처음에는 남북 모두 반대하였다. 1850년 1월부터 8월까지, 지루한 논쟁 끝에 마침내 스티븐 더글러스Stephen Douglas 상원의원이 타협을 종용하는 설득력 있는 연설을 함으로써 매듭지어졌다. 이를 1850년의 대타협Compromise of 1850이라고 부른다.

드레드 스콧 사건과 링컨의 등장

1856년 광신적 노예해방운동가 존 브라운John Brown 등이 백인 5명을 살해한 포타와타미 학살 사건[5]이 일어났다. 이어서 흑인 노예 드레드 스콧Dred Scott이 자신이 자유주에 잠시 살았기 때문에 자유민이라고 주장하며 소송을 제기한 사건이 발생했다. 이 유명한 사건은 미국의 노예해방 논쟁을 전 사회적 이슈로 확대시키는 기폭제가 되었다.

스콧은 미주리 주 출신 흑인 노예였다. 세인트루이스 출신 군의관

존 에머슨이 그의 소유주였다. 에머슨은 직업 때문에 자주 이동하였는데 스콧도 그를 따라 이리저리 거처를 옮겨야 했다. 그러던 중 자유주였던 일리노이 주와 위스콘신 주에서도 거주하였다. 일리노이 주는 서북영지법에 따라, 위스콘신 주는 미주리 타협안에 의해 노예제를 금지하는 헌법을 채택하고 있었다.

링컨은 분열의 위기를 확고한 리더십으로 극복해 냈다.

　　주인이 죽자 드레드 스콧은 그 상속인을 상대로 소송을 제기한다. 이전에 잠시지만 자유주에 살았기 때문에 자신은 그때 이미 자유민이 되었으며, 따라서 아직도 자신을 노예로 부리는 일은 불법이라는 것이 소장의 요지였다. 사실 스콧은 일자무식이었으므로 이 소송은 반노예제를 지지하는 변호사들의 도움으로 이루어졌다.

　　때가 때인 만큼 이 사건은 지방법원을 거쳐 연방대법원으로까지 올라가며 사회적 관심을 모았다.

　　1857년 3월 6일 대법원은 대법원장 로저 태니를 주심으로 7:2의 원고 패소 판결을 내렸다. 흑인은 헌법상 연방 시민이 아니기 때문에 재판을 청구할 자격 자체가 없고 노예는 헌법에 보장된 재산권의 일부로서 절대 보호되어야 한다는 것이 판결요지였다. 남부 출신의 대법관들의 다수 의견을 채택한 대법원의 이런 보수적 판결은 곧 맹렬한 비난과 함께 논쟁을 불러 일으켰다. 이런 시대착오적 판결에 대해 여론은 대체로 등을 돌렸으며 연방대법원은 얼마 동안 그 역할이 크게 위축되는 결과를 감수해야 했다. 드레드 스콧 사건에 대한 연방대법원의 판결이 남북 대립을 극도로 악화시킨 것은 두말할 나위도 없다.

이런 상황에서 링컨이 등장하여 영향력 있는 정치인으로 성장하게 된다. 링컨은 일리노이 주 밖에서는 거의 무명이었던 지역 정치인에 불과하였다. 그러나 1858년 일리노이 주 연방 상원의원 선거를 통해 일약 전국적 인물로 혜성과 같이 등장한다. 당시 현안이었던 노예제를 주제로 거물 정치인 스티븐 더글러스와 7차례에 걸쳐 공개 토론을 벌인 것이 그 계기가 되었다.

스티븐 더글러스는 몇 번이나 대통령 후보로 거론된 적 있는 유명한 정치인이었다. 1850년 연방의회에서 노예제 관련 대 타협안을 이끌어냈을 뿐만 아니라 1854년에는 캔자스-네브래스카 법을 통과시키는 데 주도적 역할을 한 중앙 정치의 거물이었다. 그에 비해 링컨은 아직 무명의 지방 정치인이었다. 그런 거물과 링컨이 일리노이 주 상원의원 자리를 놓고 한판 승부를 벌이게 된 것이다.

선거 과정에서 링컨은 "분열된 집은 바로 설 수 없다A house divided againt itself cannot stand"는 유명한 연설을 한다. 이를 통해 링컨은 스콧 판결에 대한 더글러스의 모호한 입장을 비판하고, 노예제에 대한 자신의 단호한 입장을 천명하였다.

스스로 분열된 집은 바로 설 수 없습니다. 어떤 주는 노예제를 고집하고 어떤 주는 이를 반대하는 한 우리 정부는 오래가지 못할 것입니다.

나는 연방이 해체되는 것을 원하지 않습니다. 우리의 집이 분열되는 것을 원하지 않습니다. 분열을 더 이상 방치해서는 안 됩니다. 이쪽이든 저쪽이든 태도를 분명히 해야 할 것입니다.

논쟁의 초점은 연방의회의 결정으로 미국에서 노예제를 금지해야 할 것인가, 또는 과연 연방의회에 그런 권한이 있는가였다. 링컨은 당연히 권한이 있다는 입장이었고, 더글러스는 노예제 문제는 어디까지나 각 주의 주민들이 스스로 결정할 사항이라며 여기에 연방정부가 끼어들어서는 안 된다고 주장했다. 링컨은 더글러스를 비도덕적인 노예제 옹호론자라고 몰아세웠다. 더글러스는 링컨이야말로 위험한 극단주의자이고 연방의 분열을 부추기는 인물이라고 맞받아쳤다.

몇 차례 공개 토론이 벌어지는 동안 이들의 논쟁은 일리노이 주뿐 아니라 남북 모든 주에서 화젯거리가 되었다. 큰 키에 약간 얼빠진 모습의 링컨, 단신임에도 세련된 용모와 화술로 거인의 인상을 풍기는 더글러스, 이 두 사람의 노예제에 대한 일곱 차례의 공개 토론회는 굉장한 관심사였고, 전국에서 사람들이 몰려오고 나중에는 가장행렬과 악대도 등장할 정도였다.

토론은 무승부로 끝났으나 선거는 아주 근소한 차이로 더글러스가 승리하여 상원의원에 당선되었다. 그러나 진정한 승자는 링컨이었다. 풋내기 시골 변호사가 전국적 거물을 상대로 접전을 펼친 것은 대단한 일로 평가되었다. 링컨은 일약 전국적 인물로 부상했다. 링컨의 용모, 행적, 말 한마디 한마디가 신문의 기삿거리였다. 여기에 그의 입지전적 삶에 대한 적당한 허풍까지도 가미되어, 링컨은 정직한 에이브

(에이브는 에이브러햄의 애칭)라고 불리며, 청교도적 양심과 숭고한 인류애의 화신으로 미국인들의 머리에 깊은 인상을 남겼다.[6]

2년 후 대통령 선거에서 북부의 반노예주의자들은 일치 단결하여 그를 대통령으로 당선시켰다. 그렇지만 반대로 많은 남부인들은 그를 최악의 정치인으로 생각하게 되었다.

남북전쟁 발발과 북부 승리

1860년 대통령 선거에서 노예제 폐지를 주장한 링컨이 압도적 다수표를 얻어 당선된다. 당연한 일이지만 18개 자유주에서 압승한 반면 15개 노예주가 있는 남부에서는 겨우 2만 4천 표를 얻었다. 심지어 9개 주에서는 단 한 표도 얻지 못하였다. 자유주와 노예주 간의 대립이 얼마나 극렬했는지 단적으로 알 수 있다. 연방이 노예제 폐지를 둘러싸고 완전히 두 쪽으로 갈라진 셈이었다. 결국 선거인단 투표에서 링컨이 과반수를 획득함으로써 대통령에 당선되었다.

선거의 후유증은 심각하였다. 사우스캐롤라이나가 맨 먼저 연방 탈퇴를 선언하였다. 이듬해 1861년 2월 1일에는 미시시피, 플로리다, 앨라배마, 조지아, 루이지애나, 텍사스가 사우스캐롤라이나의 뒤를 따랐다. 1861년 2월 4일 탈퇴 주들은 미연합국Confederation State of America이라는 새로운 독립국가를 결성하고 제퍼슨 데이비스를 대통령으로 선출하였다. 독자 헌법도 만들었다. 버지니아, 아칸소, 테네시, 노스캐롤라이나 주가 연이어 남부 연합에 가입하였다. 이로써 미국은 건국 84년 만에 둘로 분열되었다. 남부 연합은 11개 주에 인구 900만이었고, 북부 연방은 23개 주에 2,200만 명의 인구를 보유하였다. 두 나라

게티즈버그 전투. 북군은 초반 열세를 극복하고 게티즈버그 전투를 기점으로 전쟁의 승기를 잡는다.

가 된 셈이었다.

　링컨은 취임연설에서 남부의 연방 탈퇴를 내란으로 규정하고, "정부를 유지·보호·수호하기 위해" 무력 사용도 불사하겠다고 강력한 경고를 하였는데 이것이 오히려 기름을 끼얹는 격이 되었다. 1861년 4월 12일 새벽 4시 30분, 남부 연합군이 연방군의 섬터 요새를 공격하여 남북전쟁이 시작되었다.

　북군의 수도는 워싱턴이었고, 남군의 수도는 리치먼드였다. 워싱턴과 리치먼드를 잇는 동부전선과 미시시피 강 제해권을 다투는 서부전선, 이렇게 두 개의 전선에서 치열한 전투가 벌어졌다. 서부는 북군이 유리했으나, 동부전선에서는 초기에 남부가 유리하다가 이후에는 일진일퇴를 거듭하였다. 드디어 1863년 7월 그 유명한 게티즈버그 전투가 벌어졌다. 남군 7만 5천 명, 북군 10만 명이 맞붙은 전투로, 전쟁의 승패를 거는 결전이었다. 5만 명 이상 사상자를 낸 이 전투에서 북군이 승리하였다. "인민의, 인민에 의한, 인민을 위한 정부가 지상에서 사라지지 않도록 하는 것"이라는 링컨의 게티즈버그 연설이 이때 울려퍼졌다.

게티즈버그 전투 이후 대세가 기울었으나 실제로 남부가 항복한 것은 그 후 1년 반이 지난 1965년 3월이었다. 1865년 3월 남부 수도 리치먼드가 함락되었고, 4월 9일 남부의 리 장군이 항복을 선언하면서 노예해방을 위한 미국 남북전쟁은 대단원을 내린다.

노예해방 선언

남북전쟁이 터지자 뉴욕 트리뷴지는 즉각 노예해방을 촉구하는 공개 서한을 링컨에 보낸다. 링컨은 호레이스 그릴리 편집국장에게 다음과 같은 답장을 보낸다.

> 내 정책이 분명하지 않다고 하는 사람들이 있지만 그것은 옳지 않습니다. 내 제일의 관심은 연방을 유지하는 것입니다. 노예제를 허용하느냐 금하느냐 하는 것은 그다음의 문제입니다. 만약 노예를 해방하지 않고도 연방이 존속될 수 있다면 그렇게 하겠습니다. 연방을 위해 모든 노예를 해방하여야 한다면 역시 그렇게 하겠습니다. 일부는 해방하고 일부는 그대로 두어야 연방이 존속된다면 역시 또 그렇게 하겠습니다.

그러나 전쟁이 진행 중인 1862년 9월 22일에 링컨은 각의에서 노예해방을 선언한다.

미국 대통령인 나, 에이브러햄 링컨은 … 반란주로 지정된 주에서 노예로 있는 모든 사람을 1863년 1월 1일을 기해 영원히 자유의 몸이 될 것임을 선포한다. … 이 선언은 진실로 정의를 위한 행위이며 군사상의 필요에 의한 합헌적 행위이다. 이 선언에 대하여 전능하신 하느님의 은총과 인류의 신중한 판단이 있기를 기원한다.

전쟁이 거의 마무리되어 가던 1865년 1월 의회는 노예 제도를 전면 금지하는 수정헌법 13조를 통과시킨다. 이로써 미국의 노예해방은 법적으로 마침표를 찍게 되었다.

4세기 전부터 경제적 논리로 시작된 노예무역과 노예 제도가 자유 평등을 표방하고 독립을 쟁취한 지 89년 만에 미국에서 노예해방을 성취하게 되었다. 이 과정에서 링컨의 리더십은 높이 평가된다. 노예 신분에 있는 흑인 노예들의 자유와 평등을 실현하기 위해 정치인으로서, 대통령으로서 비전을 가지고 전쟁까지 치르며 결국 노예제를 전면 금지한다는 헌법 수정을 이끌어낸 것은 인류 역사에 길이 남을 만하다. 제도와 조직과 리더십이 고루 조화된 좋은 사회적 기술을 단적으로 보여주는 사례이다.

미국에서 법적으로 노예가 사라지고 평등한 신분사회가 된 것은 이때부터이다. 이후 미국은 영국에서 일어난 산업혁명을 이어받아 철강, 철도, 자동차, 석유 등 근대 산업을 급속도로 발전시켰고, 세계 산업사회를 주도하게 된다. 영국 아일랜드 등은 물론 유럽 대륙과 아시아에서 자유·평등과 기회의 나라인 미국으로 이민이 지속적으로 늘어나 지금까지 초강대국으로 세계를 이끌고 있다.

간디의 사회적 기술, 비폭력 사티아그라하(Satyagraha)운동

마하트마 간디Mahatma Gandhi는 처음에 남아프리카 공화국에서 변호사로 활동했다. 그러나 자신이 인종차별을 당하는 경험을 한 후에 본격적으로 인권운동을 시작하였고, 고국으로 돌아와서는 영국의 지배하에 있던 식민지 인도의 독립운동을 이끌었다.

간디는 인권 회복과 식민지 독립의 상징이자 운동가로서 우뚝 섰지만 그의 진짜 중요한 공은 종전에 볼 수 없었던 사티아그라하라는 운동 방식을 창안한 것이다.

사티아그라하 운동은 상대방을 설득하거나 변화시키는 것을 목표로 하는 비폭력 운동을 말한다. 사티아그라하는 강고한 진실, 사랑의 힘 등을 뜻한다. 진실의 설득 혹은 진실에 의한 타파라고도 한다.

링컨이 전쟁을 불사하고 단호한 리더십을 발휘했다면 간디는 비폭력에 기반한 리더십으로 역사를 바꾸었다.

때로는 수동적 저항운동이라는 뜻으로 사용되기도 하지만 간디는 세 가지 점에서 사티아그라하를 설명했다. 첫째 사티아그라하는 강자의 무기이고, 둘째 어떠한 환경에서도 폭력을 용납하지 않으며, 셋째 항상 진리를 주장한다는 것이다. 그는 수동적 저항운동은 폭력을 용납하기도 하고 진리를 버리기도 하기 때문에 사티아그라하와는 명백히 다르다고 보았다. 시민불복종 운동이라는 말도 사용되지만 간디는 이 역시 정확하지 않다고 말한다. 그보다는 비폭력적인 시민 저항운동이 더 낫다고 말한다.

간디는 진리에 바탕을 둔 사티아그라하를, 힘에 바탕을 둔 두라그라하duragraha와 대비하여, 두라그라하는 반대파를 개화시키기보다는 상대방을 괴롭히는 것이라고 하였다.

사티는 산스크리스트어로 사랑을 뜻하고 아그라하는 강고함, 즉 힘을 의미한다. 그래서 사랑의 힘 혹은 정신의 힘에 의한 변화 운동이 사티아그라하라고 할 수 있다. 간디가 이 운동을 창안하여 실천에 옮김으로써 남아공에서 일하던 인도인 노동자들을 노예적 신분에서 해방시켜 시민권을 얻게 하였고, 인도를 영국에서 독립하게 했다. 사티아그라하는 사랑을 바탕으로 한 비폭력 운동으로 새로운 종류의 사회적 기술이었다. 사티아그라하라는 사회적 기술은 현대의 민권운동을 지도하는 유력한 사상과 운동 방법의 하나로 자리매김을 확고히 하고 있다.

남아공 흑인법 반대운동으로 시작

변호사 간디는 1894년 남아공의 나탈Natal 지역에 법률 사무소를 개설하였다. 많은 인도인 노동자들이 사탕수수 농장에서 일하는 지역이었다. 이곳에는 거의 노예제만큼 악질적인 계약 조건으로 고용된 유색인 노동자들이 생활하고 있었다. 악명 높은 백인들의 인종차별 주의가 공공연히 이루어지고 있었다. 변호사인 간디 자신도 기차 1등석을 사고도 유색인종이란 이유로 창밖으로 쫓겨나는 인종차별의 수모를 당하기도 하였다. 사탕수수 농장에서 일하는 인도인 노동자들은 더욱더 혹독한 차별을 받고 있었다. 그들은 아이티 등 중남미 제국에 팔려온 아프리카 흑인 노예나 마찬가지로 인간이 아니라 그저 주인의 재산이었을 뿐이었다.

운동의 시작은 발라순다람이라는 학대받던 인도인 고용계약노동자와 만나면서 시작되었다. 이 문제에 적극 대응하는 과정에서 사티아그라하 운동이 만들어졌다. 흥미롭게도 흑인 노예들이 아이티 사탕수수 농장에서 노예해방 투쟁을 통해 신분 격차를 해소하는 성과를 얻었던 것처럼, 간디의 사티아그라하도 남아공에서 사탕수수 농장에서 일하는 인도 노동자들의 비인간적인 대우를 해결하고자 시작되었다. 이 역시 노동자들의 정당한 시민권 획득을 위한 봉기로 확대됐다.

1906년 9월 11일 남아공 요한네스버그의 제국극장은 흑인법The Black Act의 내용을 들으려고 기다리는 인도인 대의원들로 미어터질 지경이었다. 단상에 선 변호사 간디는 다음과 같이 연설했다.

이웃을 바라보지 말고 신을 바라보십시오. 다른 누군가가 아니라 자기 자신을 향한 힘을 얻기 위해서 맹세를 잃어서는 안 됩니다. 맹세의 힘은 한 사람이 하겠다고 약속할 수 있는 것, 그리고 모욕, 감금, 고된 노동, 채찍질, 벌금, 추방, 그리고 죽음까지도 포함하는 고통을 기꺼이 감내하는 것에 의해서 규정되기 때문입니다.[7]

청중석에 모여 있던 사탕수수 노동자들을 포함한 수많은 인도인들이 자신의 손을 들어 동의의 뜻을 표시하였다. 그동안 흑인법에 대해 불만을 품고 있던 인도 노동자들은 1908년 6월 16일 2,300여명이 모여 호적증명서를 불태우는 등 대규모 행동을 개시하였다. "나는 재산이 아니다"라고 외치며 항거한 것이다. 악명 높은 흑인법에 따르면 남녀노소 8세 이상의 모든 인도인들은 호적과 지문을 반드시 등록하여야 한다. 호적이 없는 인도인은 벌금을 내거나 구금되거나 추방될 수 있었다. 인권탄압과 인종차별을 가능하게 한 호적 등록 카드제가 법제화된 것이다. 이러한 치욕에 항거하여 이 법을 폐기하도록 대규모 비폭력운동을 전개한 것이 간디의 사티아그라하 운동이었다.

그로부터 6년 동안 비폭력적 저항운동이 계속된다. 1914년 6월 드디어 이 법이 폐기되었다. 사티아그라하 운동이 비폭력 저항을 통해 제도를 바꾸는 첫 결실을 얻게 된 것이다. 인도인은 그 후 남아프리카 공화국에서 '시민'이 되었다. 노예적 상황에서 시민으로 신분 이동이 이루어진 것이었다.

인도 독립운동에 적용

사티아그라하는 그 후 인도 독립투쟁에서 영국 상품 불매운동, 비폭력 저항운동으로 발전하여 인도 독립과 자유 획득이라는 역사상 값진 결실을 얻게 된다.

1915년 인도로 귀국한 간디는 사티아그라하 운동방식을 인도의 독립운동에 적용하였다. 제1차 세계대전 당시 영국을 지원하기 위하여 많은 인도인들이 참전했다. 인도 독립에 유리하게 작용할 것으로 기대했던 것이다. 그러나 전쟁 후 상황은 전혀 그렇지 않았다. 오히려 그 반대였다. 1919년 영국에 반대하는 사람은 체포영장 발부 등의 적법한 절차 없이 무조건 잡아갈 수 있도록 한 롤럿 법Rowlatt law이 제정되었다. 이는 독립운동을 탄압하는 반인권적 법이었다.

1919년부터 국민회의 의장이 된 간디는 "빵을 구하는 사람에게 돌을 준다"고 항의하면서 전 인도인에게 영국 상품의 불매, 납세 거부, 공직 사퇴 등 영국에 대해 사티아그라하 방식으로 저항할 것을 호소하였다. 이때 민중 봉기가 일어났는데 400여 명이 영국군의 발포로 사망했다. 간디는 1920년대 초반부터 영국산 의복의 불매운동을 벌이고 고유의 옷을 생산하는 전통적 방식인 물레잣기 운동도 시작하였다. 이 때문에 간디는 1922년 옥고를 치르기도 한다. 탄압에도 불구하고 간디는 1925년부터 비폭력 독립운동을 재개하면서 본격적으로 사티아그라하 방식의 독립운동을 펼쳐나간다.

사티아그라하에서 성공이란 반대파를 누르거나 무너뜨려서 목적을 달성하는 것이 아니다. 그보다는 잘못을 저지르는 상대를 좋은 쪽으로 전환시키는 것을 성공으로 생각한다. 반대파가 정의로운 목표로 전환하거나 적어도 이를 방해하는 일을 하지 않도록 하는 것이다.

사티아그라하에서는 목적과 수단이 분리되지 않는다. 정의로운 목적을 위해 정의롭지 못한 수단을 사용할 수 없다. 평화를 얻기 위해 폭력을 사용할 수 없다는 말이다. "수단은 어디까지나 수단이라고 사람들이 말하지만 나는 수단은 모든 것이라고 생각한다. 그래서 결국 수단은 목적이다"라고 간디는 말한 바 있다. 그는 또한 비폭력은 폭력보다 언제나 우월하며 용서는 벌보다 훨씬 더 인간적이라고 주장한다. 물리적 힘보다 도덕적 힘을 더 중시하는 사고인 셈이다.

인도 독립운동 전개 과정에서 이 운동의 내용과 이를 따르는 사람들의 행동강령과 규칙 등이 만들어진다.

사티아그라하를 따르는 사람들, 즉 사티아그라히는 다음과 같은 행동 원리를 따라야 한다. 비폭력, 진리(이는 정직해야 한다는 것을 포함할 뿐 아니라 진리인 것에 헌신하고 진리를 따라 삶을 영위해 나가야 한다는 뜻), 절도 금지, 순결, 무소유, 모든 종교에 대한 동등성, 보이콧과 같은 경제 전략 등이었다.

또한 인도에서 사티아그라하를 실천하는 사람들이 지켜야할 일곱 가지 규칙도 생겨났다. 신에 대한 믿음을 가져야 한다, 진리와 비폭력을 믿어야 하고 인간 본성의 타고난 선함에 대한 믿음을 가져야 한다, 순결한 삶을 영위해야 한다, 기꺼이 죽을 수도 있고 모든 소유를 내어놓을 수도 있어야 한다, 인도 토포 카디를 입고 물레잣기를 해야 한다, 알콜 금지, 모든 훈련 규칙을 기꺼이 수행한다. 자존에 상처를 주지 않는 한 감옥의 규칙에 복종하여야 한다는 등이다.

그 외에도 간디는 저항운동 과정에서 지켜야할 여러 가지 규칙들을 계속 만들었다. 예를 들면 분노를 품지 말라, 상대방의 분노를 견뎌내라, 결코 보복하려 하지 말라, 체포나 재산 압류에 자발적으로 응하라, 상대방을 모함하지 말라 등등 수많은 실천적 강령들이 포함되어 있다. 이는 마치 종교운동과도 비견될 만큼 수신修身적이며 경건한 행동을 요구하는 강령들이다.

시민불복종과 비협력운동은 고통의 법칙law of suffering에 기초하고 있다. 고통을 견뎌내는 것은 목적을 이루는 수단이라는 이론이다. 이 목적은 개인과 사회의 도덕 향상을 뜻한다. 사티아그라하의 비협력 운동은 진리와 정의에 바탕을 두고 참을성 있게 반대파의 협조를 구하는 수단이다.

소금행진

1930년 영국은 소금 전매법을 시행하였다. 이 법은 영국 정부 이외 누구도 소금을 만들어 판매할 수 없도록 하는 금지법이었다. 이는 사실상 식민지에 소금세를 부과한 것으로 영국의 식민지 지배를 위한 중요한 수입원이었다.

1930년 2월 5일 국민회의에서 간디는 전매법에 항의하는 시민적 불복종운동을 벌이기로 선언하였다. 간디는 지역, 계급, 종교, 인종적 경계를 넘어서 이에 항거하되 비폭력 사티아그라하 운동 방식을 따르도록 했다.

간디는 당시 인도 총독인 어윈 경에게 11개항의 요구를 전달하는 편지를 보냈다. 편지에서 그는 "모든 사람의 필수품인 소금 전매법은 나라의 가장 빈곤한 사람들의 관점에서 볼 때 사악한 법률이다. 독립운동은 본질적으로 나라에서 가장 빈곤한 사람들을 위하여 존재하는 것이기 때문에 이 악법은 폐지되어야 한다. 이를 위해 운동을 시작하되 일차적으로 소금행진을 전개하겠다"고 밝혔다.

1930년 3월 12일 간디와 약 80명의 사티아그라하 지지자들은 걸어서 사바르마티 강Sabarmati River의 아마다바드Ahmedabad를 출발하여 그쟈라트주 의 단디Dandi해안을 향하여 걷기 시작하였다. 4월 6일까지 4주간 약 241마일(380km)를 걸었다. 도중에 4개 현 48개의 마을을 통과하였고 가는 곳마다 동조하는 사람들이 몰려와 지지와 성원을 보냈다. 행진하는 사이에 수천 명의 사티아그라하 운동 지지자들이 가세하였고 여류시인 사로지니 나이두도 참여했다.

간디는 4월 5일 AP 통신과의 인터뷰에서 "우리는 불복종으로 항거하는 시민운동을 한 것이었고 비폭력을 기반으로 하고 있기 때문에 세계 여론은 우호적일 것이다. 행진 중 영국 정부가 어떠한 간섭도 하지 않은 것에 감사한다. 하지만 지금까지의 행진은 허용했지만 내일부터 무수히 많은 소금 전매법 위반자들에 대하여 어떻게 나올지 불명확하다. 앞으로 영국 정부가 시민을 복종시키기 위해 극단적인 탄압을 한다면 용납하지 않을 것"이라고 밝혔다. 이 내용이 전 세계로 타전되면서 사티아그라하 운동에 대한 관심이 높아졌다. 그 후 소금법 위반으로 수많은 사람들이 구속되기 시작해서 4월 말까지 최종적으로 60,000명 이상이 구속되었다.

소금행진에 이어 영국제 의복이나 상품에 대한 불매운동도 시작됐다. 인도 해안에서는 소금이 비합법적으로 만들어져 판매되었다. 간디가 최초로 만든 소금은 1600루피(당시 750

달러 상당)로 판매되었다. 4월 23일 베차와르에서는 간디의 제자인 이슬람교도 칸 압둘 가파르 칸에 의해 운동이 확산되었다. 그는 쿠다이 키드마트가르라는 비폭력운동가들을 훈련시켰다. 1930년 4월 23일 칸은 체포되었다. 쿠다이 카드마트가르의 운동가들이 시장에 모여들어 항의하자 영국 정부는 무장하고 있지 않은 이들에게 발포하였다. 그럼에도 군중은 비폭력 원칙에 따라 행동하였다. 앞줄이 쓰러지면 그 다음줄이 나아가 총을 맞고 쓰러지는 식이었다. 5월 4일에 영국정부는 간디까지 체포했다. 간디는 여러 차례 투옥에도 굴하지 않고 석방된 후에도 인도 독립을 위해 활동하였으며, 인도와 파키스탄의 융화를 위한 정치적 노력도 계속하였다.

제2차 세계대전 이후 지속된 독립운동의 결과, 마침내 1947년 영국은 인도의 독립을 승인하였다. 처음에는 영연방의 하나인 인도 연방이 되었다가, 1950년에는 영연방 내의 공화국으로 이행한다. 간디는 힌두와 이슬람의 통합을 원하였으나 그 과정에서 힌두교도의 총을 맞고 암살당하여 뜻을 이루지 못했다. 결국 인도는 인도와 파키스탄으로 나뉘어 분리 독립을 하게 되었다.

마틴 루터 킹의 민권 운동에 끼친 영향

사티아그라하는 1960년대 마틴 루터 킹 목사의 민권 운동에도 영향을 주었다. 마틴 루터 킹 주니어는 미국에서 민권 운동에 관련된 아이디어를 개발하는 데 간디의 영향을 받았다고 그의 자서전에서 밝히고 있다.

"나는 간디를 깊이 연구하지는 않았으나 그의 비폭력 저항 운동에 깊이 매료되었다. 특히 바닷가로 나아가는 소금행진이나 수많은 단식에 감동하였다. 사티아그라하의 모든 개념이 나에게는 대단히 의미가 깊었다. 간디의 철학 속으로 깊이 빠져들어가면서 사랑의 힘에 대한 나의 회의주의는 점차 사라졌고 사회 개혁 부문에서 그 강점을 처음으로 보게 되었다. 내가 추구해왔던 사회 개혁의 방법을 발견한 것은 간디의 사랑과 비폭력에 대한 강조에서였다"고 할 만큼 큰 영향을 미친 것이다.

뿐만 아니라 넬슨 만델라의 반 인종주의 투쟁에도 간디의 비폭력운동 정신이 중심을 이루고 있다고 알려져 있다. 그 외에 현대 사회의 수많은 사회 정의와 민권 운동에서 간디의 사티아그라하는 살아서 움직이고 있다고 하겠다.

7장 | 누가 땅을 소유하는가

토지는 인류의 역사와 떼어놓을 수 없는 관계에 있다. 농업 생산지로, 수렵을 위한 사냥터로, 주거를 위한 장소로 그리고 공장 부지 등 생산수단으로서 토지는 인류 역사와 더불어 애환을 같이 하였다.

인구가 증가하면서 토지를 빼앗기 위한 정복 전쟁이 계속되었고, 점령지에 사는 사람들을 강제로 노예로 만들어 부족한 노동력을 보충하였던 일이 고대 역사를 장식했다. 중세에는 왕이나 영주 등 대토지 소유자가 권력을 장악하여 사회를 지배하였다. 토지를 두고 왕과 귀족 간에 그리고 귀족들끼리 싸움이 지속되었다. 근대의 식민지 쟁탈전도 역시 영토 확장을 위한 것이었다. 인류 역사상 최초로 나타난 영국의 의회 제도도 왕과 귀족 간의 토지 다툼에서 시작되었다. 존John 왕과 영주, 성직자 등 25인이 합의 형식으로 정한 마그나 카르타를 시작으로 수백 년간 토지 지배권과 조세권 등을 놓고 다투는 가운데 의회 제도가 탄생하였다.

결국 명예혁명으로 의회가 승리함으로써 왕의 토지 지배권이 약화되고 사유재산권을 보장하는 제도가 확립되었다. 그 후 산업혁명이 영국에서 세계 최초로 일어나는 것은 주지하는 바와 같다. 오늘날도 토지를 보유한 자가 경제력을 가지고 산업자본가나 금융자본가로 성장하는 예가 적지 않다. 그만큼 토지는 중요하다. 우리는 여기서 우리 역사에서 토지 제도와 관련하여 사회 구성원의 신분이 달라졌던 역사적 사실에 주목하고자 한다.

농민에게 희망을 준 이성계의 전제개혁

새로운 나라를 세운다는 것은 역사적으로 매우 큰 변화이다. 이성계가 조선을 건국할 때에는 그만한 이유가 있었다. 그것이 발전이었는지 후퇴였는지는 건국을 위해 사용한 사회적 기술들이 무엇인가를 살펴보면 알 수 있다. 발전이란 생명, 자유, 신뢰 그리고 재산권의 보호 등 인류가 지향하는 기본적 가치들이 실현되는 것이라고 서론에서 밝힌 바 있다.

이성계는 충분히 이러한 기본적 가치들이 개선되는 사회적 기술을 마련하여 조선을 건국했다. 이성계와 신진사대부들이 시행에 옮긴 전제개혁은 노예 상태에 있던 전호들의 신분을 자유로운 농민 신분으로 향상시켰고, 귀족들에게 제한적으로나마 토지 사유와 세습을, 그리고 농민들에게 소경권을 인정함으로써 재산권을 보호하는 데 진일보하였다. 또한 고려말 권문세족의 사전私田으로 전락한 토지들을 다시 국가의 토지로 환수함으로써 조세수입원을 늘려 국부를 증가시켰다.

이러한 전제개혁이 이루어지기까지 기득권을 가진 고려 권문세가와 숨 가쁜 투쟁을 거쳐야 했으며 종국에는 이성계의 군사력이 뒷받침되어 이를 이룩할 수 있었다. 사회적 기술이란 손쉽게 얻어지는 것이 아니라 투쟁을 통해서 획득되는 경우가 많다.

통지아위가 쓴 『역사가 기억하는 세계 100대 제왕』에는 우리나라 역대 왕 중에서 유일하게 조선을 건국한 태조 이성계가 포함되었다. 이성계가 세계 100대 제왕에 포함된 결정적인 이유는 전제개혁 때문이었다. 전제 개혁으로 고려 말 가장 큰 문제였던 권문세가에 의한 토지겸병과 농장에 매어있던 전호들의 신분적 향상을 꾀한 업적이 높이 평가받았기 때문이다.

고려 말의 혼란과 개혁

고려 말에는 국가 유지가 어려울 정도로 권문세가에 의한 토지겸병이 극도로 문란해졌다. 고려 경종 때 시작된 전시과 제도는 전국의 농지와 임야를 신하들에게 배분한 것이었다. 그러나 고려 말에 이르러 권문세가들이 왕에게서 노비나 토지를 하사받는 소위 사패賜牌의 혜택을 누렸을 뿐 아니라 경쟁적으로 토지를 겸병하거나 점탈占奪하면서 그들의 농장을 확대해 나간다. 권력을 활용하여 이들 농장을 사실상 사전으로 만들고 농지를 뺏긴 농민들을 데려다 비싼 가격으로 소작을 맡겨 사실상 반노예 신분인 전호佃戸로 만들었다.

또한 권문세가들은 각종 특혜를 누렸다. 공식적으로는 인정되지 않는 면세특권을 보유하였고 그곳에서 일하는 농민들을 전호로 가혹하게 부리면서 각종 역역力役을 불법으로 면제받게 하였다. 즉, 부리는 전호에게는 면역의 특권을 갖게 하고, 자신의 농장에 대해서는 면세의 특권을 불법으로 챙겼다.

당연히 대토지 소유 권문세가에 대한 일반의 원성이 자자하였고 국가의 재정 수입이 고갈되어 관료에게 지급되는 녹봉이 부족할 지경

태조 이성계 어진. 조선 건국은 단순히 왕족이 교체된 것이 아니라 국가의 시스템을 뒤바꾼 대대적 변화였다.

이었다. 이에 따라 신진관료 중에는 전제개혁이 필요함을 주장하는 사람들이 점점 늘어났는데 그중에는 조준이나 정도전 같은 급진 개혁론자들도 나타났다. 이들은 관료들 특히 신진관료들의 안정적 녹봉 지급과 군사비 조달을 위해 토지 제도를 근본적으로 개혁해야 한다고 역설하였다. 전제개혁 운동은 1388년 조준의 사전개혁私田改革 상소에서 시작하여 위화도 회군의 공신이었던 황순상, 조인옥과 신진세력 허응 등의 잇따른 상소로 추진되었다.

이미 공민왕 때 신돈이 전민변정도감을 설치해 권문세가가 빼앗은 땅을 원래 주인에게 돌려주는 사전개혁을 시도했으나, 권문세가의 반

과전법으로 무엇이 달라졌나?

과전법의 시행으로 달라진 것을 요약하면 다음과 같은 것들이다.

1) 농민의 신분이 향상되었다. 권문세가의 농장에 묶여 노예적 신분에 있던 전호들이 좀 더 자유로운 농민으로 해방되었다. 일부는 자작농이 되었고 소작이라고 해도 지주에 소속되지 않은 양인 신분이 되었다. 일부 노예도 해방되었다. 영세하지만 농민의 70퍼센트가 토지 소유자가 되었다. 이것은 전호와 달리 대토지 소유자의 농장에서 자유로운 농민의 수가 크게 늘어났다는 의미이다. 이러한 자영농민으로 신분 상승이 이루어진 것이 조선 건국의 원동력이었다고 할 수 있다.

민족백과 토지개혁조에 보면 "조선 초기 농민의 토지 소유 규모는 1, 2결 정도로 영세해 자립도가 낮았다. 그러나 과전법 시행 이후 토지 소유 농민이 70%에 이르고 있어 그 어느 시기보다도 토지를 균점한 상태였다. 이에 따라 요역徭役의 부담은 계전법計田法에 따라 종래의 인정人丁 기준에서 전지 기준으로 바뀌었다"[1]라고 되어 있다.

발로 실패했다. 이성계는 처음에 정도전의 주장에 따라 백성의 호구 수를 조사하여 모든 사람에게 토지를 배분하려는 계민수전計民授田을 실시하겠다는 급진적 전제개혁을 염두에 두었으나 당시 지배층의 격렬한 반발에 부딪혀 결국 포기하였다. 그 대신 1389년 공양왕 시기에 양전사업量田事業2을 실시했고 1390년에는 급전도감給田都監을 설치하여 귀족들이 가지고 있던 기존의 토지대장인 공사전적公私田籍을 모두 불태워 버리는 토지개혁을 단행했다. 그 후에 만든 토지 제도가 바로 과전법이다.

1391년(공양왕 3) 5월 과전법이 공포되었다. 신진 사대부를 중심으

초정 박제가는 신라시대와 조선 전기가 우리 역사상 가장 잘 살았던 시기라고 주장한 바 있다. 그는 신라의 번영이 대외교역 때문에 그렇다고 주장하였는데, 조선 전기의 번영은 이성계의 전제개혁으로 생산 담당자인 농민의 신분 상승과 토지균분 상태가 이루어졌기 때문이라고 보았다. 그러나 임진왜란과 병자호란 이후 사회 전반의 기강이 무너지고 혼란이 거듭되면서 토지 제도도 다시 문란해져 조선 사회는 쇠퇴의 길로 들어섰다.

2) 중앙정부의 세수가 확대되었다. 과전법 시행으로 고려시대 권문세가가 각기 분권적으로 수조권을 행사하던 시대는 막을 내리고 중앙정부가 전국의 토지를 관리하고 수조권을 행사하는 중앙집권적 행정으로 바뀌었다. 이 결과 중앙정부의 세수가 늘어났다.

3) 과전법의 공포로 전직 및 현직 문무백관에게 녹봉 대신 토지를 지급하였고 사전을 인정하였다. 관료를 18과科로 나누어 경기도의 토지를 1과 200결에서 18과 10결까지 각각 차등있게 지급하고 세습을 인정하였다. 전국적인 사전을 공전화하고, 사전은 경기도에 한정하여 세습을 허용한 것이다.

그리고 군인과 한량 등 중소 봉건지배층에 대해서는 경기 이외의 지방 토지를 군전軍田

로 하는 현직 관료와 공신들을 품계에 따라 18등급으로 나누어 경기
도 일원의 토지를 지급하고, 나머지 지역의 사전은 국유지로 편입하여
농민들에게 경작토록 배분하였다.

　사전개혁의 대상은 주로 권력에 의존한 권문세가의 농장이었다.
이들이 농장에서 사적으로 조세를 거두어 들일 수 있게 했던 제도인
개별수조권을 국가에 귀속시킨 것이 사전개혁의 주요 내용이었다.
사전 가운데 본래 개인 소유였던 토지는 그대로 인정하였으나 불법
으로 면세를 받았거나 탈세를 하고 있던 땅은 모두 국고수조지로 재
편하였다.

으로 지급하였다. 사전에 대해서는 전세田稅를 부과하여 재정 수입원으로 충당하였다.

4) 배분한 토지의 규모는 줄어들었어도 세습의 허용과 민전 농민의 소경권[3] 인정으로 소
유권 위주의 지배 관계가 나타나기 시작하여 사유재산 제도의 싹이 트기 시작하였다.

　민전 농민의 소경권이 인정되고 세습이 인정되었기 때문에 이로 인해 토지의 사적 소유
권 제도의 싹이 돋아나기 시작하였다는 점에서 의미가 크다. 사유재산제는 근대 산업사회,
특히 시장경제의 기본 토대가 되는 제도이다. 고려 말 사전에 의한 수조권 제도가 무너지고
소유권 위주의 토지 지배 관계로 전환되기 시작한 것은 민전 자체에서 사유 관념이 높아지
고 있었다는 것을 반영한다. 또한 세습을 허용하는 등 당초부터 개인의 소유권을 어느 정도
인정한 것은 조선 후기에 사전 주인이 실질 지주로 전환되어 봉건적 소작 관계를 형성한 원
인이 되었다.

　농경사회에서는 토지가 가장 중요한 생산자원이므로 이를 누가 소유하고 누가 생산적으
로 활용하는가는 오늘날 자본주의 사회에서 누가 공장을 소유하고 누가 생산을 경영하는가와
같은 의미를 가진다. 이런 점에서 농민들의 신분이 전보다 상승하였다고 보아야 할 것이다.

이로써 여러 해 동안 다투어왔던 권문세가와 신진사대부 세력 간의 싸움은 일단락되었다. 구세력의 물질적 기반을 무너뜨리고 신정권을 위한 기초를 확립한 것이다.

박제가의 신분 이동론과 동학농민군의 신분관

역사는 신분 이동을 가져온 사회적 기술을 한 축으로 하여 발전하여 왔다. 노예제에서 농노제로, 다시 자유와 평등의 근대적 시민 제도로 발전했다. 이러한 기술들은 투쟁과 혁명 그리고 새로운 법률의 제정과 시행 등을 통하여 실현된다.

---

5) 농민에 대한 조세를 병작반수에서 10분의 1조佃로 크게 완화시켰다. 공전이나 사전을 막론하고 10분의 1조로 한정하였다. 이는 과거 병작반수 관행에 비추어 보면 농민의 부담이 5분의 1로 줄어든 셈이다. 그것은 공전에서 농민의 조세 부담을 줄이며, 사전에서 전객佃客이나 차경자借耕者의 부담을 덜어주려는 것이었다.[4] 고려 말에 전호들은 50퍼센트의 소작료와 잡물 잡비를 내는 것이 통례였으므로 이들을 합하면 많게는 80~90퍼센트를 바쳤다고 한다. 그렇다면 전제개혁으로 농민의 신분 상승과 더불어 조세부담이 혁명적으로 낮아졌다는 것을 알 수 있다.

6) 토지 부족으로 세조 때 1466년 직전법으로 변경하였다. 즉 현직에게만 토지를 분배하였다. 건국 후 점차 관료가 증가하고 세습이 지속됨에도 불구하고 경기도의 토지는 한정되어 있어서 1417년태종 17에는 경상도, 충청도, 전라도 토지를 과전으로 지급하는 사례가 늘어났다. 과전이 공전을 잠식하기 시작한 것이다. 이러한 폐단을 시정하기 위해 드디어 세조 12년인 1466년에 과전법을 폐지하고 현직에게만 토지를 공여하는 직전제職田制를 실시하였다.

우리나라에도 반상의 구분이 분명하였던 봉건적 신분 제도에서 벗어나려는 사상이 있었다. 그 단초가 초정 박제가의 신분 이동론에서 발견되며 그 후 한 세기기 지난 19세기 말 동학혁명군의 행동강령에서 계급 타파의 근대적 신분관을 확인할 수 있다. 그러나 신분 제도는 1948년 건국헌법과 1950년 농지개혁법이 시행된 이후에야 비로소 폐지된다. 여기에서 박제가와 동학군의 신분관을 비교하여 살펴보고자 한다.

애덤 스미스와 거의 같은 시기 『북학의』를 쓴 조선의 실학자 박제가, 그의 신분 이동에 관한 주장은 흥미롭다. 그의 대표적 주장은 두 가지이다. 첫째는 양반도 일을 해야 한다는 것이고 둘째는 과거제를 개혁하여야 한다는 것이다.

> 무릇 놀고 먹는 자는 나라의 큰 좀입니다. 놀고 먹는 자가 나날이 불어나는 것은 사족士族이 나날이 성해지기 때문입니다. 이 무리가 거의 온 나라에 퍼져 있으니 한 가닥의 벼슬만으로 이들을 다 옭아맬 수가 없습니다. … 그러므로 무릇 수륙으로 교통하여 무역과 판매하는 일을 사족에게 허락하여 호적에 올릴 것을 신은 청합니다.

이는 1786년 대소 신료들의 생각을 올리라는 정조의 명을 받고 박제가가 소회를 올린 내용 중 일부이다. 북학의 시정 편에서도 "상인이라는 것이 4민 중 하나인데 그 하나가 나머지 세 부류(즉 사농공)의 백성을 소통시키므로 10분의 3의 비중은 차지하여야 한다"고 하여 상업에 종사하는 인력이 대폭 늘어나야 한다고 주장하였다. 그리고 양반이 장사를 하는 것이 인격이나 명망이 떨어지는 것이 아니라는 의견도 빼놓지 않았다.

그는 그동안 양반이 할 수 없는 업역, 즉 중인 이하 하층의 사람들이나 하는 상업에 양반들이 적극 참여해야 한다고 역설하였다. 당시에는 양반인구가 거의 50퍼센트 가까이 되었기 때문에 상인의 인구가 30퍼센트가 되려면 양반 인구 중 태반이 농업과 상업으로 전업해야 실현 가능한 일이었다.

또한 『북학의』의 '진상본'에서 그는 다음과 같이 말하고 있다.

농업을 장려하고자 하신다면 반드시 농업에 해를 끼치는 것을 먼저 제거하고 그다음 다른 조치를 논의해야 할 것입니다.

첫 번째로 선비를 도태시키는 일입니다. 현재의 상황으로 따져보면, … 소과와 대과를 치르노라 시험장에 나오는 자가 거의 10만 명을 넘습니다. … 이들 무리의 부자와 형제들은 과거 시험에 응시하지 않았을 뿐이지 그들 또한 농업에 종사하지 않습니다. 농업에 종사하지 않는 데 그치지 않고 모두들 농민들을 머슴으로 부리는 자들입니다. … 농업은 경시되고 과거 시험은 날로 중시되게 마련입니다. … 실상은 선비는 농사를 망치는 가장 심각한 존재입니다. 이 무리들이 나라 인구의 과반수를 차지한지 지금 100년이 되었습니다. 이제 날마다 불어나는 선비를 도태시키지는 않고 반대로 날마다 힘을 잃어가는 농부들만 꾸짖어(야) … 아무 보탬이 되지 않습니다.[5]

그의 신분제 타파 의지는 평민 신분에서도 인재를 등용하여야 한다는 주장에서 더 명확히 들어난다. 그는 "조정에서 문벌을 따져 인재를 등용하는데 문벌 집안에 속하지 않은 사람은 모두 태어날 때부터 비천한 신분이다. 그러나 바위굴에 거처하며 한미하게 사는 은사나 여항에서 부대끼며 사는 많은 평민들 가운데 오히려 한평생 깨끗하게 행동하며 학생 교육을 게을리 하지 않는 이들이 있다. … 온 나라에 호령을 내려 벌렬 출신 밖에서 재능과 덕망이 출중한 자와 기술과 예술 가운데 하나라도 잘하는 자가 있으면 반드시 천거하라! 천거한 자에는 상을 주되…"[6]라고 하여 신분을 가리지 않고 재능 있는 자를 발굴하고 등용하자는 주장을 펴고 있다. 박제가의 이러한 주장은 반상의 해체와 같은 근본은 건드리지 않은 채 직업의 영역을 자유화하여야 한다는 제한된 신분 이동론이었다.

비슷한 시기 미국의 독립선언이나 프랑스의 인권선언에서 주장한 천부적 인권론에 비하면 뒤떨어진 주장이긴 하지만 당시로서는 급진적 발상이 아닐 수 없었다. 계급 간의 직업 한계를 풀어 농업과 상업에 양반들이 참여할 것을 주장한 것이나 인재 등용 방식을 개혁하여 기존의 과거제는 혁파하고 평민 중에서도 능력있는 자를 뽑는 방식을 개발하자는 주장이 당시 기득권을 가진 양반에게는 기존 질서를 무너트리는 위험한 사상으로 받아들여졌다.

그러나 그의 주장은 지주와 소작인이라는 토지 소유 관계에 대한 근본적 개혁을 무시한 것이라는 점에서 한계가 있었다. 따라서 박제가의 주장은 지주 소작 관계의 토지 소유에 기반을 둔 강고한 봉건적 신분제라는 현실의 벽을 뛰어넘지 못하였다.

동학혁명군의 신분관

초정의 북학의가 나온 지 1세기가 지난 후에 일어났던 동학혁명군의 신분관은 훨씬 더 근대적 인간관에 가깝다.

지주의 토지에 속박되었던 농민이 반봉건 혁명을 일으켜 노예제를 철폐하고 모든 사람의 차별을 없애 한울님으로 인정해야 한다는 동학혁명군의 행동강령은 양반, 중인, 상인, 천민으로 구분되던 조선 봉건사회의 계급적 신분 제도를 근본부터 무너뜨리려는 것이었다. 양반은 농업, 공업, 상업에 종사하지 않고 유학만을 공부하여 과거에 합격하면 고급 관직으로 등용되며, 녹봉과 토지를 받아 지주가 될 수 있는 계급이다. 중인은 외국어, 의학, 천문학, 법률학 등 특수기술을 배워 세습하였고 이들과 양반의 서얼 출신을 합하여 중서中庶라고도 하였다. 상인은 농업, 공업, 상업에 종사하는 사람을 말하지만 대부분은 농민이었다. 천민은 공천과 사천의 노비들로 구성되는데 공업과 상업에 종사하고 창기, 무당, 광대, 승려, 백정 등도 여기에 속했다.

1895년에 일어났던 동학교도에 의한 동학농민혁명의 지도자들은 초정의 신분 이동론에 비해 훨씬 근대적인 계급 타파론을 내걸었다. 주로 농민으로 구성된 동학혁명군은 노비제 철폐를 확실하게 주장하였다. 그리고 나아가서 모든 사람이 평등하게 한울님임을 인정하여야 한다고 하였다. 손님이 오면 한울님이 오셨다고 대접하여야 하고 집회에서도 모든 사람을 한울님같이 공경하라고 하였다. 며느리를 사랑하고 청상과부의 개가를 허용하며 노예를 자식같이 사랑하라고도 하였다. 관리 채용에도 차별을 철폐하고 유능한 인재를 등용하라고 하였다.

또한 불량한 유림과 양반 무리를 응징하고 탐관오리를 조사하여 엄벌한다는 내용도 포함되어 있다. 무엇보다 토지를 평균 분배하고 횡포한 부호를 응징하자는 주장을 했다.

이같이 동학혁명군은 19세기 말 토지 균등 분배 등을 통한 계급 타파의 근대적 신분관을 가지고 있었다. 토지의 균등 분배를 통하여 지배층인 유림과 양반을 타도하고 사민평등을 실현하고자 하였다. 1세기 전 박제가에 비하여 훨씬 정곡을 찌르는 진보적인 신분관을 가지고 있었고 이를 실현하기 위한 실천적 혁명운동을 전개한 점도 다르다.

근대적 신분관을 천명하였던 동학혁명은 실패로 끝난다. 그러나 개혁안의 일부는 갑오경장에 반영된다. 우리나라에서 봉건적 신분 제도의 완전한 철폐는 해방 후 건국헌법의 제정과 농지개혁 때까지 기다려야 했다.

평등 신분 사회를 연 한국의 농지개혁

신분 이동 면에서 봤을 때 해방 후 한국의 농지개혁은 높이 평가받아야 한다. 농지개혁의 원래 목적인 농가 경제의 자립화나 국민 경제의 균형 발전을 달성하여서가 아니다. 농지개혁을 통해 우리 역사상 처음으로 봉건적 신분 제도가 무너지고 근대적 평등 신분 제도가 자리를 잡았기 때문이다. 이것이 농가의 자립 경제나 경제의 균형 발전보다 역사 발전에 더 큰 기여를 하였다고 본다.

원래 목표를 달성하지 못하여 농지개혁이 실패였다고 비판하는 이들도 있다. 그러나 신분제도가 실질적으로 바뀜으로써 과거 소작인들이 자유시민이 되어 토지로부터 해방된 새로운 삶에 대한 기대와 의욕을 가질 수 있었고 노력하기에 따라서는 대기업가도 될 수 있고 대통령도 될 수 있다는 희망을 갖게 되었다. 자유와 평등을 바탕으로한 새로운 근대 인간이 그 이후 한국의 산업화를 이끌고 정치 민주화의 주역으로 등장하였다.

한국의 토지개혁은 1949년에 발의하여 1950년 4월 시행되었다. 그러나 그해 6월 한국전쟁의 발발로 시행이 중지되었다가 1953년 휴전협정이 성립된 후 다시 시행되었다. 다소의 문제는 있었지만 일단 성공으로 간주한다. 성공으로 보는 이유는 지주-소작 관계의 봉건적 신분 관계가 무너지고 근대적 평등 신분 사회를 열어 급속한 산업화를 가능하게 하였기 때문이다.

대부분의 농민들은 500년 동안 지주의 토지에 예속된 소작인 신분에서 벗어나 영세하지만 자신의 토지를 보유한 자영농이 되었다. 이들은 직접 농사를 지었으며 이동이 자유로워진 그 자녀들은 도시로 진출하여 자유 시민의 신분으로 산업 근로자가 되었다. 신분 면에서 자유, 평등이 어느 정도 실현된 도시민들은 열심히 일하면 큰 기업을 일으킬 수도 있고 판검사나 국회의원도 될 수 있다는 희망을 갖게 되었다.

신분상 평등사회가 실현됨에 따라 이들 도시에 사는 자유 시민들이 그 후 반세기 동안 한국 발전을 이끈 역동적인 에너지의 원천이었다. 산업역군도 이들로부터 나왔고 세계 역사상 유례없이 빠른 속도로 경제성장을 이룬 에너지도 바로 여기에서 나왔다. 이러한 신분상 평등을 실현한 것이 한국 현대사를 바꾸어 놓은 힘의 원천이었다.

뿐만 아니라 부정선거나 군사독재에 항거하면서 민주화 투쟁을 벌여 잘못 나가려던 민주주의를 바로잡아온 힘도 그 뿌리는 평등한 자유 시민의 에너지였다. 4·19혁명, 70년대 민주화 운동, 80년대 5·18과 6·

10 항쟁을 통해 군사독재의 종언을 이끌면서 현대사를 드라마처럼 발전시킨 힘은 이러한 평등한 자유시민들의 자기 실현을 위한 노력에서 나온 것이다.

미완의 개혁

다만 토지개혁 자체는 원래 목적에 비추어 반드시 성공적이었다고 할수 없다. 농지개혁법 제1조의 목적이 충실히 이행되지 못하였기 때문인데 농지개혁법 제1조는 다음과 같이 농가 경제의 자립과 국민 경제의 균형 발전을 목표로 하고 있었다.

제1조. 본법은 헌법에 의거하여 농지를 농민에게 적절히 분배함으로써 농가경제의 자립과 농업생산력의 증진으로 인한 농민생활의 향상 내지 국민경제의 균형과 발전을 기함을 목적으로 한다.

토지개혁을 통하여 농가 경제의 자립과 농업 생산력을 증진시킴으로서 농민 생활을 향상시키겠다는 목적은 그다지 성공적이지 못했다. 여기에는 여러 가지 이유가 있었다. 준비 부족이나 전쟁으로 인한 시행 차질, 미국 잉여 농산물 공여로 농산물 가격의 폭락, 그리고 지주 등 기득권자들의 사전 대비 등으로 인하여, 유상몰수 유상분배의 원칙에 따라 3정보町步(약 3,000평) 이하의 토지가 기존 소작인들에게 분배되었음에도 불구하고 소작인들의 생산력과 농민 생활은 크게 향상된것은 아니었기 때문이다.

남한과 북한의 농지개혁

농지개혁은 당시 농민을 비롯한 대다수 국민의 염원이었다. 해방 이후 북한에서 먼저 '무상몰수 무상분배'라는 강력한 수단에 의해 토지개혁을 단행하였다. 1946년 북조선 임시 인민위원회에서 5정보를 상한으로 하는 토지 및 농지개혁이 이루어져 토지를 몰수당한 지주들은 원한을 품고 남한으로 내려왔다. 북한의 농지개혁은 외형적으로는 성공적으로 보인다. 그러나 북조선의 개혁은 농지는 원칙으로 국유로 하되 경작권만 농민에게 부여하는 방식이었다. 정부의 수조율은 27퍼센트나 되어 개별 농가에는 그렇게 큰 이득이 돌아간 것은 아니었다. 그러나 '무상몰수 무상분배'라는 파격적인 개혁이 남한의 소작인들과 정부에 미친 영향은 아주 컸다.

남한에서는 미 군정청에서 귀속 재산 처리가 먼저 이루어졌다. 군정청 산하에 신한공사를 두어 이곳에서 이 업무를 대행하였다. 1945년 11월 군정법령 제33호 '조선 내에 있는 일본인 재산의 취득에 관한 건'이 공포되면서 일본인의 개인 재산 및 동양척식회사를 비롯한 일본계 회사의 재산은 미군정 산하의 신한공사로 몰수 이관되어 관리되었다. 신한공사는 소작료를 기존의 3분의 1 수준으로 부과하고 있었다.

미군정 당국은 귀속 농지의 매각을 위해 1947년 대대적인 농업 조사를 실시하였고, 1948년 3월 미 군정청은 군정법령 제173호 '귀속농지매각령' 및 동령 제174호 '신한공사해산령'을 공포하면서 2정보 미만의 소유상한을 두고 해당 귀속 농지를 신한공사 소작농에게 우선적으로 불하하는 조치를 취하였다. 농지의 매각 가격은 1년 생산량의 3

배로 산정하여 매년 소출의 20퍼센트를 15년간 현물로 납부하도록 하였으며, 등기를 통해 소유권이 일본인으로부터 곧바로 한국인으로 이전되는 방식을 택하였다. 농지의 매각 가격 산정 등 귀속 농지의 매각 사업은 1948년 3월에 신설된 미군정 산하의 중앙토지행정처에서 담당하였다.

그러나 미군정청의 귀속 농지를 포함한 귀속 재산 불하가 사회적 신분 해방이나 경제 개발을 전제로 하였다기보다는 일본인에 의해 점유되고 있던 농지와 재산의 처리를 위한 점령군의 행정 사무의 일환으로 이루어졌다. 따라서 농민과 일반 국민의 욕구를 만족시킬 수는 없었다. 그나마 농지가 군정청에 관련이 있는 일부 사람들이나 영어를 할 수 있는 사람들 위주로 분배되었다는 연구도 있을 만큼 오히려 불만을 키울 수 있을지언정 사회를 변화시킬 만큼의 개혁과는 거리가 먼 수준이었다.

정부수립 후 1950년 농지개혁 실시

남한에서 1948년에 대한민국 정부가 수립되었다. 농민들의 농지 및 토지개혁에 목소리가 높아지자 제1공화국 정부는 1949년에 농지개혁법을 제정하게 된다. 이 농지개혁법이 처음 제정되었을 당시 지주 세력이나 농민 세력 양측 다 반발하였고 불만의 목소리가 높았다.

1950년 3월에 농지개혁법 개정안 및 동법 시행령이, 같은 해 4월 농지개혁법 시행규칙이 공포되면서 법적·제도적 기반이 완성되어 50년 5월에 농지개혁법이 실시되었다.

농지개혁법에서도 미군정의 귀속 농지 매각 사업에서와 마찬가지로 해당 경지를 현소작인에게 우선적으로 불하하도록 하였으며, 토지 소유 상한선 3정보와 거주지로부터 8킬로미터 이내라는 제한을 두었다. 귀속 농지 매각 사업보다 절반 가격인 1년 소출의 1.5배를 매각지가로 산정하여 매년 소출의 30퍼센트씩 5년간 균등 상환하도록 하였다. 그러나 실제로는 이보다 더 완화되었다. 강정택 당시 농림부 차관의 회고에 따르면, "다만 시행에서는 호당 농지 소유 상한선 2정보, 지주에 대한 보상은 연평균 생산량의 150퍼센트를 3년 거치, 10년 분할상환으로 하고 보상증권을 발행했고, 농민은 120퍼센트를 연 20퍼센트씩 6년간 현물상환하고 차액은 정부가 부담"한다는 것이었다.

이렇게 하여 농지개혁법이 시행되지만 불과 1개월 후인 6월 25일 한국전쟁이 발발하여 시행이 중단되었다. 1951년에는 귀속 농지 특별조치법이 시행되면서 1948년에 분배된 귀속 농지도 농지개혁법의 상환조건을 준용하도록 조치하였다. 이렇게 되자 귀속 농지와 매수 농지의 분배 및 상환 업무가 통합되었고, 1952년 4월 농림부 직제 개정을 통해 기존의 농지국과 귀속농지관리국을 통합하여 전체 농지개혁을 담당하는 농지관리국을 설치하였다. 이 법은 전쟁이 종료된 1953년이 되면서 본격적으로 시행되어 토지가 개인에게 불하되었다.

농지개혁법에 의해 1950~70년간 매수·분배된 농지는 34만 2,365정보로 전국 농지 230여만 정보의 약 15퍼센트에 해당한다. 농민들의 토지 소유로 상당수의 자작농이 생기게 되었다. 그러나 50년대에는 원조물자 도입 등으로 곡물 값이 폭락하는 등 농민 생활은 크게 개선되지 못하였다. 이 개혁을 통하여 토지자본에서 산업자본으로 전환을 꾀하였던 정부의 원래 목표도 그다지 성공을 거두지 못하였다. 1994

년에 농지법이 제정됨으로써 농지개혁법은 폐지되었다.

자유 평등의 시민사회 가치 실현

대한민국 건국헌법과 더불어 1950~53년의 농지개혁은 한국민의 자유와 평등을 실질적으로 가능하게 한 역사적 사건이다. 이를 통해 중세적 계급사회, 즉 지주-소작 관계가 해체되고 모든 국민은 자유시민이 되었다. 이 변화가 근대화의 토대가 되었고 그 후 산업화의 원동력이 되었다. 이른바 한국인의 역동성Korean Dynamism이라는 용어의 탄생은 이같은 근대적 평등신분제로의 혁명적 이동에 의해 가능해진 것이었다.

제2차 세계대전 이후 근대화한 나라 중에서 산업화에 성공한 나라와 그렇지 못한 나라의 차이는 바로 중세적 토지제를 개혁하는 데 성공하였느냐 여부에 달려있다고 할 수 있다. 이러한 주장의 실례로 대만이나 한국이 성공한 경우이고, 칠레나 필리핀은 실패한 사례라고 할 수 있다.

칠레에서는 소작인들에게 토지를 나누어주는 토지개혁이 살바도르 아옌데 대통령 시기에 시행되었다. 하지만 토지개혁을 비롯한 사회주의 성격의 개혁정책들은 대지주들과 자본가들의 반격으로 실패하였다. 미국의 지원을 받은 피노체트 군부가 1973년 9.11쿠데타를 일으켜 아옌데 정부를 전복시키면서 토지개혁은 물거품이 되었다. 칠레는 오늘날까지도 긴 영토 방방곡곡에 아랫마을과 윗마을로 나뉘어 아랫마을의 가난한 주민들과 윗마을의 부자들이 구분되어 살고 있다. 이것은 산업사회가 된 현재에도 신분제도가 타파되지 않고 빈부 형태로 변형된 채 지속되고 있다는 것을 말해준다.

필리핀의 경우 60년대 초까지만 해도 우리나라보다 1인당 소득이 높았던 농업국이었으나 아직까지도 3,000달러 소득 수준에서 크게 벗어나지 못하고 있다. 여야를 막론하고 정치 지도자들이 모두 대토지를 보유한 지주 출신이기 때문이다. 이들에게는 자신들이 소유한 대농장을 유지 확대시키는 봉건적 신분 관계를 지속하는 것이 유리하다. 때문에 아직도 신분 이동이 제한되어 있어 산업화를 위한 개혁들이 적극적으로 시도되지 않고 있다고 해석된다.

이에 비해 우리나라는 자유, 평등과 시장경제 제도 그리고 삼권분립의 권력구조를 기반으로 하는 1948년 건국헌법과 더불어 경제적으로 경자유전耕者有田(소유자와 경작자가 일치)과 최고소유한도제를 도입한 농지개혁으로 지주 소작 관계가 해체됨으로서 신분 이동이 가능해졌다. 이로써 우리나라는 근대 사회를 이끌 힘의 원천인 시민의 자유와 평등이라고 하는 가치를 보유하게 되었다. 농지개혁과 건국헌법 제정이라는 사회적 기술을 기반으로 하여 우리는 치열한 자유 경쟁 체제인 현대 산업사회를 만들어냈다.

3

교환과 교역의 확대, **세계를 하나로 만들다**

HOW THE POWERS WERE MADE

교환과 교역은 인류 사회 발전에 있어서 가장 오래되고 가장 중요한 사회적 기술이다. 생명체로서 존속과 번영에 필요한 재화와 용역을 마련하는 데 교환 기술은 필요불가결하다. 교환이 확대되면 당사자들의 물질적 자유가 신장된다. 그리고 교환이 이루어지려면 상호 신뢰가 전제되어야 하고 교환을 지속적으로 확대하기 위해서 더 두터운 신뢰를 쌓아 가야 한다. 이같이 교환과 교역의 확대는 우리가 발전이라고 정의한 생명 존중과 구성원의 자유 확대 그리고 신뢰 구축의 모든 항목에 기여한다.

다시 말해 교환과 교역의 확대는 인류 역사가 진보하는 과정과 궤를 같이 해왔다. 그러므로 교환과 교역 기술은 역사 발전을 위한 중요한 사회적 기술이다. 교역을 확대시키기 위한 교역로의 개발이나 지리상의 발견은 물론이고 교역과 교환을 편리하게 하는 문자의 개발, 표준화나 도량형을 비롯한 무역규범, 주식회사 제도와 시장 제도, 그리고 신뢰를 쌓기 위한 국제무역협정 등 수많은 사회적 기술들이 이 과정에서 나타나 오늘날에 이르고 있다.

처음 교환 기술은 가족 내의 구성원 간에서 생겨났다. 가장 신뢰가 높기 때문이기도 하지만 잉여생산물이 많지 않았기 때문이기도 하다. 생산력이 높아져 잉여가 축적된 이후에 비로소 교환이 크게 확산되었다. 그리고 생산력이 발전할수록 씨족 간에, 부족 간에 나아가서는 국가 간에 교환과 교역이 이루어지기 시작하여 오늘날은 세계적 규모로 확대되었다. 지역적 특성에 따라 수확된 잉여 생산물을 타지역 타부족과 교환하기 시작해 근대적인 분업과 전문화에 의하여 대량생산을 하고 이를 상호 교환하는 국제무역을 하기까지 교환 기술은 끊임없이 다양해지고 고도의 기술로 발전하였다.

교환의 조건은 신뢰와 가치평가

교환의 성립 조건은 신뢰를 바탕으로 한 가치평가이다. 교환하는 상품과 서비스에 대한 신뢰가 없다면 그러한 교환이 이루어지겠는가? 한 번 이루어진다 하더라도 그 다음에는 믿지 못할 상대라 판단하고 교환을 하지 않으려 할 것이다. 신뢰가 없으면 교환이 이루어지지 않고 약탈이나 탈취가 있을 뿐이다. 그러므로 신뢰가 높은 사람들 사이에서 교환이 이루어진다. 서로 가까운 이웃 마을로부터 시작하여 점차 원거리 교역으로 확대된다. 근대에 와서는 신뢰를 담보하는 규칙과 보험 제도를 만들어 이에 따라 안정되고 장기적인 교환 거래를 성사시키고 있다. 생면부지의 사람들과 교환이 가능하게 된 것은 바로 신뢰를 담보하는 조건이 충족되었기 때문이다.

교역을 위한 또 다른 필요조건은 교환 상품에 대한 가치평가이다. 종류가 다른 상품들의 가치가 일치하여야 교환이 무리 없이 이루어질 수 있다. 상품의 가치를 평가하는 방법은 그것을 필요로 하는 사람이 느끼는 효용의 크기로 결정한다는 효용가치설이 있고 해당 상품을 만드는 데 들어간 노동 시간에 따라 평가한다는 노동가치설이 있다.

어느 경우든 교환 당사자 간에 교환 상품의 가치가 등가가 되어야 교환이 성사된다. 이를 위하여 처음에는 물물교환으로 시작하다가 종국에는 화폐 제도가 출현한다. 화폐를 통해 상품의 가격을 정하고 가격이 일치하는 상품들 간에 교환이 이루어지거나 화폐를 매개로 상품을 판매하고 구입하면 각자 필요한 상품을 소비할 수 있게 된다. 교환의 확대와 화폐 제도의 도입은 시장의 발달을 가져왔다.

다양한 시장 제도

교환이 이루어지는 장소는 시장이다. 물론 여기서 장소는 물리적 장소만을 의미하지 않는다. 인터넷상으로 거래가 이루지면 이 또한 시장이다. 시장의 종류는 다양하지만 재화시장, 서비스시장, 자본시장, 부동산시장 등 대상의 종류에 따라 다양한 시장이 형성되고 발전되어 왔다. 주식시장, 금융시장도 크게 발달하였다. 현물시장, 선물시장 등도 존재한다. 파생상품시장도 존재한다.

시장은 누가 주도하느냐에 따라 생산자 시장, 소비자 시장, 생산요소 시장, 주식시장 등으로 나눌 수도 있다. 경쟁의 형태에 따라 완전경쟁시장, 독점시장, 독점적 경쟁시장, 과점시장 등으로 구분되기도 한다. 시장이 확대되고 다양해질수록 경제활동은 활발하게 이루어진다. 이 과정에서 출현한 시장 제도, 주식회사 제도 등 새로운 제도들은 모두 사회적 기술의 한 형태이다. 이 결과 생산물이 증가하고 인류가 필요로 하는 재화와 용역의 공급이 증가하게 된다.

교환을 편리하게 성사시키기 위해 또 다른 기술들이 발달한다. 화폐들 간의 교환시장, 즉 외환시장도 형성된다. 통신기술의 발전도 시장의 기능을 더욱 편리하고 신속하게 만들었다. 인터넷의 발달은 전 세계 구석구석까지 신속하게 교환 거래를 성사시켰다. 인터넷 기술은 물리적 기술이지만 이 기술을 활용하여 B2B, B2C를 시행하는 등 거래 방식이나 전자결제 방식과 같이 기업 경영 방식을 바꾸는 것도 사회적 기술이다.

기업 제도

교환과 교역의 확대가 이루어진 데에는 생산을 담당하는 기업 제도라는 두드러진 사회적 기술이 큰 역할을 하였다. 기업은 시장을 대체하여 교환을 담당하는 조직이라고 노벨경제학상 수상자인 코스Ronald H. Coase교수는 『기업의 본질The Nature Of Firm』에서 주장하고 있다. 기업은 개인 기업뿐 아니라 협동조합, 주식회사, 유한회사, 사회적 기업 등 다양한 형태가 출현하여 발전하고 있다. 기업의 힘이 커지면서 반대급부로 소비자 단체의 조직과 활동도 활발해졌다.

시장의 발달을 위해 법치도 중요한 역할을 한다. 이는 사유재산권을 법적으로 보장하는 등 시장의 교환이 신뢰 속에서 이루어지게 하는 기반이 되기 때문이다. 좋은 법을 가지고 이를 잘 지키는 것이 곧 시장을 활성화하는 일이다.

교환 교역의 이익

교환이 이루어지는 이유는 서로 이익이 되기 때문이다. 데이비드 리카도David Ricardo가 밝혀냈듯이 상호 비교우위가 있는 상품을 생산하여 이를 서로 교환하면 양방이 다 이익이다. 이것이 오늘날까지도 국제무역의 이익을 설명하는 유명한 비교우위 이론이다.

그러므로 신뢰를 바탕으로 정당하게 이루어진 교환과 교역은 서로 윈-윈하는 포지티브Positive-sum 섬 게임이다. 이러한 교환과 교역을 확대 촉진하는 정책을 활용하거나 제도를 도입하는 것은 사회 발전에 기여한다. 지중해 무역이라든가, 실크로드의 활용, 그리고 15~16세기에 대서양 항로를 개척해 대항해시대를 연 스페인, 포르투갈의 노력 등이 교환 교역을 세계적으로 확대한 역사적 사건들이다. 자유무역주의, WTO, FTA 등도 부작용에 대한 비판도 있으나 일정한 기여를 하고 있다.

제3부에서는 선사시대에 교환과 교역이 어떻게 이루어졌는가를 먼저 살펴보고 이어서 동서 교역의 길 실크로드, 바다 민족 페니키아인들의 지중해 교역과 이를 통해 만들어진 알파벳, 중세 베네치아의 교역, 대항해시대를 연 주앙과 엔히크 왕자, 산타페 협약과 대항해시대, 스페인, 네덜란드, 영국으로 국제무역의 주도권이 바뀌어간 이유, 박제가의 교역확대론 등을 차례로 살펴보고자 한다.

8장 | 선사시대와 고대의 교환 교역 기술

신석기시대는 기본적으로 자급자족 시대였다. 그렇다 하더라도 부정기적인 근거리 및 원거리 교역이 존재했다. 옛 무덤의 발굴을 통해 그 흔적들을 발견할 수 있다. 교역이 본격적으로 시작된 것은 대규모 관개 농업 생산이 이루어지는 도시혁명 이후부터였다. 메소포타미아의 예리크 지역 등에서 그 흔적이 나타났다. 점차 전문 무역 상인이 등장하고 무역 국가도 탄생한다. 이것이 역사시대의 페니키아의 지중해 무역, 중국 상나라의 상인, 베니스의 상인, 대항해시대의 대서양 무역, 노예를 매개로 한 삼각무역, 네덜란드의 동인도 무역 등으로 이어지면서 오늘날 전 세계를 대상으로 하는 국제무역 시대로 발전한다.

선사시대 인류가 만들어낸 사회적 기술은 무엇이었을까?

인류는 소규모 가족, 씨족, 부족 간의 공동체 생활을 위해 관습 이외에 신뢰할 수 있는 규칙이 필요하였다.

먼저 생산과 분배에 관련된 규칙들이 생겨났다. 처음에는 관습으로 전해 내려오다가 후에는 서로 지켜야 할 규칙을 만들기 시작하였다. 낮은 생산성 때문에 경쟁보다 협력이 중요하였던 시대에는 이에 알맞는 사냥 규칙이나 어로 규칙 등이 만들어졌을 것이고 함께 협력하여 획득한 먹을거리는 연장자 우선 혹은 기여도의 차이 등과 같은 일정한 기준에 따라 분배하였을 것이다. 이 규칙이 깨지면 혼란이 오므로 위반자에 대한 벌칙을 만들어 처벌하기도 하였다. 이를 위하여 종교적 권위, 군사적 권위 등이 생겨나고 공동체의 지배 질서가 만들어졌다.

풍성한 먹을거리를 획득하였을 때는 인간의 타고난 본성인 자유와 놀이를 위해 축제가 벌어졌다. 이런 축제는 공동체의 질서유지를 위한 종교의식과 더불어 이루어졌을 것이다.

점차 공동체 단위가 커지고 잉여 생산물이 축적될수록 교환과 교역이 발달하게 된다. 이에 따라 교환과 교역 기술이 중요한 사회적 기술로 등장한다. 교환과 교역 당사자들은 서로 이익을 얻을 수 있었기에 가능한 한 교환과 교역은 더 넓은 지역으로 더 다양한 상품으로 확대되었다.

앞서 말했듯이 교환과 교역을 위해서는 서로 신뢰하여야 한다는 조건이 필요하다. 상품에 대한 신뢰뿐 아니라 거래 규칙과 약속에 대한 신뢰도 중요하다. 이런 점에서 서로 믿는 이웃 간에 교환 교역이 먼저 생겨나 점차 확산되었다. 신뢰가 깨지면 물리적 충돌이나 전쟁이 발생하기도 하였다. 전쟁은 힘으로 상대방을 제압하여 소유물을 빼앗고 포로를 잡아 노동력으로 활용하는 기회가 됐다. 선사시대에는 이러한 전쟁과 평화로운 교환 교역이 공존하였다.

크로마뇽인의 교역

크로마뇽인은 라스코나 알타미라의 동굴에 사슴과 들소 등의 훌륭한 그림을 남겼다. 크로마뇽인들이 어떻게 살았을까에 대한 연구들이 많이 있지만 우리가 속 시원하게 이렇다라고 할 만한 것은 그리 흔치 않다.

『선사문화의 이해 *World Prehistory*』를 집필한 브라이언 페이건[Brian M. Fagan]은 크로마뇽인들의 교환과 교역의 상황을 비교적 자세하게 설명하고 있다. 그는 크로마뇽인들이 추운 겨울에 동굴 속에서 생활하다가 순록이 이동하는 시기 혹은 연어가 올라오는 시기인 봄, 여름, 초가을에 사냥감이 지나가는 길목으로 모여들었을 것이라 보았다.

페이건은 다음과 같이 크로마뇽인의 사회 활동과 교환 교역을 설명한다.

> 빙하시대 말기[4만3천 년 전~1만5천 년 전] 유럽의 크로마뇽인들은 적응력이 강하고 다른 사람들과 협동하지 않으면 살 수 없었으며 식료를 얻을 수 있는 기회가 오면 놓치지 않아야 했다. 크로마뇽인은 연중 아주 다양한 사냥감을 먹고 식료를 저장하면서 작은 집단을 이루고 살았다. 그들이 함께 모여 큰 집단을 이루는 때는 순록(나중에는 연어)이 풍부해지는 봄, 여름, 초가을이었을 것이다. 이 회합은 중요한 연례행사였다. 그때 사회 활동이 가장 활발하고 집중적으로 이루어졌다. 혼례를 주선한다든가, 입회 의식을 한다든가, 원자재, 도구, 기타 물건을 서로 교환하는 일이 여기에서 이루어졌다.[1]

라스코 동굴 벽화. 기원전 1만 5천 년 전에 그려진 것으로 추정되는 벽화로 당시 살았던 동물들이 생생하게 묘사되어 있다.

순록이 계절 변화에 따라 남에서 북으로 이동하는 때에 맞추어 이들은 사냥하기 좋은 길목의 일정한 장소에 모여들었다. 서로 협력하여 순록 사냥을 했을 것이다. 그리고 사냥 기간 동안 순록을 잡으면 축제를 벌였고 그곳에서 남녀 간의 혼례도 치렀다. 뿐만 아니라 각자가 보유하고 있던 물품들을 필요에 따라 서로 교환하였다.

순록 사냥을 정교하게 묘사한 크로마뇽인의 동굴벽화와 1만 8천 년 전 이후 약 6천 년간 번성한 막달레니안^{Magdalenian} 문화가 이를 입증해주고 있다.

아마도 이 시기에는 정복이나 약탈도 있었을 것으로 보이지만 그보다는 상호 신뢰에 바탕을 둔 교환과 교역이 점차 확대되고 있었을 것으로 생각된다. 그렇게 보는 이유는 그 당시에는 서로 협동하지 않으면 사냥을 성공적으로 수행하기 힘들었고 전쟁을 촉발할 만한 여력이 부족하였기 때문이다. 생존을 위해서는 서로의 필요에 따라 신뢰를 바탕으로 한 협동이 경쟁보다 더 중요하였을 것이다.

신석기시대의 교역

인류가 신석기혁명을 일으킨 것은 1만 5천 년 이내의 일이다. 그 이전 25만 년 혹은 그 이상의 오랜 기간 동안, 인간은 자급자족도 어려울 정도로 수렵 채취에 주로 의지해 살아왔다.[2]

신석기혁명의 특징은 밀, 보리, 쌀, 감자 등 식물 재배와 개와 양, 염소, 가젤 등 동물 사육을 시작한 것이다.[3] 신석기시대의 의미는 인간이 오랫동안 자연에 종속되어 살아오다가 석기라는 도구를 사용하면서 자연을 통제하기 시작하고 나아가 인간 스스로 식량 공급을 위한 농업 생산의 길을 열게 되었다는 뜻이다.

인류 사회가 발전한다고 할 때 그것을 측정하는 객관적 지표 중 하나는 인구의 증가다. 개체수가 증가할 때는 그 사회나 집단이 번영하고 있다고 해도 좋을 것이기 때문이다. 신석기혁명 이후 인류는 급속히 번성하여 개체수를 증가시켰다. 고고학자 고든 차일드Gordon Childe에 의하면 발굴된 거석묘 밑에서 200구 이상의 인골이 발견되기도 하였다. 이 때문에 고든 차일드는 인류 역사상 제1의 혁명, 즉 신석기혁명이 일어났다고 보고 있다.

이 시기의 기본적인 산업은 농경과 목축이 혼합된 농업이었다. 동물 사육은 퇴비를 생산하고 우유와 고기를 제공하며 동물에 따라서는 가죽과 털을 공급하는 이점이 있다. 신석기 경제는 이렇듯 농업과 목축이 혼합된 자급자족의 경제가 기본이었다.

물론 지형과 지역 환경에 따라 다종다양한 신석기 문화가 존재하였다. 고고학계의 발견에 따르면 7천 년 전 기본적 신석기 경제체제를 갖춘 곳으로는 나일 강 계곡 타사Tasa 지역, 나일 삼각주 서쪽 지역, 파이윰Faiyum에 있는 과거 호수 주변, 시리아 강우 지대, 이란 평원 비탈 지역 등이 있다. 이보다 늦은 시기의 신석기 공동체로는 소아시아 평원 지대, 크레타 섬, 그리스 본토 테살리와 기타 지역, 그리고 그보다 더 늦은 시기의 신석기 공동체로는 스페인, 우크라이나와 시베리아 흑색토 지대, 다뉴브 계곡 지대, 헝가리 평원, 중부 유럽 비옥지대, 남부 영국, 벨기에 등이며 BC 2000년경에는 덴마크, 북 독일, 스웨덴 지역에서도 신석기 공동체가 나타났다.[4]

이들 지역은 도구, 용기, 무기, 장식품, 예술, 매장 의례 등에서 서로 다른 다양한 문화를 보여주고 있다. 발견된 부장품 중에 사치품도 끼여 있는데, 원거리 간 비정기적 교역이 이루어졌음을 말해준다. 예를 들면 지중해 조개로 만든 팔찌가 체코 보헤미아 지역의 신석기 무덤에서 발견되고 있다. 아마도 우연한 접촉이나 경우에 따라서는 의례적 방문으로, 혹은 신부 등을 얻기 위한 족외혼이 교환과 교역과 더불어 이루어졌을 것으로 본다. 고든 차일드는 교역으로 집단 간 관념의 교환도 이루어졌을 것이라 확신하고 있다. 그의 연구는 상호 교류가 활발하게 이루어졌음을 시사한다.

신석기시대의 주요 산업 생산물은 나무로 만든 목조 도구, 흙을 빚어 만든 토기, 그리고 직물 등이 주류를 이룬다. 이 시대의 모든 생산 활동은 경험의 축적에 바탕을 두었고 그런 경험은 집단지식으로 후대로 전수되었다. 이 시기에 목재를 다듬는 데 필요한 마제석기가 발달하였고 쟁기나 수레, 배, 목조 가옥 제작 등이 이루어졌다. 토기그릇은 곡물이나 고기의 요리 등에 사용되었다. 토기의 모양은 지역적으로 그리고 시대에 따라 조금씩 변화를 보이는데, 향후 인류의 예술적 창의적 사고를 진작시키는 데 큰 역할을 하였다. 주로 주부가 담당하였던 섬유 공예는 새로운 섬유 소재를 발견해 재배하는 기술을 발전시켰고 베틀과 같은 위대한 기계의 발명에 기여하였다. 이러한 과정에서 생산에 필요한 소재나 염료 등을 얻기 위해 이웃 마을이나 원거리에 있는 마을과의 교역이 점차 늘어나기 시작하였을 것이다.

페이건에 의하면 BC 9500~BC 6000년간 장신구와 도구 제작을 위한 흑요석이 터키 반Van 호수로부터 레반트로 그리고 멀리 페르시아 만까지도 장거리 교역이 이루어졌다고 한다. 터키의 차탈회육Catal-hoyuk은 교역의 요충지로 번성하였다.

도시혁명 이후 교역 급증

BC 3000년경이 되면 도시국가가 나타나는 도시혁명이 곳곳에서 일어난다. 도시혁명 이후 중장거리 무역을 포함한 대외 교역이 급속히 증가한다. 당시 사람들은 농업 생산을 토대로 점차 잉여생산물을 축적하고 이를 관리하는 전문 서기를 두었으며 이웃나라들과의 교역을 확대시켜 나갔다.

BC 3000년경부터 도시혁명이 이루어졌다고 본 고든 차일드는 그이전 천 년 동안 문화자본을 축적한 몇몇 공동체들이 나타나서 주변 지역에 문화자본을 전파하기 시작하였다고 본다. 대규모 관개와 광범

위한 교역이 이루어졌으며 인구가 늘어났다. 사회조직의 강화와 경제 시스템의 집중화도 이루어졌다.

지중해 동부에서 인도 동쪽에 이르는 반 건조지대에서 다양한 공동체가 일어났는데 이들의 생산력이 크게 향상되어 점차 서로 간에 필요하고 부족한 것을 교역하는 상호의존 체제가 형성되었다. 하천 충적지대는 식량은 풍부하나 원자재가 부족하고 목재나 석재가 모자랐다. 따라서 대규모 관개와 제방 공사에 필요한 원자재를 확보하기 위해 정기적이고 안정적인 교역 시스템이 요구되었다. 이집트, 수메르, 인더스 지역의 거주자들은 정기적이고 규칙적인 무역을 하였다. 이를 위해 상인 집단과 전문 장인 집단이 출현하였고 상인과 상선을 보호하기 위한 무력과 군대도 필요하게 되었다. 잉여생산물과 무역을 관리하는 서기와 관료 등도 생겨났다. 교역의 확대와 더불어 회계 기술, 관리 기술 그리고 분업과 전문화라는 사회적 기술들이 등장하여 확대된다.

이렇게 BC 3000년경 다양한 직업과 계급이 존재하는 도시국가가 탄생한다. 전문화된 제조업과 대외무역에 기초한 경제 시스템도 마련되었고 부의 집중도 이루어졌다. 인구도 급격히 늘어났다. 도시에는 상인, 장인, 군인들과 같은 전문화된 새로운 직업군의 사람들이 점점 늘어났는데 이는 이들을 부양할 잉여생산물이 그만큼 증가하였다는 뜻이기도 하다.

군주, 성직자, 서기, 관료, 전문기술자, 직업군인, 노동자 등은 잉여생산물 덕분에 각기 제 업무에만 몰두하고 식량 생산 활동에서는 면제를 받았다. 자급자족 공동체라면 필요치 않은 직업과 계급이 상당수 늘어난 것이다. 고고학계의 발굴 결과, 이 시기 여러 곳에서 보석, 무기, 신전의 가구, 돌림판을 써서 만든 항아리 그리고 직물을 짜는 가내 수공업 제품과는 다른 전문직들에 의해 만들어진 유물들이 다수 발견 되었다. 이러한 도시 공동체는 메소포타미아 지역 우르크Uruk 등지에 서 발견된다.

요컨대 도시 문명은 잉여생산물을 토대로 한 부의 축적, 전문기술 직의 출현, 무역의 확산 등으로 대변된다. 우르크 신전은 4번 이상 재 건축을 하였는데 3번째 재건축에서 납, 은, 청금석이 쓰였다.

도시 공동체의 하나인 우르Ur 지역에서 발견된 왕실 공동묘지는 직업의 전문화가 강화되었음을 보여준다. 청동, 투명 유리, 철제 단검 등이 출토되었는데 이는 응용과학 기술에서 새로운 발전이 있었음을 뜻한다.

BC 2600년경의 유적에서는 철제 단검이 발굴되었는데 철이 사용 되기 시작한 것이 BC 1300년 소아시아 지역으로 알려졌기 때문에 특 이하다. 뿐만 아니라 엄청난 규모의 외국산 물품이 발견되었다.[5] 이로 써 대규모로 대외교역이 이루어졌음이 확인되었다. 노동자의 이동도 있었을 것으로 보인다.

왕권 이전에 신전이 중심

발굴된 문서기록을 통해서 이 시대의 권력과 부가 어디에 집중되었는 가를 엿볼 수 있게 되었다. 가장 오래된 문서에서 신전의 세입과 세출 기록을 적은 회계장부가 발견되었다. 왕권 이전에 신전이 자본축적의 중심이었음을 입증하는 자료다. 이들 기록에는 씨앗 대부, 경작 동물 대여, 소작지, 선박, 방적 공, 양조장 등에 임금 지불과 무역상에 선불로 지급한 곡물, 금괴 등이 적혀 있다.[6] 생산과 교역 등 경제활동을 신전이 관리하고 있었음을 알 수 있다. 정치권력과 경제권력이 종교 권력의 지배하에 있었다는 사실을 말해준다.

앞에서 설명한 것과 같이 BC 3000년경에는 왕과 국가가 출현하고 국가 권력이 탄생한다. 다시 말해 세속적 지배자가 출현한다. 국가의 출현으로 제도와 조직 그리고 리더십의 사회적 기술이 대폭 늘어난다. 초기 왕들은 경제활동을 자랑하기 위해 운하를 개량하거나 착공하고 신전을 건설하며 원거리 무역을 통한 목재, 구리, 화강암 등을 수입하였다. BC 2500년경까지는 도시국가 중 절대 강자가 아직 없었다. 그러다가 BC 2334년 사르곤 왕이 바빌론 지역에서 아카드 왕국을 세우고 지역의 패자로 군림하였다. 그리고 BC 1800년경 함무라비 왕이 단일 수도, 단일 법전, 단일 달력을 만들어 통일국가를 건설하였다.

무역도시 비블로스Byblos와 그발족Giblites

메소포타미아, 이집트, 인더스 등 문명의 중심지에서 필요로 하는 산업 원료를 확보하기 위해서는 무역의 확대가 불가피하였다. 동시에 무역의 확대는 문명을 전파시키는 중요한 역할도 하였다. 이는 비블로스와 그발족[7]의 경우에서 입증이 된다. 레바논 베이루트 부근에 위치한 항구도시 비블로스는 이집트에서 필요로 하는 삼나무 교역 항구였다. 이집트는 삼림이 부족하였기 때문에 무덤 건설, 선박 건조, 가구 제작을 위해 필요한 목재를 비블로스에서 수입하였다. 이러한 무역으로 그발족의 비블로스는 소읍에서 큰 무역도시로 발전하였다. 이 지역에서 발굴된 건축, 도자기, 의상, 종교 등의 유물들에서 비블로스 고유의 문화에 이집트 문화의 세련미가 더해진 것들이 다수 발견되었다.

그 외에도 정복과 무역을 통해서 BC 3000년에서 BC 2000년 사이에 청동기 문명은 크레타 섬, 그리스 본토, 군가서스 산맥 북쪽, 쿠반 강유역, 트로이, 소아시아 평원, 팔레스타인과 시리아, 이란, 발루치스탄 등지에 상업 중심의 도시 문명들을 구축하였다. 메소포타미아, 인더스, 이집트가 선사시대 제1의 중심지였으나 영향을 받은 주변 도시들이 강제적 혹은 자발적 교역을 통하여 제2의 중심지로 출현한 것이다.

신석기혁명과 도시혁명을 통해 교역이 지속적으로 확대됨으로써 세계 문명은 더욱 상호 의존적이 되었으며 제2, 제3지역으로 확산되어 갔다. 인구도 급격히 늘어났다.

페니카아Phoenicia인의 지중해 교역과 알파벳

교역과 문자는 인류가 사회를 형성하여 발전시키는 데 초기부터 중요한 사회적 기술이었다. 고대 페니키아인들은 이 두 가지 사회적 기술을 결합, 발전시켜 인류 역사에 획기적 기여를 하였다. 이들은 지중해를 중심으로 한 교역을 확대하고 그 필요에 의해 오늘날까지도 큰 영향을 끼친 문자를 발명하였다.

페니키아는 BC 2000년 전후 우크리트Ukrit, 베리투스Beritus, 시돈 Sidon, 티레 등 여러 독립된 조그만 도시국가들로 구성된 민족국가였다. 이 도시들이 동지중해 연안에 있는 해안 도시로서 동쪽으로 메소포타미아 지역과 그리고 남쪽으로 이집트 지역과 연결되는 통로였다. 서쪽으로는 바다로 유럽대륙과 연결이 되기 때문에 지리적으로 교역에 유리한 위치에 있었다. 이 이점을 살린 페니키아는 지중해 연안을 항해하며 무역을 하는 해상 민족으로 이름을 날렸다. 이들의 무역품 중 조개에서 채취한 자주빛 염료와 이를 활용한 제품들이 특히 유명하였다. 이 염료로 염색한 털이나 마 등은 산뜻하고 아름다운 색깔을 나타내 매우 인기가 있었다. 그래서 자주빛 나라라는 뜻의 페니키아라 불렸다. 이들은 BC 332년 알렉산드로스 대왕에게 티레가 정복당하면서 멸망하였다.

바다 민족의 지중해 무역

지중해 지역에서 해상교역은 BC 3000년경부터 시작되어 점차 성행하였다. 이집트, 시리아, 크레타 섬, 에게 해 연안이 물자 교역으로 연결되어 있었다. 메소포타미아와 이집트라는 거대 문명 사이에 여러 집단들이 나타나 새로운 힘을 축적해 가고 있었으며 지역적으로 지중해 연안에 위치해 있었기 때문에 이들 간의 무역이 활발하였다.

고대 지중해 무역을 장악하고 확대해 나간 민족이 페니키아인들이라는데 아무도 이의가 없다. 그들은 커다란 배를 건조하여 지중해를 항해하였고 방문한 지역에 신전이나 벽화 등 문명의 흔적도 남겨 놓았다.

페니키아인들은 시리아의 비블로스, 시돈이라는 두 지역에 무역항을 열었다. 이를 거점으로 지중해 일대로 무역활동을 확대하여 나갔고 더욱이 지중해 서쪽으로 식민지를 건설하기도 하였는데 그 대표적인 곳이 카르타고Carthago였다.

이들의 교역 상품을 보면 상아, 청동, 은제품, 유리제품, 히말라야 삼목 및 자홍색 염료로 제작한 박직품 등 다양한 품목을 수출하였고

이집트로부터 아마, 사포로스에서 동, 소아시아에서 주석과 철을 수입
하였다.

BC 2000년경으로 추정되지만, 현재의 산토리니인 테라 섬의 아크

바다 민족Sea Peoples

BC 2000년대 전후 동지중해 연안에 바다 민족이라 불리는 사람들이 등장한다. 이들의 기원에 대하여 정확한 기록들은 발견되지 않는다. 다만 이들은 일정한 정주지가 있었다기보다는 이합 집산하는 해양 유목민들이었고, 고향을 등진 사람들이었다. 바다 민족은 초기에는 가나안족Canaanites 출신들이었다. 즉 BC 2000~BC 1000년 사이에 지중해 연안 여러 민족 중 고대 시리아를 중심으로 하는 지역에 부족국가 수준의 소도시국가들에 가나안이라 불리는 사람들이 살았다. 시리아와 팔레스타인 지역에 살고 있던 민족은 서 셈계 어족으로 힉소스인(이집트를 침략한 '외래지배자'란 뜻)들과 헤브라이인들이었다. 가나안은 아카드어로 염료를 지칭하는 기나프라는 말에서 유래하였다. BC 2000년대 말에는 가나안인 중에 스스로 배를 지어 바다로 나오는 사람들이 등장한다. 이들이 바로 페니키아인이라 불리는 해양민이 된 바다 사람들이다.[8]

페니키아인들은 여러 도시에 거점을 두고 있었으나 해양 무역을 주업으로 하기 때문에 이동성이 높았다. 보다 정확히 말해 이들이 역사에 나타나기 시작하는 것은 BC 2300년경부터이며 BC 1200년경까지 천 년 이상 해양 유목민으로 활동하였다. 그들의 전성기는 BC 1200년에서 BC 800년경까지였으며 BC 539년부터 알렉산드로스 대왕에 점령될 때까지는 쇠퇴기에 들어선다. 페니키아가 전성기를 이룰 때 수도는 삼나무 무역항으로 유명한 비블로스였으며 BC 1000년경에 수도를 옮겨 멸망할 때까지는 티레Tyre가 중심지였다.

재미있는 사실은 페니키아가 강성하게 된 시기에 고대 문명국들이 확실한 이유 없이 하나씩 갑자기 멸망하였다는 사실이다. 이들 바다 민족이 동지중해에서 서지중해로 뻗어나가면서 영향을 미쳤기 때문인 것으로 추측된다. 경우에 따라서는 정복하여 멸망시키고 또 다른 경우에는 식민지로 만들거나 새로운 식민지를 건설하는 등 영향력을 확대한 것으로 짐작된다.

로티리Akrotiri 유적에서 배가 출범하는 모습을 담은 선명한 벽화가 발굴되어 당시 무역이 얼마나 성했는지 알 수 있게 해준다.

이안 모리스Ian Morris는 그의 저서 『왜 서양이 지배하는가 Why The

이 무렵 바다 민족의 영향이었을 것이라는 현상들이 적지 않게 나타났다. 미케네 시대(BC 16~BC 12세기)를 열었던 원조 그리스 사회가 붕괴되고 크레타 섬에서 고도로 발달하였던 문명(BC 2100~BC 1420)이 사라지기도 한다. 또 시리아 팔레스티나 지역에 바다 민족으로 '라시키' 사람들이 페르시아인 세력으로서 정주한다. 고대 전승 중에 "페르시아인은 가프톨 (Caphtor) 섬으로부터 왔다"는 말이 있는데 이 카프톨 섬이란 바로 크레타 섬을 일컫는다. 미케네 왕국 중심으로 통솔하였던 그리스 세력과 대적하였던 트로이도 BC 12세기에 파괴된다. 소아시아와 시리아 메소포타미아에 이르는 지역에 세력을 증강시켰던 히타이트 Hittite 왕국(BC 1600~BC 1180)도 이 시기에 멸망하고 가나안 지방의 북시리아 제국 중에 있던 우크리트 등의 도시국가군도 이 시기에 멸망한다.[9]

모든 상황이 이들 바다 민족에 의해 촉발된 것인지는 확실하지 않지만 그들이 출현한 시기에 여러 문명과 국가가 동시 다발로 소멸하는 현상이 동지중해 전역에 나타난 것이 사실이므로 흥미롭다.

이는 아마도 해상 유목민의 세력이 무역활동을 통하여 점차 확대 강화되면서 주변의 도시국가들을 흡수하거나 식민지화하여 나타난 현상이라 추측된다. 이들은 또한 이집트를 침입하기도 하였는데 그 행적이 이집트 역사에서 발견된다. BC 12세기 람세스 3세 때 이들을 격퇴하였다는 이야기가 기록되어 있다.

오늘날 분쟁지역인 팔레스타인 지역도 이들 바다 민족이 정주하였던 곳으로 생각된다. 팔레스타인 지역에 페르시아인이라 불렸던 일단의 바다 민족이 정주하였는데 이들을 페르시테라 불렀고 이로부터 팔레스티나라는 이름이 유래했다.

West Rules-for Now』에서 이를 이렇게 설명하고 있다.

BC 800년이 되자 페니키아인은 본거지를 떠나 훨씬 멀리까지 항해했고 키프로스에 무역을 위한 소규모 거주지를 마련했다. 심지어 크레타 섬에는 작은 신전도 건립했다. BC 750년이 되자 호메로스는 자신의 청중이 "배로 유명한 페니키아인들, 검은 선체마다 아기자기한 물건을 무수히 싣고 오며 이익을 좇아 쉴새없이 움직이는 이들"을 당연히 알 거라고 생각했다.[10]

페니키아인들의 해상무역이 성행하던 시기에 세계 최초로 철기를 도입했던 히타이트 왕국이 흥했다가 멸망한다. 페니키아인들이 철기

아크로티리 벽화. 지중해 남부 작은 섬에 위치한 아크로티리는 지중해 무역으로 번성하였다가 화산 폭발로 도시가 파괴되었다.

문명을 지중해 연안 각 지역에 전달했다는 설과 그렇지 않다는 설이 아직 맞서고 있다. 결과적으로 바다 민족이 출현한 시기에 히타이트가 독점했던 철기 등 여러 기술이 그 멸망에 의하여 독점 상태가 풀렸다. 이때부터 넓은 지역에 철기시대가 열렸다라고 보는 견해가 일반적이다.

그러나 바다 민족이 지중해 각지에 철기 기술을 전파하기 이전부터 이미 철기 문화를 가지고 있었다고 주장하는 학자도 있다.[11] 청동의 원료인 주석의 공급 부족으로 철기의 수요가 늘어났다는 데는 이견이 없으며, 어찌하였든 바다 민족이 출현한 시기에 서아시아에 철기시대가 시작되었다. 강대국이었던 이집트는 철기 원료가 부족해 쇠퇴의 길로 들어섰다.

알파벳의 발명

지중해 교역을 확대시킨 페니키아가 정작 역사에 길이 기억될 큰 족적을 남긴 것은 따로 있었다. 바로 알파벳의 발명이다.

> 페니키아인이 고대 세계문명에 끼친 최대의 공헌은 자주색 염료도 아니고 항해 식민지도 아닌 그들이 만든 자모 문자체계이다. 총 22개 자모로 구성되는데 모두 선형문자 자음만 있고 모음은 없었다. 이것이 바로 페니키아 자모였다.[12]

알파벳의 원형은 상형문자hieroglyph였는데 이 문자는 이들 페니키아인의 교역활동이 확대되면서 지중해 세계의 각지에 전파되었다.

그들이 지중해 연안을 항해하며 교역활동을 할 때 자신들의 문자체계를 전파한 것은 무역의 지속성을 위해서였다. 주문, 배달, 결제 등 무역 거래를 지속하기 위해 신뢰할 수 있는 기록이 필요하였고 이를 위해 보다 쉽고 정교한 문자체계가 고안되었다. 그리고 이 문자를 교역 대상 지역에 적극 전파하면서 기록을 공유하게 된 것이다.

페니키아인의 항로에서 볼 때 서쪽에서 당시 발전하고 있던 도시국가 그리스에 이 문자가 전파된 것으로 보인다. 모음 발음이 많은 그리스인들은 페니키아 자모에다가 아람어Aramic에서 일부 차용한 모음을 첨가하여 그리스 자모를 만들었다. 이 그리스 알파벳이 그리스 고대 문화를 창조하는 기반이 되었다. 그리스가 BC 5~BC 4세기에 역사, 철학, 시, 문학 등 인류 역사상 초유의 찬란한 문화를 꽃피울 수 있었던 것은 이 문자 덕분이었다. 이안 모리스에 의하면 이미 BC 10세기경 아테네 남성의 10퍼센트가 단순한 문장을 읽거나 자기 이름을 쓸 수 있었다고 한다.

이렇게 페니키아인에 의해 만들어진 알파벳이 지중해 무역을 통해 그리스에 전해지자 그리스는 이를 더욱 발전시켜 이후 로마자를 거쳐 현대 알파벳으로 이어지는 문자의 역사를 만들어낸다. 그리스어는 콥트어, 아람어, 그루지아어 등 정교한 알파벳 체계의 선구였다. 프랑스어에 그대로 도입된 라틴어 알파벳의 원천이 되기도 하였다.[13]

그리스인은 훌륭한 뱃사람들로 지중해 전역을 누비고 다녔는데 이들이 이탈리아의 에트루리아Etruria, 현재의 토스카나 지방에 살고 있던 사람들에게 그리스 문자를 전파했을 가능성도 충분히 있다. 그 후 로마인들은 그리스 자모를 토대로 라틴 자모를 창조하여 서유럽 각국 자모의 기초를 닦아 놓았다. 그리스 자모가 로마인에게 전달된 경로는 에트루리아를 통해서 전달되었다는 주장과 그리스로부터 직접 전해졌다는 주장이 엇갈리고 있다. 에트루리아 왕들은 BC 4세기까지 로마를 통치하였으나 그 후에는 라티움Latium 지역의 부족들에게 쫓겨났다. 미래의 로마인이 되는 정복자 라티움족은 그들의 언어인 라틴어를 표기하기 위해 에트루리아로부터 알파벳을 빌려 왔을지도 모른다. 고대 그리스어를 많이 닮은 문자로 쓰인 에트루리아 비문들이 여러 점 발견되어 '에트루리아의 신비'라고 불리기 때문이다.

그러나 이것은 하나의 추측에 불과하다. 다른 학자들은 라틴 알파벳이 에트루리아 부족을 경유하지 않고 직접 그리스에서 건너왔다고 주장하기 때문이다. 어느 쪽이 진실이든 간에 BC 3세기경에는 19자로 구성된 라틴 알파벳이 확실히 정착되었다. X와 Y는 그보다 훨씬 뒤인 키케로 시대BC 1세기경에 추가되었다. 돌에다 새길 때는 대문자를, 파피루스나 왁스 판에 쓸 때는 소문자를 사용하였다. 2~3세기에는 민중서체Demotic와 언셜체Uncial라는 두 가지 서체가 개발되어 1000년까지 유럽 전역에서 사용되었다.

요약하면 페니키아인들이 무역을 위해 만들어낸 알파벳은 인류 역사를 크게 발전시킨 사회적 기술의 하나였다. 이 페니키아 알파벳은 그리스로, 다시 로마로 전파되어 오늘날 서구 문명을 낳은 알파벳으로 계승되었다. 또한 슬라브인들은 그리스 자모를 발전시켜 슬라브 자모를 창조하였고 아람인들은 아람어 자모의 원형을 만들어 인도어, 아라비아어, 아르메니아어, 위구르 자모를 탄생시키는 데 역할을 하였다. 이런 의미에서 페니키아인들이 창안한 페니키아 자모는 유럽 각국과 일부 아시아 문자의 효시가 되었다고 할 수 있다.

페니키아 자모를 탄생시켜 전파한 중요한 요인은 그들이 지중해 연안을 항해하며 지속시킨 국제무역 덕분이었다. 이처럼 페니키아인들의 교환 및 교역의 확대는 그 자체로서뿐만 아니라 알파벳의 발명을 이끌어내어 역사 발전에 기여하였다.

동서 교역의 길 - 실크로드

교환과 교역을 위한 길은 인류 역사의 발전과 궤를 같이 한다. 특히 동서양의 교역의 길은 대륙 간 교역의 통로로 의미가 크다. 중세 이전부터 동서 간의 교역을 담당해온 교역로를 실크로드Silk Road라고 부른다.[14] 동서양 간의 교역은 15세기 인도양 항로가 발견되기까지 육로로 명맥을 이어왔다. 이 길이 있었기에 로마인들이 중국 비단 옷을 입을 수 있었고 동양인들이 서양의 유리잔을 사용할 수 있었다. 그리고 동양의 종이와 화약 등이 서양에 전해질 수 있었다. 동양과 서양의 소비자와 생산자는 이 길 덕분에 그들의 만족을 높이고 생산력을 발전시킬 수 있었다.

동양과 서양을 잇는 무역로 실크로드는 거의 1500년간 양 대륙의 특산물을 운반하며 교역을 가능하게 함으로써 인류에게 다양한 상품을 선택하여 소비할 수 있게 하였고 상호 기술을 전파하여 역사 발전에 기여하였다. 동서 간의 문화교류를 가능하게 한 통로로도 역할을 하였다.

실크로드가 개설되기에 앞서서 알렉산드로스 대왕은 BC 4세기에 10여 년 동안 동방 정벌을 통해 알렉산드리아라는 70여 개 대소 신도시를 만들고 현지인과 그리스인이 함께 살도록 함으로써 그리스 문화와 현지 문화를 융합한 헬레니즘 문화Hellenism를 만들어냈다. 동서 문화의 융합이라는 의미의 헬레니즘 문화는 지역적으로 오늘날 그리스에서 인더스 강 유역까지였다. 이에 비하여 실크로드는 중국의 중원까지 연결하는 동서양의 교역로였다는 점에서 그 범위가 크게 확대된 것이다.

실크로드는 원래 중국에서 서역이라 불리는 동투르키스탄(현재의 신강성 위그루 자치구)을 동서로 횡단할 때 오아시스를 통과하기 때문에 이 오아시스 길을 지나가는 무역로를 지칭하였다. 이 길이 어디에서부터 시작하여 어디까지 이어지는가에 대해서는 두 가지 견해가 있다. 하나는 짧은 루트로 중국의 시안(옛 이름 장안)과 시리아의 안티옥 사이의 길이며, 보다 먼 루트는 중국의 낙양에서 이탈리아 로마까지의 길이다. 실크로드가 동서 교역에 활용되었던 시기는 로마제국과 진나라, 한나라 시대인 BC 1세기부터였으며, AD 5세기 이후 특히 당나라 시대에 왕성한 교류가 이루어졌다. 실크로드는 지리상 발견으로 시작된 대항해시대 이전까지 유럽 아시아 간의 전역에 걸친 동서 교역로를 대표하는 말로 사용되기도 한다.

넓은 의미로 동서양을 잇는 실크로드는 3개가 있었는데, 오아시스 길 이외에 북쪽의 스텝지대를 통과하는 초원의 길과 남방의 바다를 경유하는 바다의 길이 있었다.

십자군 원정이 실패로 끝나고 원나라가 서역 원정을 감행하여 대륙을 관통했던 13세기가 되면 오아시스 길은 다시 한 번 크게 활용된다. 이때는 실크로드가 원나라의 길로 통합되어 상인들이 이 길을 통과할 때 원나라에 통과세를 한 번만 내어도 되었기에 대환영을 받았다. 뿐만 아니라 이슬람 세계에 의해 차단된 동서 무역을 복원하고 확대하기 위해 유럽은 보다 적극적으로 원나라에 사람을 파견하는 조치를 취했다. 베네치아 태생의 마르코 폴로Marco Polo, 1254~1324는 원나라에 가서 17년간 머물면서 벼슬까지 한 바 있다.

실크로드를 통해 동서가 교역한 상품들은 동아시아로부터 실크, 즉 비단을 비롯하여 고가의 공예품, 차, 종이 등이 수출되었고, 서유럽으로부터는 보석, 유리제품, 귀금속, 페르시아 융단 등이 수출되었다. 바닷길을 통해서는 동양의 향신료 교역이 이루어졌다.

넓은 의미의 실크로드

오아시스 길

오아시스 길은 장안, 둔황, 구차龜玆, 사마르칸트를 지나 흑해를 거쳐 그리스와 로마로 통하는 길을 말한다. 상인들은 수십, 수백 명의 카라반을 조직하여 장거리 무역을 수행했다. 장거리 교역의 확대를 위해 조직된 상인단의 조직과 운영 그리고 이들이 지켜야 하는 각종 규칙 등이 생겨났는데, 이는 모두 교환 교역 확대를 위한 사회적 기술들이었다. 상인단은 왕이나 귀족의 요청에 따라 조직되기도 하였고 스스로 권리금을 내고 조직하기도 하였다.

초원의 길

몽골이나 카자흐스탄의 초원인 스텝지대를 통한 교역로이다. 아랄 해나 카스피 해의 북쪽 흑해에 이르는 길을 초원의 길이라 한다.

스텝을 지난다는 뜻에서 스텝 길이라고도 하는데, 이 길에 대한 기록은 이미 BC 5세기 헤로도토스의 유명한 저서 『역사』와 사마천의 저서 『사기』에도 등장한다. 이 길은 몽골인, 스키타이인, 돌궐족 등 기마민족이 주로 이용하였다. 오아시스 길이 제대로 열리기 전부터 이 실크로드 오아시스 길의 기초를 닦은 것은 전한의 무제가 파견한 밀사 장건張騫이었다. BC 139년 흉노를 치기 위해 대월씨국(현 우즈베키스탄)과 연합을 시도하려는 목적으로 장건이 파견되었는데 오히려 포로가 되고 만다. 장건은 그 후 대월씨국에서 결혼까지 하면서 10년 동안이나 살다가 탈출하였다. 비록 원래의 외교적 목표인 연합은 실패하였으나 무역 가능성 등에 대한 정보를 수집하여 귀국하였다. 특히 한혈마汗血馬, 벼, 밀, 포도 등 작물이 풍부하다는 장건의 보고는 교역로 실크로드가 개척되는 데 중요한 역할을 한다.

길은 동아시아와 유럽을 잇는 길로 자리매김하였다.

시베리아를 지나 흑해와 그리스 식민지 도시들을 거쳐 이 길이 유럽에 연결되어 교역과 문화교류가 이루어졌다. 주요 교역 상품은 모피, 우랄 알타이의 금 등이었다.

바다의 길

바다의 길은 '다량, 신속'이 특징이다. 2세기 로마제국의 황제 마르쿠스 아우렐리우스 안토니우스의 사자가 해도로 베트남日南까지 왔다는 기록이 5세기의 역사서인 후한서에 나온다. 7세기에는 중국에서도 서아시아로 항해했다는 기록이 있다. 8세기 삼각형 돛을 단 다우선이 나오는데 이슬람 상인이 정기 항로를 개설하여 중국의 광주, 천주, 양주까지 운행했고 이 지역들에 정주하는 이슬람 상인들도 있었다.

바다의 길은 중세 유럽인들의 필수품이 된 향신료 무역의 길이기도 하였다. 이슬람 상인들이 상선을 이용하여 동방의 향신료를 수입해 알렉산드리아 등 지중해 연안의 도시에 풀어놓으면 지중해 항로를 장악한 베네치아 상인들이 이를 유럽 대륙으로 실어 날랐다. 바스쿠 다 가마Vasco da Gama가 인도양 항로를 발견하기 전까지 이슬람 상인이 지배하였던 바다의 길은 다량의 화물을 신속히 옮겼다는 점과 향신료 교역을 담당한 점에서 중요하였다.

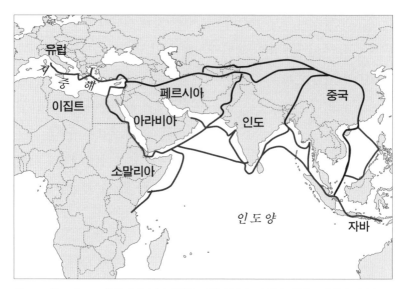

실크로드 루트. 실크로드를 통해 아시아와 유럽은 교역을 확대하고 부족한 상품을 보충할 수 있었다.

실크로드는 동서 교역 확대와 문화교류의 길

교역과 개방의 이익은 교역국의 생산자와 소비자 모두의 후생을 증가
시킨다는 점이다. 교역품 생산자는 수요가 늘어나기 때문에 대량생산
을 할 수 있어 좋고, 교역품의 소비자들은 더 많은 종류의 재화 속에서
필요한 물자를 선택할 수 있고 저렴한 가격으로 살 수 있어 이익이다.
물론 수입국의 경쟁 상품 생산자들은 타격을 입지만 전체적으로는 이
익이다.

중세까지는 실크로드를 통하여 그리고 15세기 말 이후에는 인도양과
대서양 항로를 발견함으로써 전 세계적으로 상품 교환이 확대되어 인
류의 번영에 기여하였다. 무역의 또 다른 이익은 전문화와 기술의 진보

다. 교역을 확대한 나라들은 경제성장이 촉진되고 국부를 증대시켰다. 한때 비인도적 노예무역이 성행하고 제국주의적 해외 진출을 꾀했던 일부 자본주의 국가들이 식민지를 건설하여 착취하면서 식민지 경제를 파멸시킨 예도 있었다.

그러나 공정한 무역의 확대는 교역국의 소비자와 생산자를 다 같이 부유하게 만드는 데 기여한다. 이런 점에서 비록 자신의 이익을 위한 이기적 동기라 하더라도 인류 역사상 어려운 환경 속에서 교역과 교환이라는 사회적 기술을 넓히고자 노력한 이들의 공을 높이 평가할 수 있다.

실크로드로 인하여 동서 간의 교환 교역이 1500여 년 동안 유지되고 확대됨으로써 인류의 부의 증대에 크게 기여하였다. 또한 지리상의 발견이 이루어진 15세기 이후 바닷길에 의한 무역이 동서양간은 물론 아메리카 신대륙까지 넓혀 감으로써 교역이 전 세계적 규모로 확대되는 발판이 되었다.

9장 | 중세 국제무역의 중심, 베네치아

국제 교환과 교역의 역사에서 베네치아 공화국은 특수한 역할을 한 나라였다. 자유와 부를 추구한 이 조그만 도시국가는 중세 국제무역의 중심을 이루었을 뿐만 아니라 표준 금화 제도, 외환 제도, 납기 지키기, 표준 도량형 등 공정한 무역 규범을 정하고 이를 무역에 적용하였다. 예를 들면 1284년 베네치아 공화국이 만든 두카트 Ducat라는 금화는 그 후 600년간 유럽 주화의 표준이 되었다. 여러 가지 교역 관련 사회적 기술들이 이들에 의해 발전되었다. 정기 무역 항로를 개발하고 국제 분쟁 해결에 군사력이 아니라 외교력을 활용하는 경제외교 관행을 만들어냈다. 정치권력과 경제권력의 융합으로 효율적이고 신속한 추진 체계를 구축하여 국제무역의 지속적 확대에 전력을 기울였다. 십자군 원정을 교역 확대의 기회로 활용하였고 로마 교황과 콘스탄티노플에 있는 동로마제국의 황제에 대하여도 등거리 외교를 하려고 노력하였다. 또한 이슬람국과도 통상을 하는 등 통상외교가 무엇인지 그 전형 혹은 규범을 보여준 나라였다.

리알토에서 시작하여 '공정과 신의'를 내세운 국제무역국

대항해시대가 열리기 전 중세 무역의 보석과 같은 존재는 당연히 베네치아였다. 페니키아인들이 무역을 확대하는 과정에서 알파벳이라는 문자를 만들어냈다면 베네치아인들은 무역 확대를 위해 외환 제도, 도량형, 공정무역, 납기 지키기, 항해 규칙 등 국제무역 규범과 관행을 만들었다. 베네치아는 지역의 특성상 농업이 발달하지 못해서 현물거래보다 화폐 사용이 일반화되었다. 이에 따라 화폐경제와 회계 기술이 발달하였다. 베네치아가 지중해를 중심으로 국제무역에 집중한 이유는 나라가 바닷가 석호 내 습지 위에 건설되어 환경이 빈약했기 때문이었다. 바닷가에 위치한 베네치아는 태생적으로 국제교역과 상업에 특화할 수밖에 없는 입지 위에 선 나라였다. 이러한 환경에도 불구하고 번영할 수 있었던 것은 자신의 불리함을 극복하고 장점을 살릴 수 있는 사회적 기술들을 개발하여 국제무역을 확대하는 성과를 거두었기 때문이다. 그들은 지중해 무역을 장악함으로써 유럽과 아시아를 잇는 세계무역의 중심으로 오랫동안 군림하였다.

베네치아인들은 훈족의 침입을 피해 421년 지금의 베네치아로 이주해 정착하였다. 그해 3월 25일 금요일 정오 베네치아 상인들이 지금의 산 자코모 디 리알토Rialto 성당 옆에서 건국을 선언하였다.[1] 그 덕분에 베네치아의 리알토는 건국 신화가 유래한 역사적인 장소로 유명하다.

리알토 성당 벽에는 "법은 공정, 도량형은 진실, 약속은 신의"라는 정직함과 공정한 거래를 지향하는 명문이 새겨져 있다. 원문은 '이 성당 주변에서는 상인들의 법은 공정해야 하고, 도량형은 진실되어야 하며, 약속은 신의를 지켜야 한다'였다.

이러한 원칙에 따라 그들은 국제무역에 관한 각종 제도와 관행을 선진적으로 만들어갔다. 국제무역을 장기간 지속하기 위해 신뢰에 바탕을 둔 공정거래를 위한 규범을 정하였다. 이러한 제도를 만들어가는 과정에서 공화국의 원로원에서 토론을 거치고 명령을 내리는 방식의 민주적 절차가 정착되었다. 그들이 규칙과 규범을 신속하게 만들어 국제무역에 적용하면 그것이 그대로 국제무역 규범으로 통용되었을 정도로 영향력이 있었다.

그들은 상인으로서 공정한 규범과 도량형을 만들어 거래의 투명성을 높이고 신의로서 약속을 지키는 등의 개국 정신을 잘 유지·발전시킴으로서 이 성당 옆 광장을 중세 내내 국제통상의 중심지로 만들었다.

그들이 고안한 국제교역의 각종 규범들은 고대 페니키아인들이 알파벳을 발명한 것에 이어 교역 확대를 위한 중요한 무역 관련 사회적 기술들을 추가로 보탠 것이다. 인류 역사를 통해 발전해온 교역은 고대에는 문자 발명을 촉진하였고 중세에는 공정한 법률을 제정하게 하였으며 금화 발행 등 화폐 제도 보급과 도량형의 제작 및 표준화를 만든 뿌리가 되었다.

부와 자유를 추구

태생적 무역국인 베네치아는 교역의 확대에 국운을 걸었다. 부를 축적하는 유일한 길이 무역이었기 때문이다. 이들에게는 장사를 하고 이를 통해 부가가치, 즉 이익을 내는 것이 미덕이었다. 모든 주민이 상업적 DNA를 가지고 태어났다고 할 정도로 교환과 교역에 탁월하였다. 이

도시를 구성하고 있는 모든 사람들은 위로는 도제Doge에서부터 성직자, 예술가, 그리고 아래로 여성, 하인에 이르기까지 누구나 무역에 참여하였다. 선원이나 노잡이들도 항해시 각자 형편이 되는 대로 소량의 상품을 운반하여 교역활동에 참여하였다. 1346년 아직 봉건적이면서 토지 소유를 중시하던 피렌체에서 온 한 방문자는 깜짝 놀라며 '모두가 상인'이라고 말했다고 한다. 손에 현금을 조금이라도 쥔 사람은 누구든 상인들의 사업을 지원할 수 있었다. 유일하게 식민지 관리들만이 재직 중 상업 활동이 금지되어 있었다.

이들이 교역을 확대하고 지속시키기 위해서는 누구의 속박도 받지 않고 자유로워야 했다. 특히 지리적으로 가까운 로마의 교황과 콘스탄티노플에 있는 비잔틴 제국의 황제 사이에서 자유롭기를 바랐다. 즉 육지와 바다, 동방과 서방 사이에서 어디에도 속하지 않는 자유로운 무역국이 되고자 한 것이다.

베네치아는 비잔틴 세계의 수도 콘스탄티노플에 있는 황제에 종속되어 비잔틴 예술과 의식 절차, 상거래를 받아들였지만 동시에 그들은 라틴인이었으므로 교황에 복속해야 했다. 그리고 이슬람국들과의 무역도 중요하였다. 그처럼 대립하는 세 세력 틈바구니에서 베네치아인들은 특별한 자유를 누리기 위해 투쟁했다. 그 결과, 점차 종교적 속박이나 중세 영주의 속박으로부터 해방되려는 근대적 자유에 대한 욕구가 이들에게서 싹트기 시작했다. 자연스럽게 르네상스 시기 이탈리아 다른 도시에서 일어나기 시작한 자유로운 근대인의 탄생과 보조를 맞추었다고 할 수 있다.

단적인 예로, 1363년에 르네상스의 선구자 프란체스코 페트라르

베네치아의 리알토 다리. 물의 도시를 상징하는 베네치아의 상징적인 건축물이다(프란체스코 과르디 작).

카Francesco Petrarca를 초청하여 호의를 베푼 사실에서도 알 수 있다. 베네치아 공화국은 자유를 추구한 페트라르카를 초청하여 이 문호에게 산마르코 정박장이 내려다 보이는 대저택을 선물로 제공하였다. 이러한 호의를 베푼 이유는 두말할 것도 없이 그들이 추구하는 가치가 자유라는 것을 내세우기 위함이었다.

정치와 경제 권력의 융합으로 효율성 추구

부와 자유를 추구하는 베네치아는 정치권력의 지배구조도 경제권력에 크게 의존했다. 이 도시국가에는 봉건귀족도 상인 길드도 없었다. 도시 자체가 상인 길드였기 때문이다. 정부의 수반은 도제였다. 도제는 40인 위원회에서 선출되었다. 베네치아의 치안과 반부패 및 외교,

첩보활동, 전쟁 기타 정책을 결정하는 것은 보좌관 6명과 10명의 원로회 대표로 구성되는 10인 위원회가 맡아 했다. 이들의 장점이라 할 수 있는 신속한 결정은 효율적인 무역을 위한 공화국에 딱 맞았다.

10인 위원회는 1457년경부터는 정부의 전반적인 업무를 담당하게 되었다. 최고의사결정기관으로는 12세기 말에 생긴 대의회가 있었는데 300~500명을 시작으로 후에는 900명 내지 1,200명의 의원으로 늘어나 너무 비효율적인 조직이 되어 1297년 폐지되었다. 그 후 소의회가 구성되는데 특정가문 출신으로 제한하였다. 도시를 구성하는 시민은 대부분 상인이었으며 국가를 운영하는 원로원 귀족 가문의 2,000명은 거의가 다 대상인들이었다.

베네치아인들은 대륙의 봉건적 질서에 익숙하지 않았다. 영주와 기사 길드와 같은 중세적 제도는 경험하지도 않았고, 그럴 필요도 없었다. 이탈리아나 프랑스, 독일 등 내륙의 봉건적 사회 질서와 종교적 질서를 이해하기도 어려웠고 그대로 따르지도 않았다. 그 대신 공동체가 조직한 국가권력이 해외무역을 발전시키는 데 필요한 각종 제도와 조직을 신속하게 만들었다. 또 이를 엄격히 규율하는 효율적인 국가 관리형 지배구조가 필요했다. 국가권력과 경제권력이 완전한 협력 체제를 이룬 것이다. 역사가 로저 크롤리^{Roger Crowley}는 베네치아는 부를 추구하는 일종의 합자회사와 같았다고 다음과 같이 설명하고 있다.

> 모든 것이 돈을 위해 조직된 일종의 합자회사였다. … 베네치아는 주민들의 경제적 목적을 위해 지속적으로 법률을 다듬었다. … 14세기 초반부터 공화국은, 경제 전쟁에서 승리하기 위해 공동체가 조직하고 국가

가 엄격하게 통제하는 해외무역의 한 형태를 발전시켰다.

'우리 도시환경을 개선하고 부유해지기 위해 우리의 모든 상품을 이곳으로 가지고 와서 자유롭게 매매할 수 있도록 상인들에게 기회를 제공해야 한다. … 그렇게 하면 국가와 개인 모두가 이익을 얻을 수 있을 것이다.'[2]

크롤리에 따르면 국가관리형 지배구조는 갤리선의 경매나 경매 낙찰자에 대한 자격 제한 규정 등에서도 엿볼 수 있다고 한다. 무역에 필요한 갤리선은 병기창에서 매년 건조된다. 이는 국가의 소유였다. 민간에 불하할 때는 경매를 통해 입찰자를 정하여 임대하는 방식을 사용하였다. 여기서 한 가지 주목할 것은 내국인들끼리 과잉경쟁을 막기 위해 자격 제한을 포함하는 입찰 관련 세부사항을 엄격하게 제도화했다는 점이다. 예컨대 낙찰자의 최고 책임자를 패트로노Patrono라 하는데 패트로노는 아무나 될 수 있는 것이 아니라 베네치아 귀족 명부에 등록된 2천 명의 가문에 속해 있어야 했다. 이는 내국인들끼리 과잉경쟁을 해서 나라를 약하게 만든 제노바처럼 되지 않겠다는 의지가 들어 있었다.

같은 도시국가라 하더라도 피렌체나 제노바와 달리 베네치아는 해양무역이 거의 유일한 산업이었기 때문에 국가의 운영체계도 오늘날의 강력한 기업처럼 정치와 경제권력이 완전 융합된 체제였다.

신축성 있는 통상외교 방식 개척
국제무역은 국제관계이므로 신축성 있는 외교력이 뒷받침되어야 했다.

베네치아는 교역이 가능한 모든 나라와 통상을 하려 하였다. 1221년에는 몽골제국과 무역 협정을 맺기도 했다. 그리고 모든 기회를 통상의 확대에 활용하였다. 십자군 원정을 상업적으로 활용한 것이나 로마 교황에게 이슬람국과의 교역을 허가해줄 것을 청원하고 교역을 계속한 사실들이 이를 말해준다. 그리고 문제가 발생하면 군사력이 아닌 외교적 노력으로 이를 해결하는 탁월한 외교국가였다.

제 4차 십자군 원정1202~1204 당시에는 샹파뉴 지방의 원수인 빌라르두앵의 제프리Geoffrey of Villehardouin를 비롯한 프랑스 기사단이 십자군의 해양 수송과 물자보급을 요청하자 이를 적극적으로 받아들여 배를 짓고 항해를 맡아하는 등 도시의 운명을 걸고 이를 사업적으로 대응하였다. 당시 베네치아의 도제 엔리크 단돌로Enrich Dandolo는 십자군 원정단과 은화 85,000마르크의 선박 건조 용역을 체결하여 4,500필의 말, 9천 명의 기사와 4,500명의 시종 그리고 2만 명의 보병을 실을 수 있는 전함 갤리선 50척과 수송선 450척을 공급하기로 하였다.

이 주문의 납기를 맞추기 위해 베네치아는 수년간 밤낮없이 선박 건조를 위한 생산활동에 바빴다. 그때까지 발전된 모든 항해 기술과 조선 기술을 베네치아 공화국 차원에서 총동원하여 활용하였다. 그러나 1202년 베네치아로 모여든 십자군 원정단은 원래 계획 33,500명의 3분의 1 수준인 12,000명이었고, 용역 약정금의 일부에 불과한 35,000마르크만 지불하는 데 그쳤다. 비록 후에 14,000마르크를 더 걷어내기는 하였어도 계약금의 절반을 조금 넘는 수준이었다. 단돌로는 고심 끝에 사업적으로 이를 해결했다. 계획대로 십자군 원정을 떠나도 손해를 입고 십자군을 해산하여 보내도 손해이기 때문에 그는

12세기 동안 베네치아의 속령이었던 도시 자라^{Zara, 현재 크로아티아 자다르} 가 1181년에 베네치아를 배반하고 헝가리로 소속된 것을 다시 찾아 오는 전쟁을 십자군에게 요구하였다. 베네치아도 8,000명의 군사를 보내 합세하기로 하였다. 헝가리도 가톨릭교국인데다가 4차 십자군 원정에도 함께 참여하기로 한 터라 그 속령인 자라를 십자군이 공격 한다는 데 대해 찬반이 엇갈릴 것은 당연하였다. 논의를 거듭한 끝에 십자군 지도부는 결국 그의 제안대로 한다면 부채를 탕감해준다는 단 돌로가 제시한 조건을 받아들여 자라 공격을 강행한다. 그 결과, 베네 치아의 희망대로 그해 11월에 자라를 함락시킨다. 교황 인노켄티우스 3세는 이들 공격군에 대하여 대단히 노하여 일시 파문을 선언하지만 후에 이를 해제한다.

베네치아가 이 같은 결정을 내리는 것을 보면 자국의 이익을 위해 종교적 제약도 개의치 않았음을 알 수 있다. 콘스탄티노플까지 공격하 여 함락시킨 제4차 십자군 원정을 통해 베네치아는 그 후 지중해 제 해권을 더욱 공고히 하는 큰 이득을 얻게 된다. 베네치아가 크게 성장 하여 국제무역국으로 자리를 잡는 것이 십자군 원정기였다는 분석은 여기에서 나왔다. 십자군은 베네치아 공화국이 세계적인 수준으로 도 약할 수 있는 기회를 제공한 셈이었다. 베네치아인들은 이 기회를 놓 치지 않았고 그 결과 엄청난 이익을 거두었다.

기독교와 이슬람을 오가다

베네치아는 로마 교황에게 1343년 이슬람 세계와의 무역을 할 수 있 도록 허가해달라고 요청하였다. 이교도와의 교역이 그리스도인에게

금기시되는 시절에 국가가 공식적으로 나서서 이를 탄원한 것이다. "하느님의 은총을 입은 우리 도시는 육지와 바다를 통해 세계의 다양한 지역에서 이익을 창출하는 상인들의 노력으로 성장하고 발전했습니다. 바로 이것이 우리의 삶이고 우리 아들들의 삶입니다. 우리는 이와 다르게는 살 수 없으며, 무역 이외의 다른

제4차 십자군의 자라 공격을 그린 그림(안드레아 비센티노 작).

삶의 방식은 모릅니다"라고 하면서 그 도시의 존재이유와 근심거리를 드러내어 이교도와의 무역을 간청한 것이다.

이 때문에 베네치아인들은 기독교 세계에서는 이슬람인들과 교분이 두텁다하여 비판의 대상이 되었고 너무 자신들의 이익만 챙기는 상인이라는 불명예스런 낙인이 찍히기도 하였다. 그러나 그들의 입장에서 보면 그것은 필수불가결한 생존 전략이었다.

베네치아인들이 세계 각지와 교역을 계속 확대해 나가기 위해서는 분쟁은 가급적 피해야 했다. 감정적 대결도 어리석은 일이다. 이것을 잘 아는 그들은 문제가 생겼을 때 인내력을 가지고 외교적으로 풀어

가는 능력을 발휘하였다. 때로는 설득으로 때로는 선물로, 그리고 한 번 해서 안되면 두 번, 세 번 시도하여 결국은 외교적으로 문제를 해결하는 철저한 외교국가였다. 그들의 외교력은 소규모 교역국가로서 불가피하게 활용할 수밖에 없었다는 점에서 우리에게 시사하는 바가 크다.

베네치아는 알렉산드리아, 알레포, 다마스쿠스, 베이루트 등 지중해 동부 연안의 도시들과 브뤼헤와 안트베르펜, 런던 등 대서양 연안의 도시들에 상관을 설치하고 변덕스러운 외국 권력자의 비위를 맞추어 가며 무역을 지속하고 확대해야 했다.

술탄의 푸대접도 많았다. 상인들에 대한 학대도 적지 않았다. 이 무렵이 오스만 투르크가 승승장구하던 시대였기 때문이다. 그러나 어떠한 상황에서도 베네치아인들은 결코 무력을 사용하지는 않았다. 제노바가 무장 갤리선을 보냈을 때도 베네치아는 외교관을 보냈다.

베네치아는 완벽한 외교 능력이 있는 사람들을 대사로 임명하여 레반트 지역의 지배자들에게 보냈다. 한번은 영사 피에트로 젠Pietro Zen이 페르시아와 갈등으로 붙잡혔을 때 대표단을 카이로에 있는 술탄에 파견하였다. 신임대사 도메니코 트레비산Domenico Trevisan은 인상적인 여러 가지 선물을 다량 제공하여 젠의 석방을 얻어냈다. 술탄의 취향에 맞추어 신중하게 선택된 선물들의 목록을 보면 깜짝 놀랄만하다. 비단, 고운 새틴과 금으로 만든 화려한 색상의 겉옷 50벌, 흑담비 가죽 75필, 흰색 족제비 가죽 400필, 각각 무게가 800파운드나 나가는 치즈 50개 등이었다.[3]

베네치아의 외교는 어느 정도 효과를 발휘하여 카이로 궁정의 존

경을 얻어냈다. 하지만 기독교 세계의 많은 지역으로부터는 이슬람의
친구라고 비난을 받았다.

정보의 허브로서 7개 정기항로 개척

베네치아인은 유럽과 아시아를 연결하고 향신료와 원재료 생활용품
등 무엇이든지 이익이 되면 어디든지 달려가는 상인이었다. 13세기
라인 강변의 도시에서 후추, 생강, 정향, 감송, 코스터스, 양강 등과 같
은 동양의 향신료가 많이 사용될 수 있었던 것은 이들 베네치아 상인
덕분이었다. 베네치아 선박은 인도 그리고 극동에서 나는 향료와 비단
등을 싣고 달마티아 해안을 오르내리며 흑해, 아라비아, 이탈리아, 독
일 등으로 무역을 하였다. 이들이 교역한 상품에 대한 다음의 묘사가
실상을 잘 말해준다.

> 발트 해의 호박을 투탕카멘의 매장실로, 푸른색 도자기와 구슬을 미케
> 네에서 스톤헨지로, 콘월의 주석을 레반트의 용광로로, 말라카의 향료
> 들을 프랑스의 궁정으로, 영국 코코월드의 양모를 카이로로 운송했다.
> 목재, 노예, 면화, 구리, 무기, 씨앗, 이야기, 발명품 그리고 사상들이 해
> 안을 타고 오르내렸다.[4]

이렇듯 지중해 무역을 장악한 베네치아인들은 점차 시간표에 따라
정해진 항로로 일정 시간에 항해하는 정기 항로를 개척하여 정착시키
게 된다. 14세기 초부터 정기 항로가 나타나기 시작하는데 처음에는 4
개 항로가 먼저 개발되었다.[5] 알렉산드리아, 베이루트, 콘스탄티노플,

흑해 노선이었다. 14세기 말이 되면 4개 항로는 완전히 확립된다. 여기에 장거리 항로인 대서양 항로가 추가된다. 이는 지중해를 넘어 대서양으로 항해하여 런던과 브뤼헤를 돌아오는 장거리 노선인데 왕복 5개월이나 걸리는 매우 힘든 노선이었다. 그리고 1세기 후에는 이 항로들이 7개로 확대되어 지중해에 있는 모든 항구들을 방문할 수 있게 되었다.

베네치아의 정기 상선단의 이름은 무다^{muda}였다. 이 명칭은 특별한 의미를 가진다. 원래 무다는 향료를 구매하고 거래하는 시기를 의미하기도 하고, 향료를 운송하는 상인단을 의미하기도 한다. 당시 무역에서는 향료가 그만큼 중요하였다는 의미로 해석할 수 있다. 동서양을 잇는 생강, 정량, 시나몬, 육두구, 후추 등 향료 무역은 베네치아 상인들의 지중해 무역에서 없어서는 안 될 중요 상품이었다. 중세 유럽의 소비자들은 동양의 향신료를 필수품으로 사용하고 있어서 이것이 없이는 일상생활에 어려움을 겪을 정도였다.

15세기에 들어서서 교역상품이 더 다양해졌다. 대량의 수송이 필요한 원자재며 성지 순례자들을 수송하는 관광 사업도 시행하였다. 신용이 높아지자 고부가가치 상품의 운송도 늘어났다. 이같이 베네치아 상인들이 동서양을 잇는 무역뿐 아니라 상품과 원자재 그리고 관광객까지 거의 모든 지중해 연안의 해상무역을 장악하고 있었다.

정기 항로의 개설과 상품의 다양성 등으로 고객층이 넓어짐으로써 이들의 정보력은 당시 세계 최고 수준이었다. 세계 각지의 상품 정보며 기후 정보, 그리고 항해 선박이 알아야 하는 해로 정보와 기착지의 상황 등을 상세하게 알아야 이에 맞게 운항계획을 확정해나갈 수 있었기 때문이었다. 이렇다 보니 자연히 세계의 정보가 베네치아에 집중될 수밖에 없었다. 이런 추세는 15~16세기 포르투갈과 스페인에 의해 대항해시대가 열릴 때까지 계속되었다.

베네치아는 여행 안내서와 무역 정보지를 편찬하고 배포하였는데, 이 자료들에는 각국의 환전, 도량형 단위, 향료의 질에 관한 사항은 물론 사기를 피하는 방법들도 담겨 있었다. 유럽 대륙의 북부에서 모피 상인들도 베네치아로 때를 맞추어 와서 교역을 하였다. 이들이 방문하는 목적 중 하나는 각종 무역 정보를 얻기 위한 것이었다.

베네치아 건국 신화가 유래된 역사적인 장소 리알토에 베네치아 제2의 세관이 있었다. 리알토는 세계의 시장이고 국제통상의 중심지였다. 이곳에 모든 상품이 수입되고 또 수출되었다. 동시에 세계의 모든 정보가 수집되고 또 전달되었다. 이같이 중세 국제 교역의 왕자는 베네치아였다. 그들은 교역을 위해 태어난 사람들이었으며, 이 도시는 국제교역의 기술을 개발하기 위해 만들어지고 운영되는 나라였다.

10장 | 대서양시대의 개막

지중해시대를 벗어나 대서양시대로의 문을 연 것은 유럽 대륙의 서쪽 끝에 있는 작은 나라 포르투갈이었다. 14세기 포르투갈 왕국의 주앙 1세와 그의 셋째 아들 엔히크가 그 주역이었다. 이들이 세계 최초로 대서양과 아프리카 탐험을 후원했다. 이를 발판으로 포르투갈은 희망봉을 거쳐 인도로 향하는 항로를 발견하는 등 지리상 발견의 서막을 열었다. 이들은 대항해시대를 열어 교환과 교역을 확대하는 사회적 기술의 개발에 선구적 역할을 했다. 사회적 기술이란 새로운 제도나 그것을 시행하는 조직 그리고 이들을 추진하는 리더십이기 때문에 엔히크 왕자의 탐험을 위한 리더십과 이를 실현하기 위해 만들어낸 제도와 탐험 준비 및 탐험단 조직 등은 교환과 교역의 확대를 위한 사회적 기술의 본보기 중 하나라고 할 것이다. 다만 그 목적이 식민지 건설이었고 그 과정에서 세계 최초로 아프리카 노예 노동을 활용하였다는 점에서 비판을 받기도 한다.

엔히크 왕자를 중심으로 한 포르투갈 탐험대가 대서양 탐험을 지속하여 대항해시대의 서막을 연 사건을 주목하는 이유는 이로 인해 희망봉을 돌아 인도로 가는 항로를 발견했을 뿐 아니라 이후 이것이 콜럼버스의 대서양 항로를 통한 아메리카 대륙의 발견으로 이어져 전 세계적 규모의 교역을 이루게 한 시발점이었기 때문이다. 더구나 포르투갈처럼 조그만 나라가 비전 있는 지도자의 줄기찬 노력으로 아프리카 동부해안 지역을 탐험하여 개척하였고, 급기야는 브라질이라는 큰 땅을 개척했다는 점도 의미가 있다. 이것이 대항해시대를 여는 서막이 되어 그 후 교환 교역의 확대에 기여했기에 더욱 높이 평가받을 만하다.

엔히크가 항해왕자로 우뚝 선 데는 포르투갈의 지리적 역사적 환경도 한몫하였다. 그 결정적 계기는 오스만 투르크의 등장과 세력 확장이다. 1421년 메흐메트 1세가 오스만 제국의 재통합에 성공하고 메흐메트 2세는 1453년 콘스탄티노플을 함락시켰다. 그들의 세력이 동지중해 연안과 발칸 반도를 지배하게 되자 지중해 무역을 통해 수입되던 동양의 향신료가 제대로 공급되지 못하여 가격이 폭등했다. 유럽의 서쪽 끝에 위치한 포르투갈로서는 새로운 항로를 개척해야하는 불가피한 선택을 할 수밖에 없었다. 대서양을 통해 인도로 가는 항로를 찾는 일이었다.

리스본에 가면 엔히크 왕자와 항해 전문가들의 부조를 새겨넣은 '발견 기념관'이 바닷가에 건립되어 있는데 이는 엔히크 사후 500주년을 기념하기 위하여 1960년에 세운 것이다.

시대의 선구자 주앙 1세

유럽의 서쪽 끝에 위치한 조그만 나라 포르투갈은 1179년 교황 승인으로 왕국이 되었고, 이베리아 반도의 국토회복 운동, 이른바 레콘키스타 reconquista 운동으로 유럽에 존재감을 드러냈다. 하지만 15세기까지도 인구 100만 정도의 소국이었다.

이베리아 반도에서 레콘키스타 운동을 통해 기독교 기사단이 점차 이슬람 세력을 축출하는 과정에서 카스티야, 아라곤, 포르투갈 같은 정치세력이 형성되고 강화되었다. 그중 포르투갈은 13세기 중엽에 이미 자국의 영토 회복을 완수하여 독자적인 왕국을 건설하였다. 1249~50년에 최남단 알가르베를 이슬람세력으로부터 빼앗은 후 1255년에 수도를 리스본으로 정했다.

1385년 리스본에서 혁명이 일어나 아비스Aviz왕조가 성립하는데, 일찍부터 상업활동으로 자본을 축적한 상인층이 정치의 전면에 등장한다. 그들은 잔존 유대인이나 이슬람교도들로부터 당시 유럽보다 훨씬 발전해 있던 아랍권의 농업, 공업, 과학 기술과 음악, 문학, 철학 등을 흡수했다.

이 혁명으로 왕위에 오른 주앙 1세Don João I, 1385~1433재위는 전제개혁으로 조선을 건국한 이성계와 비슷한 시기에 집권하여 15세기에 적극적 해외교역과 식민 활동을 전개한 왕이다. 1415년에는 왕비, 왕자를 포함하여 1만 9,000명의 병사를 태운 200여 척의 군함을 이끌고 아프리카 북단의 세우타Ceuta 원정에 나선다. 세우타는 지브롤터 해협의 맞은편 북아프리카의 모로코에 있는 무역항으로 비단, 상아, 금, 노예가 유통되는 해상무역항이었다. 세우타는 오랫동안 포르투갈 해안을 침범하고 인근 주민을 잡아다가 노예시장에 판매하는 바버리 해적Barbary pirates의 근거지이기도 하였다. 포르투갈군은 8월 세우타를 함락시키고 첫 해외 식민지로 만든다.

세우타 점령과 그 후 계속되는 북아프리카 탐험은 1492년 콜럼버스가 대서양 항로를 발견하고 1488년 바르톨로뮤 디아스Bartolomeu Dias가 희망봉을 발견한 후 1498년 바스쿠 다 가마가 희망봉을 거쳐 인도 항로를 발견하는 지리상 발견의 시대를 70년 이상 앞서 시작한 것이었다. 이런 점에서 대항해시대를 선구적으로 시작한 이가 바로 주앙 1세였다고 할 수 있다. 그의 아들인 항해왕자 엔히크가 이를 계승하여 본격적으로 북아프리카 연안을 탐험하고 식민지를 건설했으며, 그를 이어 마누엘 1세 시대에는 브라질을 탐험하여 여기에 식민지를 건설하였다.

대서양시대의 문을 연 항해왕자 엔히크

엔히크는 주앙 1세의 셋째 아들로 항해가 엔히크로 널리 알려져 있다. 그는 젊어서부터 항해에 뜻을 두고 평생 동안 탐험을 하고 탐험가를 후원한 인물이었다. 그는 21세 때인 1415년 세우타 원정 전쟁에 참가하였고, 1420년 포르투갈 남단의 지중해와 대서양으로 둘러싸인 사그레스Sagres 반도에 천문대와 항해 학교를 설립하여 항해 기술을 연마하였다. 엔히크는 사그레스에 왕자의 마을Vila do Infante이라 불리는 기지를 만들고 항해가와 지도업자들을 모아 이들로 하여금 지도 작성과 항해 연구를 하게 하는 후원자가 되어 포르투갈이 대항해시대를 열 수 있도록 하였다.[1] 콜럼버스도 한때 이 항해학교에 다녔다는 주장도 있다. 이 사그레스 학파는 항해학을 크게 발전시켰으며 그들의 연구와 탐험활동은 엔히크의 형의 손자인 주앙 2세 시대까지 포르투갈이 해외로 뻗어나가는 기반이 되었다.

북아프리카 탐험의 다른 하나의 목적은 전설 속의 기독교 흑인 왕국 사제왕 요한Prester John을 찾는 일이었다. 가톨릭 신자이며 템플기사단의 후속으로 등장한 기독교 기사단의 단장이었던 엔히크는 상당한 자금을 동원할 수 있었는데 이를 가지고 탐험과 함께 북아프리카에서 무슬림 축출을 시도하였다. 그는 전쟁포로로부터 아프리카 동북부는 온통 황금으로 도배되어 있으며 흑인 왕국은 오래전부터 상아와 노예 그리고 황금을 이용해 아랍의 물건과 소금을 사들였다는 정보도 얻었다.

1419년 자르쿠João Gonçalves Zarco와 테이세이라Tristão Vaz Teixeira를 아프리카에 파견하여 무인도를 발견하였다. 이곳이 마데이라 제도 Madeira Islands인데 여기를 식민지화하고 고구마, 포도주, 사탕수수 등을 재배하였다. 이것이 엔히크 왕자의 첫 번째 업적이었다.

1427~1431년 사이에 무인도 아조레스 제도Azores를 발견하고 곤살루 벨류Gonçalo Velho를 보내 탐험을 한다. 1445년 포르투갈인을 이곳에 이주시켜 식민지 영토로 삼고, 사탕수수 플랜테이션을 시작했다. 노동력은 아프리카 흑인 노예를 이용했다.

1434년에는 세상의 끝이라 생각했던 보자도르 곶Cape Bojador을 통과하는 데 성공한다. 그전까지 유럽인들은 아프리카 연안의 끝은 카나리아 제도 남쪽으로 200킬로미터 떨어진 곳에 있는 세상의 끝으로 알려진 보자도르 곶이라고 믿었다. 거기를 넘어서면 악마의 바다로 들어간다고 생각했다. 엔히크는 몇 차례 이곳에 탐험대를 파견하였으나 실패를 거듭하다가 마침내 질 이아네스Gil Eanes를 탐험대장으로 보내 이곳을 넘어서는 데 성공하였다. 이는 항해자들이 오랫동안 두려워하였던 미신을 깨고 자유롭게 미지의 세계를 탐험할 수 있다는 믿음을 심어준 계기가 되었다. 1433년 사망한 주앙 1세를 이어 즉위한 에드워드(엔히크 왕자의 형)는 보자도르 곶을 넘어서 발견하는 모든 지역에서 나오는 상업상의 이익의 5분의 1을 엔히크에 제공하기로 약속하였다.

엔히크의 탐험은 그 후에도 계속된다. 그 무렵 포르투갈에서 새로 개발된 카라벨Caravel선으로 탐험대 활동이 비약적으로 진전된다. 이 배는 종전보다 훨씬 더 빠르고 멀리 갈 수 있었다. 특히 바람에 잘 견뎌 맞바람에서도 항해할 수도 있었다. 1441년에는 누노 트리스탕Nuno Tristão과 안탕 곤자우베스Antão Gonçalves에 의해 현재의 모리타니 연안에 있는 브란유 곶에 도달하였고 1443년에는 아르긴 만에 도달하였다. 1448년에는 이 지역에 포르투갈의 요새를 구축하기도 했다.

1444년부터 1446년에 걸쳐 대략 14척의 탐험선이 라고스 항을 출항하여 1450년대 카보레리데에서 군도를 발견했고 1460년에는 탐험대가 오늘날 시에라리온 연안까지 도달했다. 같은 해에 엔히크는 왕자의 마을에서 66세로 생애를 마친다. 엔히크 사후 포르투갈은 해외 진출의 선진국으로 항해탐험을 계속하여 28년이 지난 1488년에 드디어 바르톨로뮤 디아스가 아프리카 최남단 희망봉에 도달한다.

대항해시대의 막을 올린 엔히크 왕자는 그의 끝없는 탐험정신을 평가받아 항해왕자라는 경칭으로 불리고 있으며 리스본을 포함해 여러 곳에 기념비가 설치되어 있다.

노예 거래

1435년 포르투갈인 탐험가 안탕 곤자우베스는 기니Guinea 지역에서 최초로 아프리카 흑인 노예를 산 유럽인이었다. 그는 1441년 처음으로 흑인 노예를 강제로 데려왔는데, 일부는 돌려보내고 10명은 유럽으로 보내 고가에 판매하였다. 상인들에 의한 본격적인 흑인 노예무역은 아니지만 노예거래가 시작된 것이다. 포르투칼은 화산섬 상투메에서 사탕수수 농장을 개척하면서 본격적으로 흑인 노예를 사용하여 설탕을 생산하였다. 1452년 교황 니콜라스 5세는 포르투갈 왕 아폰소 5세Don Afonso V, 1438~1481에게 이슬람교도를 비롯한 이교도를 세습 노예로 만들 수 있다는 내용의 칙령을 내렸다. 가톨릭 국가들은 이 칙령으로 노예무역을 합리화하고 1482년 황금해안에 세워진 엘미나 성Elmina Castle은 그 후 아프리카 노예를 아메리카 대륙으로 수송하는 데 유용한 중간 기착지가 되었다. 포르투갈이 근대 노예무역에서 영국과 더불어 가장 많은 노예거래를 한 것은 이러한 연유에서 시작된다.

인도항로 발견과 브라질 식민지 건설

엔히크 왕자의 선구적 탐험의지는 그의 사후에도 지속되어 1498년 바스쿠 다 가마가 인도 항로를 발견하는 결실을 맺는다.

마누엘 1세는 인도 항로의 발견에 힘입어 페드로 알바레스 카브랄Pedro Alvares Cabral이 지휘하는 강력한 함대를 조직하여 동양에 무역기지를 건설하려 하였다. 그런데 이 과정에서 포르투갈 탐험가들은 우연히 브라질을 발견하게 된다. 1500년 3월 카브랄은 병력 1,200명을 13척의 배에 태우고 항해하다가 4월 22일 브라질 해안에 도착한 것이다.

이를 계기로 적극적으로 탐사대를 파견하여 1501년 가스파르 드 레모스Gaspar de Lemos가 브라질이 큰 대륙임을 발견하였고 귀금속 대신 브라질나무Brazilwood를 발견하였다. 이 나무는 당시 고가로 거래되던 붉은색 염료의 원료였다. 브라질이라는 이름도 여기서 나왔다. 브라질나무가 고갈되자, 당시 포르투갈이 이윤을 가장 많이 남기던 사탕수수 재배로 대체하였다.

1530년 주앙 3세는 마르팅 아폰소 드 소사Martin Afonso de Sousa를 총

사령관으로 하는 5척의 배, 400명의 함대를 파견하였다. 소사에게는 법률 집행권, 공증인 임명권, 미개간지 분배권을 포함한 강력한 권한을 부여하였다. 탐험대는 라플라타 강Rio da Prata 일대에 식민거주지를 건설하였고, 마데이라에서 가져온 사탕수수 묘목을 심고 재배하기 시작하였다. 이곳은 16세기 최대 설탕생산 기지가 되었으며 17세기 초 생산량은 200만 아로바(2만 9,400톤)에 이르렀다. 부족한 자본은 네덜란드 상인들이 투자하여 유럽 설탕시장을 주도하기도 하였다. 그러나 17세기 후반 들어 생산량은 점차 감소하여 1580년 20만 아로바에 불과하였다. 이후 점차 커피 생산으로 전환하게 된다. 사탕수수 노동에는 현지인 투피족이 부적합하여 아프리카 노예를 수입했다. 이들 노예들은 커피 농장에서도 일하게 된다. 브라질의 노예 제도는 19세기 후반까지 계속되다가 전 세계에서 가장 늦게 노예해방이 이루어졌다.

콜럼버스와 이사벨 여왕의 산타페 협약Capitulationes de Santa Fe

콜럼버스의 부단한 탐험의지와 이사벨 여왕의 리더십이 만들어낸 산타페 협약은 전 지구적 규모로 교역을 확대한 역사적 사건이었다. 대항해시대를 연 신항로 개척을 위한 협약은 비전과 도전의지가 응축된 중요한 사회적 기술로 평가한다. 이는 또한 동양과 서양의 발전 속도를 뒤바꾼 사회적 기술이기도 하다.

이 협약은 탐험을 대가로 신분 상승과 이익 분배를 약속하고 있는 상업적 거래 내용이 중심이다. 흥미로운 부분은 발견된 땅을 국왕령으로 한다는 것 이외에는 정복과 지배 혹은 종교적 전도에 관한 언급은 없다는 점이다. 인도나 아시아라는 단어도 없고 다만 '알려지지 않은 섬과 대륙' 이란 표현만 있을 뿐이다.

콜럼버스가 동양에 관심을 가지기 시작한 것은 유년시절까지 거슬러 올라간다. 그는 마르코 폴로의 『동방견문록』을 읽고 황금 왕국 일본²과 그동안 동서 무역이 이루어지고 있던 인도에 대해 환상을 가지고 있었던 것 같다.

거기에 15세기 유럽은 오스만 투르크가 세력을 확장하여 콘스탄티노플을 함락함으로써 지중해를 통한 전통적인 동서양 교통로와 통상로가 막혔다. 지중해 연안국들은 동방의 재화와 향신료, 황금 등에 목말라 하였다. 하루빨리 신항로를 개척하여 이 문제를 해결하려는 갈망이 높아지고 있었다.

지구는 둥글다고 믿었던 콜럼버스는 이러한 시대적 환경 속에서 동방의 인도나 일본으로 가는 신항로를 개척하기 위해 당시 이 부문에서 선구적이었던 포르투갈에 1차로 탐험 지원을 요청하였다. 그는 1484년 아시아 항해 계획을 주앙 2세에 제출했다. 그러나 이 계획은 특별위원회의 검토 후 기각되었다. 이유는 신항로 개척 의사가 없어서가 아니라 콜럼버스의 계획에 대한 신뢰성이 부족하였기 때문이었다. 주앙 2세는 몰래 배 2척을 서쪽으로 보내 탐험을 시도하기도 했다. 탐험대는 2달 후에 성과 없이 귀환하였다. 1486년에는 바르톨로뮤 디아스를 남쪽으로 보냈다. 2년이 되어도 무소식이어서 다시 콜럼버스를 불러 논의를 시작하려던 차에 디아스가 희망봉을 돌아 귀환하여 남쪽으로 인도양에 갈 수 있게 되자 포르투갈은 더 이상 콜럼버스의 서쪽 탐험이 불필요하다고 생각하였다.

그 후 콜럼버스는 1490년 이번에는 스페인 왕들인 이사벨과 페르난도 2세에게 계획을 설명하였다. 이 두 부부 왕은 1469년에 결혼하였는데, 당시 이사벨은 카스티야 왕녀였고 페르난도 2세는 아라곤의 왕자였다. 이들 부부가 결혼함으로써 스페인 왕국이 탄생하였다. 이베리아 반도 내에 이슬람국은 그라나다에 나스르 왕조만 남아 있었는데 이 왕조와 스페인은 마지막 대결을 앞두고 있었다. 이런 상황에서 조사위원회는 검토 끝에 콜럼버스의 제안을 거부하였다. 제안을 거부한 이유는 그가 계산한 인도까지의 거리가 정확하지 않는 등 신빙성이 부족했기 때문이다. 콜럼버스는 그 후 포르투갈에 또다시 항해를 요청하였으나 재차 거부당하였다. 심지어는 동생을 통해 영국과 프랑스에도 지원 요청을 하였으나 모두 거절당하였다.

콜럼버스와 여왕의 만남. 콜럼버스는 이사벨 여왕을 설득하면서 이후 아메리카 대륙을 발견하는 탐험대를 조직할 수 있었다.

그러던 중 스페인은 마침내 1492년 1월 2일 이베리아 반도에 마지막까지 남아 있던 이슬람국 나스르 왕조의 항복을 받아 보압딜Boabdil 왕으로부터 그라나다와 알람브라 궁전의 열쇠를 인계받음으로써 800년간의 레콘키스타 운동에 종지부를 찍는다. 이베리아 반도 전체가 가톨릭의 스페인 수중으로 들어온 것이다. 스페인 건국 23년 만의 일이었다. 그 후 약 3개월 만인 1492년 4월 17일 콜럼버스는 스페인 왕실과 다시 접촉하였고 3개월여 협상 끝에 6월 30일에 산타페 협약을 체

산타페 협약의 내용

1492년 콜럼버스와 이사벨 여왕이 맺은 산타페 협약은 대서양 항로를 열고 본격적으로 대항해시대를 시작하는 역사적 사건이었다. 이 협약으로 콜럼버스가 대서양 항로를 발견하고 아메리카 대륙을 포함한 전 세계 무역을 가능케 하였으며 16세기 스페인을 세계 최강국으로 만들었다.

1492년 6월 30일 스페인 그라나다에서 10km 떨어진 산타페에서 콜럼버스가 요구하고 페르난도 2세와 이사벨 여왕이 받아들여 서명한 각서(산타페 협약)에는 다섯 가지 주목할만한 약속들이 포함되어 있다.

1. 콜럼버스에게 귀족 칭호Don를 주고 대양제독Great Admiral에 임명한다.
2. 새로 발견한 땅의 총독Viceroy과 부왕the second king이 될 수 있다. 이러한 작위들은 자손들에게 영구 상속된다.
3. 그 지역에서 국왕이 획득하는 금, 은, 보석 및 기타 산물의 1/10을 차지할 권리를 준다.
4. 교역을 위한 선박취항 비용은 국왕이 제공한다. 콜럼버스는 새로운 땅과 관련된 사업에 1/8까지 투자가 가능하고 그 비율만큼 추가 수익권을 가진다.
5. 땅 자체는 국왕령으로 한다.[3]

결하였다. 이번에도 왕실은 부정적이었으나 톨레도의 대주교 헤르난 도 데 탈라베라Hernando de Talavera와 같은 영향력 있는 조신들이, 실패 해도 잃을 것이 별로 없고 만약 성공하면 대박이라는 조언을 하였다. 결국 이사벨 여왕은 왕실의 비서인 콜로마Juan de Coloma를 협상자로 지명하여 협약문을 함께 작성하게 하였다. 협약문은 콜럼버스가 요청 하고 왕실이 이를 허락하는 형식이었다. 콜럼버스가 포르투갈에 항해 신청을 처음 한 1484년부터 스페인으로부터 협약을 이끌어내기까지 8년만이다. 콜럼버스의 집념과 항해 의지가 역사를 바꾼 산타페 협약 에 고스란히 묻어나 빛을 보게 된 것이다.

1492년 8월 3일 콜럼버스는 87명의 선원(이 중에는 특별사면된 죄 수들도 있었다)을 3척의 배[4]에 태워 팔로스Palos 항을 떠나 두 달 여 항 해 끝에 10월 12일 바하마 제도인 구세주의 섬, 즉 산 살바도르San Salvador에 도착하게 된다. 콜럼버스는 동방의 인도에 도착했다고 믿고 그 곳 원주민을 인디언이라 불렀다. 이 섬의 서쪽과 남쪽에 동방견문록에 나오는 보물섬인 일본이 있을 것이라 생각하고 샅샅이 뒤지는 항해도 지속하였다. 그러다가 오늘날 쿠바인 쿠바나칸Cubanacan을 발견하고 이곳이 혹시 마르코 폴로가 방문하여 벼슬까지 하고 살았던 쿠빌라이 칸의 도시가 아닌가 생각하기도 하였다. 한때는 중국에 도달했다고 확 신하기도 하였다. 그의 일본에 대한 집착은 여기에서 끝나지 않고 계 속된다. 1492년 12월 20일 히스파니올라Hispaniola 섬에 도착하여 금제 품 선물을 받는 자리에서 추장으로부터 황금이 가득 묻힌 시바오Cibao 섬에 대한 설명을 듣고 그곳이 바로 일본이라고 생각하기도 하였다.

그는 1493년 1월 4일 6명의 원주민을 데리고 귀국 길에 올랐다.

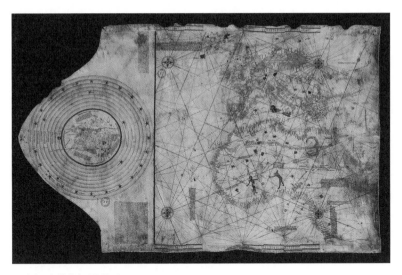
콜럼버스가 항해시 사용한 지도.

그 이후 그는 다시 3차례 대서양 항해를 했다. 그러다가 1506년 5월, 생을 마쳤다.

대항해시대의 의미

대항해시대는 동방의 향신료를 구하기 위하여 포르투갈과 스페인에서 시작된 것이라 해도 과언이 아니다. 향신료는 이슬람 상인과 지중해 연안 이탈리아 상인의 중개무역을 통해 유럽에 들어 왔는데 15세기 이후 오스만 투르크가 카이로와 알렉산드리아 등 무역거점을 지배하자 가격이 폭등하였다. 특히 지중해 서쪽 끝에 위치한 포르투갈과 스페인은 가장 큰 타격을 받았다.

유럽 상인들은 이슬람 상인이나 이탈리아 상인을 거치지 않고 직접 동방과 무역하여 향신료를 구할 수 있는 방안을 갈구하였다. 일찍이 포르투갈의 엔히크 왕자는 아프리카를 탐험하여 1460년경 시에라리온까지 진출하였고 1488년에는 바르톨로뮤 디아스가 희망봉까지 1497년에는 바스쿠 다 가마가 4척의 배로 인도로 항해를 하여 캘커타에 도착했다. 물론 이슬람 상인들과 전투를 벌이는 등 인도 항로를 둘러싼 분쟁도 있었다.

인도로 가고자 했던 콜럼버스가 스페인의 이사벨 여왕과 산타페 협약을 맺고 대서양 항로를 발견한 것도 이 무렵인 1492년이었다. 이후 포르투갈과 스페인 두 나라가 대항해시대의 주역으로 등장하게 된 것은 지중해 끝에 위치했다는 사실 외에도 당시 최첨단 문명이었던 이슬람의 화학, 의학, 천문학 등 과학기술과 토목, 조선 등 공학기술을 이들 두 나라가 이어받았기 때문이다.[5]

이들 포르투갈과 스페인의 아시아 직접 항로와 대서양 항로 개척은 세계 교역사와 세계 근대 역사를 새로 쓸 만큼 큰 영향을 끼쳤다.

첫째, 아시아 직접 항로 개척으로 향신료 등 유럽인들의 필수품인 아시아 교역품을 실크로드를 경유하지 않고 선박을 통해 대량으로 수입할 수 있게 하였다. 이 결과 향신료 가격이 큰 폭으로 하락하여 가격혁명을 이루어냈다.

둘째, 콜럼버스의 대서양 항로 발견은 아메리카 대륙의 은을 대량 수입하여 스페인을 비롯한 유럽의 은 가격을 크게 하락시켰다.

셋째, 유럽의 세력 판도를 바꾸어놓았다. 오랫동안 국제무역을 지배해왔던 베네치아 등 이탈리아 항구도시나 남부 독일에 있는 도시들의 세력이 약화되고 대서양 연안 도시들이 번영하기 시작했다. 스페인의 세비야, 포르투갈의 리스본에서 시작하여 다음 세기에는 점차 벨기에의 브뤼헤나 안트베르펜 그리고 네덜란드의 암스테르담 등으로 그리고 산업혁명 이후에는 영국의 맨체스터나 런던 등으로 세계 교역 중심지가 점차 북유럽 쪽으로 이동해갔다.

마지막으로 아마도 이것이 가장 중요한 영향인데, 교역의 범위를 동방과 서방뿐 아니라 아메리카를 포함한 전 세계로 확장시켜 전 지구적 규모로 넓혀놓았다. 사회적 기술인 교환과 교역을 전 세계적 규모로 확대한 것은 역사상 처음 있는 일로서 인류 역사 발전에 큰 진전이었다. 그 덕분에 몇 가지 중요한 사건들이 근대사를 장식하게 된다.

무엇보다도 포르투갈과 스페인의 전성기에 중남미 제국은 전 인구의 8분의 1이 유럽의 세균 전파에 의하여 사망한다. 그 결과 은광이나 금광의 광부가 부족하고 사탕수수 농장에서 일할 노동력이 고갈된다. 부족한 노동력을 채우기 위해 유럽인들이 아프리카로부터 노예를 사들여 이들을 그들이 식민지에 조성한 중남미 사탕수수 농장으로 또는 금·은 광산으로 팔아넘기는 노예무역이 성행한다. 이 무역은 3세기 이상 지속되었고, 이 무역으로 1천만 명 이상의 노예를 거래한 것으로 추정된다.

이후 유럽 제국들 간 식민지 쟁탈 전쟁이 세계 곳곳에서 벌어진다. 식민지 현지뿐 아니라 유럽 본국에서도 전투가 벌어졌고, 해상에서도 해적 행위와 전투가 지속적으로 일어났다.

그 결과 지리상 발견 이후 교역과 해양 기술의 확대, 그리고 산업혁명 등으로 계속 번영을 누린 유럽과 중앙집권적으로 통치하며 쇄국정책을 계속한 동양과의 격차를 더욱더 벌여놓는 계기가 되었다.

11장 | 부국의 조건
세계 경제 주도권이 바뀌어간 이유

1500년대 대항해시대를 주도한 스페인은 세계 최대의 식민지를 보유한 강국이었다. 그러나 불과 1세기 만에 네덜란드에 부국의 자리를 내준다. 네덜란드는 다시 1세기 만에 산업혁명을 일으킨 영국에 자리를 내어준다. 영국은 19세기까지 세계 최강국으로 자리를 굳힌다. 왜 이러한 변화가 일어났을까?

그 원인을 사회적 기술에서 찾을 수 있다. 사회적 기술을 구성하는 제도, 조직, 리더십의 차이가 이들의 성쇠를 갈라놓았다. 각국의 왕들이 선택한 정책의 차이나 교역 확대를 위한 제도 도입의 차이에서 승패가 나뉘었다. 대서양 시대를 연 지리상 발견은 스페인이 먼저 시작하였지만 주식회사 제도나 금융 제도 등 시장경제 제도는 네덜란드가 먼저 도입하였다. 산업혁명을 가져온 명예혁명은 영국에서 먼저 일어났다. 이러한 역사적 사건이나 그로부터 도입되는 새로운 제도들이 국제무역과 세계 경제 지배권을 스페인에서 네덜란드로 다시 영국으로 이동시키는 중요한 요인이 되었다.

대항해시대의 왕자 스페인

지중해시대를 지나 대항해시대에 들어서면 이탈리아의 도시국가들 대신 스페인과 포르투갈이 서양 세계를 주도하게 된다. 이사벨 여왕의 후원을 받은 콜럼버스가 대서양 항로로 아메리카 대륙에 발을 딛는 순간부터 스페인은 대서양 중심의 대항해시대를 주도한다. 지리상 발견을 시도하여 전 세계적으로 교역을 확대하는 탁월한 비전과 의지가 성과를 얻은 것이다.

대항해시대를 시작한 스페인은 중남미의 카리브 해 연안과 멕시코, 볼리비아, 페루 등에 식민지를 건설하였고 이곳으로부터 금과 은을 채굴하여 본국으로 실어 나름으로써 명실공히 16세기 세계 최고의 부를 누리는 제국으로 군림하였다. 이때가 되면 지중해 무역을 장악했던 베네치아, 제노바 등 이탈리아의 도시국가들은 상대적으로 쇠퇴의 길로 접어든다.

스페인은 식민지 여러 나라들로부터 금과 은을 채굴해오는 한편 사탕수수, 커피 등을 생산하는 대규모 농장을 건설하기 시작하였다. 그런데 중남미 제국에 유럽인들이 진출하면서 전염병을 퍼트려 인구의 절반이 훨씬 넘는 토착민이 사망한다. 부족한 노동력을 채우기 위해 아프리카에서 노예들을 강제로 데려와 사고파는 노예무역이 이렇게 해서 시작되었다. 노예무역은 그 자체로 막대한 이익을 안겨주었다. 당시만 해도 대서양을 오가는 함대는 대부분 스페인의 상선 겸 함대였으며 영국 등은 아직 해적 행위를 하는 수준에 머물렀다.

스페인과 포르투갈이 대항해시대의 선두주자가 된 것은 몇 가지 조건이 맞아떨어졌기 때문이다.

첫째, 콘스탄티노플이 오스만 투르크에 함락된 후 향신료 가격의 폭등으로 동서 무역에서 가장 타격을 본 나라는 동서 무역의 중간거점인 알렉산드리아에서 거리가 먼 스페인과 포르투갈이었다. 더구나 이베리아 반도에서 이슬람을 몰아냈기 때문에 동양과의 무역은 더욱 타격을 받았다.

둘째, 스페인은 국토회복운동에 성공하여 그 에너지를 해외로 돌릴 수 있었던 반면 영국을 포함한 서유럽은 종교개혁과 전쟁으로 몸살을 앓고 있어서 해외로 눈을 돌릴 여유가 없었다.

셋째, 기술적으로 스페인은 오랜 이슬람 치하에서 항해술, 조선기술, 천문학 등 과학기술을 발전시키고 있었다. 이 분야에서는 당시 최고의 기술 선진국이었다.

이러한 여건 속에서 이사벨이라는 걸출한 여왕이 해외에서 발견하는 대륙을 스페인 속령으로 한다는 조건으로 모험적인 항해자들에게 벤처의 꿈을 실어준 점도 중요하다. 같은 시기 중국의 명나라에서 정화의 책봉 외교를 위한 원정 이후 두 개 이상의 돛을 단 배는 모조리 파괴하는 쇄국정책을 강화하였던 것과 대조된다. 이들 두 가지 사건들(산타페 협약과 명나라 황제의 쇄국정책)은 그 후 동양과 서양의 번영 속도를 뒤바꾼 상징적 사건이 되었다.

16세기 세계 최강국 스페인이 100년 만에 몰락한 이유
-생산적 투자 대신 전쟁과 성당 증·개축에 소비 집중

스페인은 멕시코를 비롯하여 페루, 볼리비아 등 태평양 연안의 잉카 제국을 모조리 점령하였고 포르투갈은 브라질을 차지하였다. 스페인은 이곳으로부터 금과 은을 긁어모아 세계 최고의 부국이 되었다. 100여 년 동안 스페인은 세계 최고의 제국으로 군림하면서 많은 식민지를 거느리게 되었다. 향신료 가격 폭등의 문제도 희망봉을 거치는 인도양 항로를 이용한 무역으로 해결하였다. 가격혁명을 이룬 것이다.

그러던 스페인이 불과 1세기 만에 대서양 시대의 주도권을 네덜란드에 내어준다. 왜 대항해시대의 주도권을 장악했던 스페인이 쇠락하고 조그만 대서양 연안국 네덜란드가 새로운 강국으로 부상하였을까? 도대체 무슨 이유 때문일까?

첫째, 네덜란드의 독립전쟁을 진압하기 위해 나선 스페인의 펠리페 2세는 너무 많은 전비를 부담함으로써 국가채무 상환 불이행으로 파산을 맞게 되었다.

스페인의 식민지였던 네덜란드가 종교적 이유로 독립을 위해 전쟁을 일으키자 스페인은 장기간 네덜란드의 독립전쟁을 진압하기 위해 막대한 예산을 쏟아부었다. 스페인은 가톨릭의 대부 중 하나로서 개신교도들이 독립을 요구하는 것을 용납할 수가 없었다. 네덜란드는 합스부르크 왕가에 세금을 내기 어려워서가 아니라 그들이 믿는 개신교로 개종을 확실히 하기 위하여 목숨을 걸고 독립전쟁을 치렀다. 그 중심 세력은 자유를 지향하고 국제무역을 확대하려는 상공인들이었다. 이들 상공인이 중심인 네덜란드는 주식회사 제도와 금융업이라는 새로운 사회적 기술을 창안하여 이를 토대로 국제무역을 확대하고 있었으므로 막대한 자금을 전비로 댈 수 있었다.

반면 스페인은 무능한 리더십으로 전쟁에 패하고 부채로 허덕이게 되었다. 1580년대가 되자 네덜란드 독립전쟁은 펠리페 2세가 제국 전체에서 거둬들이는 수입보다 더 많은 비용을 잡아먹었다. 패배를 감당할 능력도 승리를 이끌어낼 능력도 없던 그는 이탈리아 금융가들로부터 막대한 자금을 빌려왔다. 결국 병사들에게도 채권자들에게도 돈을 내줄 수 없는 지경에 이르자 파산을 선언했다. 그다음 재차, 그리고 한 차례 더 파산을 선언했다. 급료를 받지 못한 병사들은 군사 반란을 일으키고 자신들의 생존을 위해 주둔지를 약탈했으며 펠리페의 신용은 땅에 떨어졌다. 스페인은 1639년까지 (바다에서) 그리고 1643년까지 (육지에서) 결정적 패배를 당하지는 않았지만 1598년 펠리페가 사망했을 때 제국은 이미 만신창이가 되었고 채무는 연간 수입의 열다섯 배에 달했다.[1]

둘째, 스페인은 신대륙에서 벌어들인 막대한 은을 상공업의 발전에 사용하기보다는 성당 건축 등 소비에 탕진하여 농경시대를 산업시대로 전환시키는 데 실패하였다.

스페인은 나라의 부강을 금, 은의 보유량이 많은 것으로 착각하여 이것을 모으는 데 집중하였다. 이른바 중상주의 정책을 우선시했다. 그러나 금, 은을 모으는 데만 집중했지 어떻게 사용하여 부를 증대시킬 수 있는지에 대해서는 전혀 대책이 없었다. 중남미에서 가져온 많은 양의 금과 은을 생산적으로 사용하지 못하고 성당의 증·개축이나 성상 등 내부의 치장에 주로 사용하여 자금 회전이 안 되고 사장되어 버렸다. 이는 헨리 8세가 영국교회 재산을 몰수하여 어느 정도를 상공인에게 불하함으로써 산업화에 기여한 경우와 대비된다. 얼마 지나지 않아 경제적으로 판이한 결과가 나올 것이 이미 예견된 터였다.

신대륙에서 스페인으로 들여온 귀금속의 양은 1500년부터 1650

년까지 금 181톤, 은 17,000톤이나 되었다. 은화를 만들어 화폐경제를 발전시켰지만 생산이 뒷받침되지 않자 인플레이션의 원인이 될 뿐이었다.

셋째, 영국에서 명예혁명 등으로 사유재산권이 확립되어 가고 있었으나 스페인은 철저하게 절대왕조의 독점시대가 계속되었다.

독점의 피해는 고대 로마 제정시대에서 보듯이 부패의 증가와 기술 발전의 정체로 나타났다. 이를 극복하지 못하였기 때문에 스페인은 결국 네덜란드와 영국에 주도권을 빼앗기고 말았다. 이들은 동인도회사를 내세워 상업과 무역 그리고 관련 제조업의 발전을 도모하였으며 그에 걸맞은 사회적 기술인 권력분립 제도, 사유재산 제도, 주식회사 제도, 은행 제도 등을 만들어갔다. 반면 스페인의 합스부르크 왕조는 철저한 독점으로 이러한 사회적 기술의 변화를 이끌어내지 못하였다. 결국, 선진적 사회적 기술을 도입한 나라로 지배권이 옮겨간 것이다.

네덜란드, 동서 교역과 금융업 확대로 번영

스페인이 쇠하고 새로운 강자로 등장한 것은 네덜란드였다. 네덜란드는 스페인과의 전쟁에서 16세기 말경에 사실상 승리를 거두고 세계 최초로 부르주아 혁명을 성공시킨다.

1566년 개신교도들의 성상파괴운동에서 보듯이 그들은 가톨릭의 압제로부터 벗어나 신흥 부르주아 중심으로 나라를 세우려 하였다.

오라녜Orange 공 빌렘 1세Willem I의 지휘로 8년에 걸친 독립운동이 성공을 거두어 1581년 스페인 펠리페 2세 통치를 사실상 종식시키고 네덜란드 공화국으로 탄생한다. 오라녜 가문이 정치권력을 장악한 네

델란드는 인구 200만의 해상 강국으로 출발하였다. 최고권력기관은 연방의회이며 부르주아 계급이 주류를 이루었다. 1595년부터 1602년 간 네덜란드에 14개 회사가 설립된다. 대부분 동인도 지역과 교역을 하는 회사들이다. 당시로서는 세계 최고의 기업들이 설립되어 활약하였다고 하여도 과언이 아니다.

1602년에는 수천 명을 투입한 동인도회사를 설립하여 향료 무역에서 선두 포르투갈을 앞지르기 시작하였고, 17세기 인도양 향료 무역을 장악하였다. 전성기 네덜란드의 선박 수는 16,000척에 달했다. 이들은 동서 무역과 금융업 외에 주로 항해와 관련된 조선업을 발달시켰다. 17세기 영국 선박의 4분의 1을 네덜란드 조선업체가 건조하였을 정도였다. 1598년에는 향료 생산지인 자바, 몰루카 제도에 선박 8척을 보내 주변 섬에 상관을 설치하기도 하였다.

1621년에는 뉴암스테르담(오늘날 뉴욕)을 식민지로 편입하였다. 그러나 1664년 영국이 강제로 침략하여 뉴욕이라는 이름으로 바꾸었다. 물론 이 사건은 즉시 영국과 제2차 전쟁의 원인이 되었다. 이러한 상황에서 네덜란드는 17세기 중반 영국과 3차에 걸친 해상권 쟁탈전을 벌인다. 그 발단은 1651년에 영국이 발표한 항해조례였다. 이 조례는 "유럽의 다른 지역에서 영국으로 운송되는 화물은 무조건 영국 선박이나 상품생산국의 선박으로 운송해야 한다"는 내용을 담고 있었다. 조약대로라면 16,000여 척의 선박으로 세계의 중개무역을 주름잡고 있던 네덜란드는 치명적인 타격을 받게 된다. 1652년과 1660년 그리고 1672년의 3차에 걸쳐 영국과 일전을 벌인 네덜란드는 처음에는 패배했으나 두 번째, 세 번째 전쟁에서는 승리를 거두어 1674년 웨스트

메드웨이 해전. 영국과의 2차 전쟁에서 네덜란드는 메드웨이 지역을 기습하여 많은 영국 전함을 침몰시키고 전황을 역전시켰다(반 조에스트 작).

민스터 평화조약을 체결함으로써 일단 항해조례 문제를 해결하였다.

17세기는 확실히 네덜란드의 시대였다. 인구와 소득의 변화 추이를 살펴보면 그 사실이 명백하게 나타난다. 다음 표를 살펴보면 16세기 스페인 시대에서 17세기 네덜란드 시대로 그리고 18세기 이후 영국의 시대로 바뀌었음을 알 수 있다.

먼저 인구 변화를 보면 네덜란드의 인구는 1500년에 95만 명이었으나 1700년에는 두 배가 넘는 190만 명으로 증가하였다. 1인당 소득은 1700년에 세계 최고수준인 2,131달러였다. 당시 영국은 그보다 900여 달러가 적은 1,250달러였고, 프랑스는 영국보다 300여 달러가 적은 910달러에 불과하였다.

스페인의 식민지였다가 1581년 사실상 독립한 네덜란드가 단기간에 부강해질 수 있었던 까닭은 자본주의 제도의 서막을 열어가는 사

1. 인구변화(만명)

	1500	1700	1820
프랑스	1500	2147	3125
네덜란드	95	190	233
영국	394	856	2124
중국	1억300	1억3800	3억8100
인도	1억1천만	1억6500	2억900

2. GDP(기어리-카미스, 1990년 100만 달러 기준)

	1500	1700	1820
프랑스	10912	19539	35468
네덜란드	723	4047	4288
영국	2815	12800	36232
중국	61800	82800	228600
인도	6500	9750	111417

3. 1인당 GDP(기어리-카미스 , 1990년 1달러 기준)

	1500	1700	1820
프랑스	727	910	1135
네덜란드	761	2131	1838
영국	714	1250	1706
중국	600	600	600
인도	550	550	533

자료: Maddison, 『세계경제: 역사상의 통계』, Rogen(2010)에서 재인용

회적 기술들을 개발하고 도입하였기 때문이다.

　네덜란드는 세계 최초로 주식시장을 열었고 유럽 최대의 은행을 설립하였으며 막대한 상선과 함대를 보유해 동서양 무역을 확대하였다. 그 과정에서 부유한 무역 상인 계층이 성장하였다. 이들이 순조롭게 교역을 확대할 수 있었던 것은 네덜란드가 상업과 교역의 자유를

암스테르담 거래소는 세계에서 가장 오래된 거래소로 네덜란드의 번영의 상징이었다(요브 베르크헤이테 작).

보장하는 법치국가였기 때문이기도 하다. 또한 네덜란드는 풍차와 운하, 수차의 거대한 연결망을 보유하고 발명가와 발명품을 존중하였다. 윌리엄 로젠William Rogen은 1600~1650년간 특허 발행 건수가 연 5~10건 정도였다고 하였다. 그러한 특허가 자국보다 타국에 오히려 이익이 아니었나 주장하는 학자도 있는데 이는 아마도 인구가 적고 국토가 협소한 소규모 무역국가라서 그러하지 않았을까 생각된다.

영국의 대사상가인 존 로크John Locke가 1683~1688년에 네덜란드에 머물면서 유명한 『정부에 관한 두 논고Two Treaties of Govenment』를 저술했다. 재산권을 보호하여야 한다는 주장을 일찍이 주장한 선구적 사

튤립 열풍을 풍자한 그림(얀 브뤼겔 작). 튤립에 대한 과열 투자는 최초의 거품경제로 평가받는다. 이미 근대적 자본주의가 작동하기 시작했음을 보여주는 사건이다.

상가였던 그가 암스테르담, 린덴, 위트레흐트 등지에서 머물렀다는 기록도 있다.

이러한 사실로 미루어 보아 네덜란드는 사유재산 제도를 바탕으로 당시 어느 국가와 비교해도 상업과 무역이 크게 번창했고, 주식시장과 금융시장이 활성화된 국가였다. 튤립구근에 대한 주식 투기 현상까지 17세기 전반(우리나라의 병자호란 전후)에 발생하였다.

전성기를 구가하던 네덜란드의 성장세는 1700년대 들어서부터 꺾이기 시작하여 1820년까지는 1인당 소득이 13퍼센트 이상 하락한다. 반면 이 기간 영국은 매년 0.5퍼센트 이상 성장하였고 1820~1890년 간은 매년 1.4퍼센트씩 성장하였다. 1600년대 네덜란드의 경이로운 성장률은 1세기 후에 사실상 멈추었고 영국이 그 대신 산업혁명으로 세계를 지배하기 시작했다.

네덜란드의 쇠퇴 원인은 다음 두 가지로 생각된다.

첫째, 내수 시장규모가 작아 규모의 경제를 지속시키기가 어려웠다. 모든 산업이 일정한 규모를 넘어서야 단위당 생산 비용이 최저가 되는 규모의 경제economies of scale를 이룰 수가 있는데 네덜란드는 인구가 2백만 명 선에 머물고 있었다. 시간이 지날수록 절대 인구가 적기 때문에 규모의 경제를 이룰 수가 없는 산업이 많았다. 특허나 신기술도 모두 담아내기에는 규모가 너무 작았다.[2]

둘째, 주변에서 경쟁국인 영국이 발 빠르게 명예혁명을 성공시킴으로써 산업혁명의 발동을 걸었다. 명예혁명의 성공으로 의회가 왕권을 견제하면서 사유재산권 제도가 실질적으로 확립되었다. 이것은 매우 중요한 사회적 기술로 산업혁명을 일으키는 기반이 되었다. 인류 역사에 획을 긋는 정도의 파괴력이었기 때문에 네덜란드는 영국의 급속한 발전에 묻혀버릴 수밖에 없었다. 영국의 발전은 금융, 무역뿐만 아니라 증기기관, 방적기, 방직기 등의 제조업과 동력산업에서 획기적인 것이었다. 이는 무역과 금융에 의존하던 네덜란드로서는 감당하기 어려운 수준이었다.

영국으로 세계무역 주도권 이동

18세기 들어서면서 네덜란드 대신 성장을 주도한 나라는 영국이었다. 영국의 인구는 1700년에서 1820년까지 120년 동안 가장 빠른 증가를 보여 856만 명에서 거의 3배에 가까운 2,124만 명으로 늘어났다. 네덜란드가 그 기간 동안 190만 명에서 233만 명으로 불과 20퍼센트 증가에 그친 데 비하면 영국의 산업혁명의 힘이 얼마나 크게 나타났는가를 알 수 있다. 가장 인구가 많은 프랑스의 증가율은 같은 기간 동안 46퍼센트 증가에 그쳤다.

1700년대 이후 영국이 흥하고 네덜란드가 쇠퇴하는 이러한 현상은 1인당 소득을 보면 더욱 확실하다. 영국은 1500년에 1인당 소득이 714달러이었으나 1700년에 1,250달러로 늘어났고 1820년에는 1,706달러로 다시 크게 증가하였다. 같은 기간 네덜란드는 761달러에서 1700년에 2,131달러로 3배 이상 증가하여 세계 최고 수준이었으나 1820년에는 오히려 1,838달러로 줄어들어 소득수준이 하향하고 있음을 알 수 있다.

영국은 1688년 명예혁명으로 견제와 균형 시스템을 갖춘 권력구조를 도입했고, 경제적으로는 사유재산권 제도를 확립하였다. 이는 산업혁명으로 이어진다. 여기에 더해서 적극적인 대서양 무역을 시도하여 항해시대의 새로운 강자로 등장할 수 있었다.

12장 | 박제가의 교역 확대론

유럽에서 스페인, 네덜란드, 영국이 각축을 벌이고 있을 때, 조선의 실학파 경제학자 초정 박제가는 애덤 스미스와 거의 같은 시기에 북학의라는 탁월한 경제원론을 저술하였다. 조선 전체를 통틀어 이만한 경제원론 저작은 찾아보기 어렵다. 그 내용을 보면 현대 경제학 교과서에도 일반적으로 등장하는 생산과 소비이론, 국제무역론, 사회간접자본론, 생산성론 등에서 탁견을 보이고 있다. 여기서는 교역 확대를 주장한 국제무역론을 살피고자 한다.

"국제무역을 막아 나라가 곤궁해졌다"

박제가는 해외무역을 금지하고 있던 조선 후기에 일관되게 국제무역의 필요성을 주장한다. 우리 역사상 가장 잘 살았던 시대로 신라를 지목하며 신라가 당나라 군사 수만 명의 군량미를 넉넉히 댈 수 있었던 이유를 다음과 같이 시로 쓰고 있다.

신라는 바닷가에 위치한 나라

현재 영토의 8분의 1일세.

고구려는 위쪽에서 침노하고

당나라 군사는 아래에서 출병했는데

창고 곡식 스스로 넉넉하여

군사 먹이는 데 부족하지 않았네.

그 까닭을 자세히 연구하니

배와 수레 이용한 때문일세.

배는 외국과 통상할 수 있고

수레는 말과 나귀 편하게 하네.

이 두 가지를 활용하지 않으면

관중 안영이라도 소용없네.[1]

신라가 배와 수레를 이용하였기 때문에 군량미를 넉넉히 댈 수 있었다는 분석이다. 배는 해외무역을 상징하고 수레는 사회간접자본을 상징한다. 북학의 곳곳에서 이를 누누이 설명하고 있다. 예를 들면, 원산 앞바다에서 잡히는 명태를 한양에서 물 좋은 상태로 먹으려면 수레를 사용하여야 하고, 수레를 사용하려면 도로가 뚫려야 한다는 것이 그의 지론이다. 오늘날 용어로 하면 사회간접자본을 건설하여 유통이 원활해야 한다는 주장이었다.

다음 다음 절에서 중국 및 일본과 통상하지 않아 생산이 고갈되고 있음을 간결하게 표현한다.

육지 물건 연경과 통하지 못하고
바다 장사꾼 왜국에 가지 못하네.
마치 들 가운데 있는 우물과 같아서
사용하지 않아 저절로 말라 버리네.

위의 시 제2수에서는 조선이 가난한 이유를 연경 및 왜국과 무역을 하지 않아서 그렇다고 직설적으로 표현하고 있다. 외국으로부터 물자를 가져오고 국내 물자를 보내는 통상이 없으면 생산이 멈추어버려 나라는 점점 더 곤궁해진다는 것이다. 이어서 박제가는 무역을 하지 않으면 사용하지 않는 들가의 샘물처럼 생산이 말라버린다고 말한다. 샘물을 계속 길어다 사용하여야 샘물이 솟는 것처럼 통상을 계속하여야 소비가 증가하고 생산이 지속될 수 있다는 지적이다. 샘물에 비유한 것은 북학의 시정 편에 더 상세하게 설명되어 있는데 이는 오늘날 박제가의 '우물론'으로 널리 알려져 있다. 우물물을 사용하면 할수록, 즉 소비하면 할수록 더 많이 생산된다는 이론인데, 지나치게 검소하여 소비하지 않으면 우물이 메말라 버리듯이 생산이 멈추게 된다는 비유로 설명하고 있다.

그는 중국 절강성의 강남 및 절강의 상선들과 통상해야 한다는 「통강남절강상박의通江南浙江商舶議」(북학의 외편 『진북학의』, 1799)에서 다음과 같이 외국무역을 주장한다.

우리나라는 나라가 작고 백성이 가난하다. 지금 갖은 노력을 기울여 전답을 경작하고, 우수한 인재를 기용하며, 상인에게 장사를 허용하고, 장인에게 혜택을 더해 주어 나라 안에서 얻을 수 있는 이익을 모두 거둔다고 해도 부족함을 면치 못할 것이다. 또 반드시 외국(먼 지방)의 물자가 통상을 통해 들어와야 재화가 불어나고 갖가지 유용한 물건이 생산된다.[2]

여기서 박제가는 무역의 이익을 간결하게 표현했다. 통상을 해야 생산이 활발해져 생산량이 증가하고 재화의 종류도 다양해진다. 무역은 소비자의 후생을 증가시키게 되며 나라 전체를 부강하게 한다. 박제가의 이런 주장은 교역이 소비자와 생산자 잉여, 즉 사회적 후생을 높여주기 때문에 이익이라는 오늘날 국제무역이론의 주장과 일치한다.

박제가가 이 책을 쓸 시기 조선의 해외무역은 국법으로 금지되어 있었다. 반면 서양에서는 대항해시대가 열린 지 한참 지나 전 세계를 돌며 해외무역이 활발히 이루어지고 식민지 쟁탈전이 벌어지고 있던 시기이다.

그러나 조선에서는 해외무역은 매년 동지사나 책봉사, 사은사 등 대중국 사절단이 움직일 때 상인들이 이를 수행하여 장사를 하는 조공무역이 고작이었다. 그나마 무역이 이루어지는 한양과 평양 그리고 의주를 거쳐 만주로 통하는 길의 상공업이 상대적으로 발전되었고 주민들의 의식이 깨어 있었다. 이 경로를 통하여 사신 행렬이 지날 때 장이 섰으며, 장이 설 때는 놀이패들의 공연이 열렸다. 서민문화가 교역로를 따라 발전한 것이다.

네 가지 무역의 이익

초정 박제가는 국제무역에 대하여 적어도 네 가지 이익을 말하고 있다. 그는 무역의 이익을 애덤 스미스나 데이비드 리카도처럼 절대우위론이나 비교우위론으로 설명하지는 않았지만 소비자와 생산자 그리고 나라의 부가 국제무역을 통해 이루어진다는 점을 충분히 이해하고 있었다. 그렇기 때문에 개방정책의 필요성을 강력하게 주장할 수 있었을 것이다.

첫째, 소비자의 필요를 충족시키고, 물자가 풍부해진다는 것을 여러 가지 예를 들어 설명한다.

박제가 초상

"지금은 면포를 입고 백지에 글을 써도 물자가 부족하지만, 배로 무역을 하면, 비단을 입고 죽지竹紙에 글을 써도 물자가 남아돌 것이다."

또한 일본에 통신사가 가서 보았는데 통상을 시작한 후 물자가 풍부해졌다는 것을 다음과 같이 소개하고 있다.

"계미년(1763)에 통신사가 일본에 들어갔을 때, 서기가 우연히 중국 먹을 요구하였더니 잠시 후에 먹을 한 짐 가지고 왔다. 또 하루 종일 가는 길에 붉은 융단을 깔았는데 그 다음날도 계속 이와 같이 하였다. 자기 나라 자랑을 이와 같이 한 것이다."

일본은 중국과 직접 무역을 시작(1689년경)한 후부터 조선으로 물자를 구하러 오지 않는다고도 하였다.

둘째, (해상)무역을 하면 재화의 운송이 편리해지고 속도가 빠르다. 다량으로 이러한 유통을 할 수 있으므로 이익이다. 박제가는 다음과 같은 간결한 문장으로 무역의 이익을 설명하고 있다.

"대저 수레 백 채에 싣는 양이 배 한 척에 싣는 것에 미치지 못하고, 육로로 천리를 가는 것이 뱃길로 만 리를 가는 것보다 편리하지 못하다. 그러므로 통상하는 자는 반드시 물길을 좋아한다."

그는 여기서 국제무역과 해상운송의 이점을 정확히 지적하고 있다. 나아가 조선업의 발전을 위한 여러 제안을 하였다. 국제무역에서 해운업의 이점을 지적하고, 해운의 발전을 위해 조선업을 일으켜야 하므로 선박의 생산과 활용이 중요하다는 주장을 북학의 내편 두 번째 절을 할애하여 자세히 설명하고 있다.

셋째, 무역을 통해 국내 생산으로 조달할 수 없는 다양한 재화를 조달할 수 있다. 위에서 보았듯이 국내의 자원, 생산요소를 모두 충실히 사용하여도 필요한 물자가 부족하다. 부족한 물자는 무역을 통하여 직접 조달하거나 생산요소를 수입하여 국내에서 생산할 수 있다. 이렇게 하여 다양한 재화를 생산할 수 있다고 본 것이다. 오늘날도 마찬가지이다. 한국은 많은 양의 휴대폰을 생산하여 수출하고 있으나 이를 위해 수많은 소재와 기술을 도입하고 있고 철강 생산량의 상당 부분을 수출하지만 동시에 그 양 못지않게 철강을 수입하고 있다. 실제로 오늘날 모든 나라는 무역을 통해 각각 부족한 재화와 용역을 조달하여 이를 소비하거나 이를 활용하면서 생산을 확대하고 있다.

넷째, 당연한 귀결이지만 국제무역은 국부를 증대시킨다. 박제가는 토정土亭 이지함의 사례를 들어 이를 설명한다.

그는 "토정이 일찍이 다른 나라 상선 몇 척과 통상하여 전라도의 가난함을 구제하고자 하였으니, 그 식견의 높음을 따라갈 사람이 없다"고 하면서 "조선 400년 동안에 다른 나라 배가 한 척도 오지 못했다"고 했다.

이어서 "일찍이 황차黃茶를 실은 배 한 척이 남해에 표착한 적이 있었는데, 그 후로 온 나라에서 10여 년 동안이나 차를 마시고도 지금까지 남아 있다. 어떤 물건이든 그렇지 않은 것이 없다"라고 하여 무역이 소비자인 국민의 후생을 증진시키고 결과적으로 국부를 증가시킨다는 점을 명쾌하게 일반화하고 있다.

무엇을 해야 하나?

박제가는 국가가 발전하고 민생이 풍족해지기 위해서는 우선 중국과 교역해야 한다고 제안한다. 정조의 지시에 따라 임금에게 올린 "병오년 정월에 올린 소회"(1786년)를 보면 이렇게 맺고 있다.

가진 것을 다른 데로 옮기고 없는 것을 얻고자 무역하는 것은 천하의 공통된 법[칙]입니다. 일본과 유구, 안남, 서양의 무리가 모두 민, 절강, 교주, 광주 등지에서 교역하고 있습니다. 여러 외국의 경우와 마찬가지로 우리도 뱃길을 통하여 상인들이 통상할 수 있도록 허가해 주십시오.[3]

「통강남절강상박의」의 맨 마지막 구절에서 먼저 중국과 그리고 점차 세계 각국과 무역할 것을 주장한다.

중국의 배하고만 통상하고 해외의 많은 나라와는 통상하지 않는다고 했는데 이것은 일시적인 임시변통의 책략에 불과하고 정론은 아니다. 국력이 조금 강성해지고 백성들의 생업이 안정을 얻은 상황에 이르면 마땅히 차례대로 다른 나라와도 통상을 맺어야 한다.

또 중국에 무역 허가를 받는 요령도 설명한다. "일본과 유구, 안남, 서양의 나라조차도 모두 민, 절강, 교주, 광주 등지에서 교역한다. 우리도 저 여러 나라들과 함께 끼고 싶다. 이렇게 하면 반드시 저들은 우리를 의심하지 않고 허락할 것"이라고 하였다.

그리고 나서 박제가는 재능이 빼어난 공장을 뽑아 선박을 만들되 중국 선박기술을 배울 것을 추천한다. 그리고 중국 선박들을 초청하여 선주 등을 융숭히 대접하고 선박 제조술을 익히며 우호를 다져두라고 제안하고 있다.

박제가는 당시 글로벌 무역의 실상을 비교적 상세하게 파악하고 있었다. 중국이 1684년에 해상무역을 금지하던 정책을 바꾸어 4개의 해관을 설치한 곳은 강해관(강소성 화정), 절해관(절강성 영파), 민해관(복건성 복주), 월해관(광동성 광주)인데, 박제가가 지적한 중국의 대외 교역지와 일치했다. 다만 청나라는 1757년 국제무역항을 광주로 일원화했는데 박제가는 그 사정까지는 미처 반영하지 못했다.[4]

박제가의 국제무역론과 개방정책 건의는 안타깝게도 조정에 전혀 받아들여지지 않았고, 조선은 19세기 들어 세도정치 체제로 넘어간다. 세도가들은 개방의 뜻이 없었다. 개방이 안 되니 해운업이나 조선업과 같은 산업이 발전하기는 더욱 어려웠다. 수로와 항로 개발이나 조선 기술 습득의 기회도 오지 않았다. 박제가는 오히려 다른 사건에 연루되어 함경북도로 귀양을 가고, 얼마 후 1805년에는 세상을 떠난다.

그가 정확히 보았듯이 신라시대에는 무역을 통해 번영을 누렸다. 고려 초기까지도 사라센Saracen 무역선이 개성에 드나들 정도로 국제무역이 왕성하게 이루어지고 있었다. 고려 태조 왕건도 상인 출신이다.

그런데 조선에 와서 국제무역을 금지하고 있는 것은 시대에 역행하는 것이었다. 당시 조선은 글로벌 추세에 어두웠고 시대의 흐름에 정반대로 나아가고 말았다. 박제가는 이러한 퇴보적 폐쇄정책을 논리적으로 비판하고, 과감하게 교역 확대를 위한 개방정책을 펼 것을 주장했다. 그러나 정조가 일찍 죽고, 이어진 정권이 지주 중심의 봉건외척들에 의하여 밖으로 폐쇄적이며 안으로 착취적인 정책을 강화하면서 박제가의 주장은 꽃을 피우지 못하였다.

반면 바다 건너 일본은 외세의 개방 압력에 굴복하여 교역을 텄지만 이후 사태 파악을 위해 적극적으로 대표단을 유럽으로 보냈고 대응책을 강구하는 정책을 폈다. 개방을 무조건 저지하는 것이 상책이 아니라 현명하게 대응하는 것이 중요하였지만 조선은 쇄국이라는 최악의 선택을 하였다. 결국 일본에 의해 강제 개방을 당하여 일본의 식민지로 전락하고 만다.

4

견제와 균형, **권력을 통제하다**

HOW THE POWERS WERE MADE

역사 발전에서 견제와 균형 시스템은 획기적인 발명품이었다. 이기적인 사람들이 모여 사는 공동체 안에서 각종 권력의 횡포를 막고 주인과 대리인 간의 도덕적 해이moral hazard 문제를 해결해주기 때문이다. 여기서 주인이란 기업의 주주나 나라의 국민과 같은 존재이고 대리인이란 경영자 또는 관료와 같이 주인의 업무를 맡아서 하는 사람들을 말한다. 도덕적 해이는 대리인이 주인 몰래 자신의 이익을 위해 주인의 재산에 손해를 끼치거나 주인의 이익에 반하는 행동을 하는 것을 말한다. 이러한 현상은 주인이 가진 정보와 대리인이 가진 정보가 서로 다른 상황에서 대리인의 감추어진 행동hidden action 때문에 발생한다. 즉 정보의 비대칭성으로 인해 나타나는 현상이다. 이 문제를 풀기 위한 방법의 하나가 견제와 균형 제도Checks and Balances system이다.

고대 로마 성산항거로 호민관 제도 얻어내

역사를 되돌아보면 동서를 막론하고 왕이나 귀족들의 독재를 막기 위한 평민들의 항거나 귀족과 군주 간의 권력투쟁은 항상 있어왔다. 이를 통해 왕과 귀족, 평민은 시대에 따라, 힘의 차이에 따라 다양한 견제와 균형 제도를 만들어냈다. 고대 로마 공화정 시기에도 바로 그러한 일이 일어났다. BC 495년 평민들의 성산항거가 일어나자, 귀족으로 구성된 원로원은 평민의 권익을 보호할 호민관 제도를 도입하여 평민들을 달랬다.

평민회에서 선출한 호민관은 법안을 거부하거나 발의할 권한이 있었으며 필요하면 집정관을 포함한 다른 관리들을 체포할 수도 있는 막강한 권한을 부여받았다. 이렇게 함으로써 귀족들의 전횡을 견제할 수 있었다.

영국에서는 왕과 귀족 간의 투쟁 과정에서 견제와 균형 제도가 싹 텄다. 귀족들의 요구가 담긴 1215년의 대헌장에 왕의 서명을 받아낸 것을 시작으로 왕을 견제하기 위한 의회가 만들어졌다. 이후 수 세기 동안 조세권 문제를 포함하여 인권과 재산권을 놓고 왕권과 의회 간에 치열한 투쟁이 계속되었다. 결국 1688년 명예혁명을 통하여 의회 권력이 승리를 거둠으로써 의회에 의한 왕권 견제를 제도화한 입헌군주제가 확립됐다.

명예혁명에 의해 개인의 사유재산권이 제도적으로 보호되자 산업활동에 활기가 생기고 금융이 활성화되어 방적기 발명, 증기기관의 발명, 철도 건설 등 근대적 산업 발전이 폭발적으로 일어난다. 이것이 영국의 산업혁명으로 군주와 의회 간의 견제와 균형 시스템이 만들어낸 획기적인 경제혁명이었다.

삼권분립으로 근대 정치 신뢰 얻기 시작

근대에 와서 본격적으로 견제와 균형 제도가 틀을 잡은 것은 몽테스키외의 삼권분립 이론이 정립된 후부터이다. 몽테스키외의 이론은 구체적으로 신생국 미국의 연방헌법에 반영됨으로써 실현되었다. 물론 16세기 존 칼빈이 권력을 귀족주의와 민주주의로 이분화하여 정부를 구성하는 것이 좋다는 주장을 한 바 있다. 그는 정치권력의 위험한 남용을 방지하기 위하여 정치권력 내에 여러 가지 기구를 만들어 서로 견제와 균형을 하는 것이 바람직하다고 제안한 것이다. 그러나 보다 본격적으로 입법, 사법, 행정의 3권을 분립하여 정치권력을 구성하자는 주장이 등장한 것은 몽테스키외가 1748년 『법의 정신』을 출간한 이후이다.

견제와 균형 시스템이 필요한 것은 권력의 독점에서 오는 오류를 막고 재량권 남용에 따른 부패를 방지하며 견제와 균형 과정에서 창의력이 발휘될 수 있도록 하기 위해서이다.

부패 방지와 신뢰사회 구축에 기여

견제와 균형 제도가 도입되어야 구성원들의 협력과 헌신을 이끌어낼 수 있고 발전을 촉진시킬 수 있다. 무엇보다 견제와 균형 시스템은 사회 발전을 억제하거나 사회를 퇴보시키는 부패를 줄이는 데에도 큰 역할을 한다. 견제와 균형 제도가 어떻게 부패를 줄이는가를 이해하는 데 로버트 클리트가드Robert Klitgaard가 정의한 부패방정식이 도움이 된다.

그는 부패수준(C)은 독점(M)이 증가할수록 그리고 재량권(D)이 많을수록 높아지며 책임성(A)이 강해지면 낮아진다고 하였다. 즉 다음과 같은 부패방정식을 제시하였다.

C(부패) = M(독점) + D(재량권) - A(책임성)

국가나 기업을 비롯한 각종 조직들에 있어서 견제와 균형 제도가 의미를 가지는 것은 이러한 부패의 원인들을 제거해주기 때문이다. 이런 제도가 잘 갖추어져 있으면 독재를 막을 수 있고, 특정인 혹은 특정 그룹의 재량권을 어느 정도 억제할 수 있다. 또한 감사원의 회계감사나 업무감사가 철저하면 정부의 투명성이 높아진다. 기업에서도 마찬가지이다. 기업의 이사회나 감사회가 구성되어 견제 기능이 제대로 작동하면 기업의 투명성이 높아져 생산력이 강화되고 수익성도 높아진다.

이같이 견제와 균형 제도는 투명성을 높임으로써 사회 발전을 촉진한다. 이러한 제도가 역사적으로 도입되어 현대사회에 정착하기까지는 어려운 난관들이 있었고 경우에 따라서는 힘겨운 싸움을 거쳐야 했다. 오랫동안의 왕정이나 혹은 제정이 무너지고 공화정이 들어서기까지 수많은 노력과 희생이 있었다. 또한 학자나 전문가들의 연구와 주장이 결실을 본 것이기도 하다. 견제와 균형의 역사적 사례들을 살펴봄으로써 이러한 사회적 기술들이 역사 발전을 위해 어떠한 역할을 했는지 이해할 수 있을 것이다.

오늘날 모든 나라에서는 형식적이라도 정치권력과 관련한 견제와 균형 시스템 혹은 권력분립 제도를 도입하고 있다. 미국이 1776년 독립하여 제정한 연방 헌법의 기본 정신의 하나도 견제와 균형이다. 미국 헌법은 삼권분립이론을 최초로 반영하여 입법·사법·행정이 각각 고유영역을 갖고 상호 견제하도록 헌법에 명시하고 있다.

견제와 균형 시스템은 비단 정치권력의 분립에 한정된 것이 아니다. 이는 기업 제도에도 적용되어 기업지배구조를 견제와 균형이 이루어지도록 만들어야 한다는 취지로 발전하였다. 학교나 교회, 기타 사회단체 등 모든 조직에서도 견제와 균형 원리가 적용되어야 한다는 사상으로 확대되었다. 사회의 부정부패를 막기 위해서도 이러한 제도가 필요하므로 모든 해당 분야에서 검토되고 마련되어야 한다는 데 이론의 여지가 없다.

근대 기업은 주식회사 제도를 채택하고 있는데, 이는 다수의 주주가 회사의 소유자라는 것을 의미한다. 모든 주주가 기업을 직접 경영할 수는 없으므로 경영자라는 대리인을 정하여 기업 활동을 하게 하고 이익을 창출하는 것이 대세이다. 그런데 기업 경영자가 과연 주주의 이익을 위해서 열심히 일하고 그 결과를 정직하게 주주에게 알리며 발생된 이익을 차질 없이 배당하는가에 대한 의문이 생기게 된다. 정보 비대칭하에서 주주와 대리인인 경영자 사이에는 도덕적 해이가 생기기 쉽다. 100여 년 전부터 이 문제를 해결하려는 여러 가지 고안들이 나오고 있다. 이는 기업의 지배구조를 어떻게 편성하느냐와 밀접한 관련이 있다. 현재, 사외이사 제도를 만들어 경영을 감시한다든가 사외이사로 구성하는 감사위원회를 두어 감독하거나 혹은 소액주주나 종업원의 이익을 대변하는 대표를 이사회에 보낸다든가 하는 등 여러 방법들이 고안되고 있다.

상생 제도 고안으로 발전

한걸음 더 나아가서 요즘에는 주인 대리인 문제를 해결하기 위한 과학적 방법들이 개발되고 실험되고 있다. 예를 들면 대리인의 도덕적 해이가 인센티브가 부족하기 때문에 발생한다는 점에 착안하여 유인incentive 제도를 도입해서 도덕적 해이를 막아보자는 유인설계이론이 세워졌다.

이들 이론의 취지는, 예를 들면 주인, 대리인 간에 월급제가 아니라 이윤이 발생할 시 일정 비율로 나누어 갖는 이윤 공유제와 같은 새로운 게임 룰을 적용하는 것이다. 이러한 새로운 유인체계를 설계하여 적용함으로써 대리인으로 하여금 투명성을 높일 뿐만 아니라 더 많은 노력을 하도록 유인한다. 이 이론은 견제와 균형 차원을 넘어 상호 신뢰하고 협력하는 체제로 이끌어갈 수도 있다.

유인설계와 같이 정보 비대칭성 아래에서 관련자 간에 감추어진 행동이나 특성을 노출시키려는 최근의 노력도 견제와 균형을 위한 사회적 기술의 한 분야이다.

13장 | 로마 쇠망의 원인
- 견제와 균형의 상실

로마 쇠망의 원인에 관해서는 수많은 연구가 있다. 여기서는 로마가 멸망한 가장 큰 원인 중 하나로 '견제와 균형의 실패'를 지적하려고 한다.

로마 공화정 시기에는 평민 중에서 선출되는 호민관 제도나 평민회 그리고 감찰관 제도를 통해 귀족과 평민 간에 견제와 균형이 상당한 정도로 이루어졌다. 그러나 공화제가 종언을 고하고 황제의 시대로 넘어가면서 이러한 견제와 균형의 제도는 무너지고 황제의 독주 체제로 바뀌어버렸다. 견제와 균형 제도가 효력을 상실한 것이다. 평민의 정치 참여 권한이 점차 사라지고 황제가 독재를 하게 되자 부패가 만연하기 시작한다. 시민 대신 군인들이 황제를 좌지우지하는 체제로 변화했다. 군의 영향력 아래에 있는 황제는 민중을 두려워한 나머지 민중에 호감을 사기 위해 오락과 검투 경기를 제공하거나 로마의 속주민 전체에게 시민권을 부여하는 정책을 써보지만 그 결과는 오히려 경제 파탄이나 조세 대란 등을 초래하여 나라를 혼란과 쇠망으로 빠져들게 하였다.

르네상스 시기인 1513년에 『로마사 논고Discourses on Livy』을 저술한 마키아벨리는 "로마는 황제의 세습이 이루어지면서 파멸의 길을 걸었다"고 주장하였다. 18세기 계몽철학자 몽테스키외도 『로마의 성공, 로마제국의 실패Considerations on the Causes of the Grandeur and Decadence of the Romans』라는 저서에서 로마 공화정이 깨지고 황제가 지배하는 제정로마로 들어서면서 민중의 견제권이 상실되었고 끝내 로마는 멸망에 이르기 시작하였다고 지적하였다.

이들 저명한 저술을 포함한 대부분의 연구에서 로마 제국의 몰락원인으로 부패를 들고 있다. 로마 제정기의 부패는 견제와 균형의 상실에서 비롯되었으며 멸망을 촉진시켰다.

결국 공화정에서 제정으로 바뀌면서 견제와 균형이 사라졌다는 점이 로마 쇠망의 가장 큰 원인이라 하겠다. 권력분립이 적절히 이루어져 귀족과 평민 간에 서로의 이익에 따라 상호 견제하면서 통치가 이루어졌을 때 번영하였다가, 그러한 균형이 깨져 견제 세력이 없는 독재적 권력이 지배했을 때 점차 귀족과 황제는 부패하기 시작하였다. 시민은 무기력해졌으며, 국경은 게르만족의 침략으로 압박을 받기 시작하였다. 이 결과 로마는 쇠퇴의 길로 들어서게 된다.

공화정기 시민의 항거로 호민관 제도 도입

공화정 시기 로마가 부흥했던 이유 중 하나는 견제와 균형 시스템이 구축되었다는 점이다. 이는 귀족들이 거저 준 것이 아니라 시민들이 싸워서 얻어냈다는 점에서 값진 결과였다. 로마는 BC 509년 왕정에서 공화정으로 바뀐다. 이로부터 1년 임기의 2명의 집정관consul이 통치하였다. 귀족으로 구성된 원로원은 그들 중에서 집정관을 선출하여 임명하였다. 일정한 임기를 가진 집정관이 행정을 하고 의회가 이를 감시함으로써 왕정에 비해 한층 권력 분립이 잘된 체제였다. 두 사람이 서로 견제할 뿐만 아니라 매년 새로운 집정관이 선출되기 때문에 원로원, 즉 귀족의 뜻에 반하는 정치는 할 수가 없었다.

　문제는 시민들이었다. 시민들은 귀족의 이익만을 위한 정치에서 소외되었으나 과도한 조세부담을 지었다. 수많은 전쟁에서 중요한 역할을 하는 것도 시민 병사들이었으나 전쟁 후에 성과물을 분배하는 데에서는 시민들이 불리하였다. 결국 BC 495년에 시민들의 저항이 일어났다. 시민들이 파업을 하고 성산으로 올라가 자신들만의 공화국을 만들겠다고 위협을 하게 된다. 소위 제1차 시민항거1st Secession of the Plebs가 일어난 것이다. 귀족들은 시민들의 요구를 받아들여 BC 494년에 시민들의 권익을 보호하는 호민관tribune of the plebs제를 제도화하기로 하였다.

　제1차 성산항거로 귀족들로부터 얻어낸 호민관제는 시민들의 권리를 보호하기 위한 호민관을 시민이 직접 선출하는 제도이다. 원래 5명이었으나, BC 457년에 10명으로 늘어났다. 2명의 시민 조영관Plebeian aedile의 도움을 받는 호민관은 평민회Plebeian assembly를 소집하여 법안을 제안하는 권한을 가졌다. 1명이 회의를 주재하며 투표에 의한 법안 제정권plebiscites을 가졌다. 평민회에서 통과된 법안은 처음에는 평민계급에만 적용되었지만 BC 287년 제2차 시민항거 이후 모든 로마 시민에게 적용되는 것으로 확대되었다. BC 3세기까지 호민관은 원로원을 소집하여 법을 제안할 수도 있었다.

　호민관은 시민행정관은 아니었으나, 신성성을 인정받아 재임 중 어떠한 공격이나 간섭에서도 보호되었다. 호민관의 신성성을 침해하는 자는 무조건 사형시킬만큼 존중되었다. 호민관은 행정관 등의 행위에서 시민을 보호할 권한도 가지고 있다. 즉, 시민이 행정관의 결정에 대하여 불만이 있을 때 이를 기소하면 호민관은 행정관이 그 업무를 집행하기 전에 위법성 여부를 판정하는 일도 수행하였다. 원로원이나 귀족, 시민 모두 참여하는 일반 민회의 어떤 행위도 거부하거나 금지시킬 권한도 가지고 있었다. 오직 특별한 경우에 위임되는 독재관dictator만이 이러한 호민관의 권한에서 자유로웠다. 다만 그 권한이 시 경계 내로 한정되었다. 로마 제정 이후 호민관 권한이 약화되기까지 이 제도는 시민의 권익 보호를 위해 큰 역할을 하였고, 시민들은 호민관을 선출하기 위한 정치 행위인 투표를 할 수 있어서 활기가 넘쳤다.

마키아벨리는 로마가 시민의 투표로 훌륭한 인재를 선출하는 제도를 가지고 있었기에 번영하였다고 다음과 같이 지적하였다.

로마의 집정관들은 세습이나 속임수, 폭력수단이 아니라 시민들의 자유 투표로 그 지위를 얻었고 대부분이 탁월한 인재였다. 로마는 그들 덕분에 오랫동안 최고의 번영을 누렸다. 훌륭하고 유능한 인재를 지도자로 선출하는 제도는 모든 나라에서 항상 실시되어야 마땅하다.[1]

이외에도 감찰관 제도가 있었다. 몽테스키외는 이 제도가 로마 정부의 힘이라고 다음과 같이 치켜세웠다.

나는 여기서 로마 정부를 유지하는 데 크게 기여한 관직을 언급하지 않을 수 없다. 그것은 감찰관직이었다. 이 자리에 오른 사람은 인구 조사를 시행했다. 나아가 공화국의 힘은 규율과 엄격한 관습의 준수, 그리고 일부 풍속에 대한 부단한 관찰에 있었으므로 그들은 법이 미처 예견하지 못하거나 보통 정무관이 처벌하지 못하는 법의 오남용을 바로 잡았다. … 가정적이거나 공적인 것이든 모든 무질서가 감찰관에 의해 바로 잡혔다. 감찰관은 누구든 거슬리는 자는 원로원에서 쫓아내기도 하고 … 어떤 시민을 다른 지구에 보내거나, 심지어 특권을 누리지도 못한 채 도시에 과중한 세금을 내야 하는 사람들 속으로 보내버릴 수 있었다.[2]

감찰관은 누구든 최하층 시민으로 살게 하거나 투표권 없는 카에레 caere 지방의 주민 명단으로 올릴 수 있었다. 감찰관은 5년마다 국가의 현황을 조사하고, 호민관이나 야심가가 선거를 조종하거나 민중이 집단적으로 선거에 개입할 수 없도록 여러 지구에 민중을 분산 배치했다.

호민관 제도나 감찰관 제도는 귀족의 독주에서 시민의 권익을 보호하고 원로원 의원을 포함한 모든 귀족 관직에 있는 사람들의 부패를 막는 데 중요한 역할을 하였다. 이러한 권력분립에 의한 견제와 균형 시스템의 확립이 로마 공화정기를 번영하게 만든 요인이었다.

견제와 균형 제도를 무너뜨린 제정

그런데 이러한 견제와 균형 시스템은 공화정이 종언을 고하고 제정으로 바뀌면서부터 무너지기 시작하였다. 우선 호민관 제도는 BC 81년 술라Sulla 독재관 시대에 심하게 축소되었다가 수년 후에 다시 회복되지만 로마제정이 시작되자 호민관의 독립성과 특권은 크게 손상되었다.

BC 48년 독재관 율리우스 카이사르Gaius Julius Caesar는 호민관들이 그의 행동에 간여하지 못하도록 조치를 하였고 원로원이 승인하였다. 호민관의 권한을 무력화하기 시작한 것이다. BC 23년 원로원은 아우구스투스 Augustus에게도 같은 권한을 부여하였다. 이후 모든 황제들에게 동일한 권한이 승계되었다.

호민관 제도는 이후에도 명맥을 유지했으나, 그 권한과 권위는 거의 대부분 박탈되었다. 단지 원로원 의원이 되기 위한 야심가들의 정치 경력으로 치부되었을 뿐이다.

몽테스키외는 "로마정부를 보면 진정 경이로움마저 느껴진다. 탄생 이래로 민중의 정신에 의해서든, 원로원의 힘에 의해서든, 아니면 정무관의 권한에 의해서든 간에 어떠한 권력 남용도 언제나 그 구성원에 의해 바로잡혔다"[3]라고 칭찬을 아끼지 않았는데 이것은 물론 공화정 시대에 한정된 이야기였다.

제정으로 전환하면서 로마의 자기 제어 메커니즘은 붕괴되었다. 호민관 제도의 유명무실화가 황제의 독재를 가져왔고 황제의 독재는 시민의 활력을 사라지게 하였을 뿐 아니라 귀족과 황실의 부패를 초래했다. 마키아벨리 역시 같은 맥락에서 로마가 파멸한 이유로 세습 황제의 폐해를 언급하면서 카이사르와 그 가문을 통째로 비판하고 있다.

로마제국에서 세습 황제들은 티투스를 제외하면 모두 사악하고 졸렬한 인물이었고, 양자로 들어가서 지위를 물려받은 황제들은 모두 훌륭했다. 로마제국은 황제의 지위가 세습된 뒤부터 파멸의 길을 걸었다. 율리우스 카이사르는 로마와 이탈리아와 온 세상에 대해 엄청난 피해를 입

힌 인물이다. 참된 영광과 명성을 얻고자 갈망하는 지도자라면 카이사르를 본받아서는 안 된다.[4]

독재는 부패를 낳는다

로마제국의 경우 율리우스 카이사르, 칼리굴라, 네로를 거쳐서 대가 끊어진 다음에도 국민들의 자유가 회복되기는커녕 보존되지도 못했다. 더구나 율리우스 카이사르 가문이 지배하는 동안에 로마는 점점 부패하기 시작했다. 부패는 잘못된 인사에서 비롯되는 경우가 많았다. 유능한 인재를 등용하려면 군주 혼자서 선택하기보다 민주적 절차로 선출하는 것이 훨씬 낫다. 군주는 부패하고 부적합 인물을 중요 직책에 앉히는 경우가 많기 때문이다. 국민들의 검증 절차를 밟게 되면 그런 경우가 훨씬 줄어든다.

마키아벨리는 공화정과 로마 제정을 비교하여 군주제의 폐해가 무엇인지를 다음과 같이 설파하고 있다. 국민이 선출한 통치 조직이 군주의 통치 조직보다 우수하다는 것이다.

국민의 목소리는 신의 목소리라는 격언이 있다. … 국민은 군주보다 한층 더 현명하고 일관성이 있으며 현명한 판단도 더욱 잘 한다. 유능한 관리를 선출하는 데 있어서도 국민이 군주보다 더 낫다. 군주는 부패하고 불명예스러운 인물을 중요한 직책에 앉히는 경우가 많지만 국민은 절대로 그런 짓을 하지 않는다. 국민들이 스스로 다스리는 나라에서는 군주가 다스리는 나라보다 훨씬 짧은 기간에 훨씬 더 많은 진보를 이룩했다. 따라서 국민이 선출한 통치 조직은 군주의 통치 조직보다 우수한

것이다.[5]

이는 공화정과 제정을 비교한 것으로 권력분립과 민주주의의 장점을 지적한 것이기도 하다. 결국 군주제는 인재 등용이나 특혜 부여 등 독재권을 행사하기 때문에 이를 견제하는 시스템이 있어야 그 폐해가 바로 잡힌다. 로마 공화정 시기에 기능했던 평민회나 호민관과 같은 시민의 견제력이 제정 이후 상실되거나 약화됨으로써 그러한 견제 장치가 없어진 셈이다. 당연히 무능한 정치와 부패가 만연하였고 시민의 불만을 무마하기 위해 군사력을 쓰기도 하고 흥행이나 검투 경기를 자주 열게 하기도 하였다.

결론적으로 공화정이 무너지고 제정으로 바뀌면서 로마의 '견제와 균형 시스템'이 무너졌고 이것이 국가를 쇠락의 길로 몰아가고 말았다.

14장 | 영국 의회 제도 성립과
권력 분립 시스템

견제와 균형 시스템의 발달과 관련하여 영국 의회 제도가 성립하는 과정을 살펴보는
것은 의미가 있다. 첫째, 근대 삼권분립 제도가 확립되기 전에 가장 먼저 의회 제도가
시작된 곳이 영국이었다. 둘째, 의회 제도의 발달 과정이 그리 순탄한 것만은 아니었
으며 매우 긴 시간 동안 왕권과 의회 권한 간의 권력투쟁을 통하여 얻은 값진 결실이
었다. 견제와 균형이라는 사회적 기술이 만들어지기까지의 과정에 긴 투쟁의 역사가
숨어있다.

대헌장 – 견제와 균형의 시작

의회 제도의 최초의 결실은 1215년 마그나 카르타, 즉 대헌장으로 나
타났다. 물론 대헌장에는 의회라는 말은 한마디도 나오지 않는다. 대
헌장은 이렇게 시작한다.

우리는 우리의 자유로운 의지로 대주교, 주교, 사제, 수도원장 및 이 왕

국의 제후들에게 다음과 같은 특권을 인정한다.

제후들과 종교지도자, 즉 귀족들이 당시 존 왕에 대하여 자신들의 자유와 재산 등에 관한 권한을 보장받는다는 내용이다. 권력분점의 시작이라고 할 수 있다. 대헌장 제30조는 "공직자들이 앞으로 자유민의 말과 마차를 그들의 동의 없이 강제로 빼앗을 수 없고, 사용하려면 돈을 지불해야 한다"라고 왕이 임명한 공직자들을 견제하고 있으며, 제12조에는 "일반 평의회의 승인 없이 군역 대납금과 공과금을 부과하지 못한다"라고 명시하여 조세부과에 대한 왕의 권한을 제한하였다.

제39조에는 "모든 자유민은 동등한 자격을 갖는 사람들의 법률적 판단이나 국법에 의하지 않고는 구속되거나 재산을 몰수당하지 않는다. 어느 자유민도 그 동료의 합법적 재판에 의하거나 국법에 의하지 않고는 체포, 감금, 압류, 법외방치되지 않으며 추방되거나 기타 방법으로 권리를 침해당하지 않는다. 짐도 그렇게 하도록 하지 않으며 그렇게 하도록 시키지도 않는다"라고 하여 자유민의 자유권 침해를 방지하는 매우 중요하고 의미 있는 권리규정도 포함하고 있다.

제40조는 모든 상인이 무사히 안전하게 영국에 들어오고 나갈 수 있으며 자유무역을 위한 입출국을 보장하고 있다.

전문과 63조로 구성된 대헌장은 봉건제후들과 종교계 지도자들의 특권을 확인하는 내용과 왕의 과세권 제한, 자유민 자유 보증, 대헌장 존중 등을 포함함으로써 왕권 견제와 귀족, 교회, 자유민의 권리를 확인하고 신장하였다.

대헌장은 존 왕과 귀족들 간에 템스 강변에 있는 러니미드^{Runny-}

mede에서 조인되었다. 대헌장이 왕과 제후들 간에 평화롭게 신사협정으로 체결되지 않았다는 점에 유의할 필요가 있다. 프랑스에 있는 옛 영토를 회복하기 위한 전쟁에서 패배하고 돌아온 존 왕을 상대로 귀족들이 런던 시내에서 한 달 이상 전투까지 벌이면서 교섭했다. 그 결과 마침내 왕이 굴복하여 서명을 하게 된 것이 마그나 카르타이다.

존 1세와 필리프 2세

봉건제하에서 왕권이 점차 확립되는 과정에 있던 12세기 프랑스 서부 지역은 영국의 플랜태저넷Plantagenet 왕조가 차지하고 있었고 나머지는 프랑스의 카페Capet 왕조가 지배하고 있었다. 그러던 중 두 왕조가 충돌하게 되었다. 영국 왕 존 1세가 프랑스 앙주 부근의 앙굴렘을 차지하기 위해 그곳의 상속녀 이사벨라와 결혼하였기 때문이다. 문제는 그녀의 원래 약혼자였던 드 뤼지냥de Lusignan에게 아무런 보상이 없었다는 데에서 터졌다.

드 뤼지냥이 즉각 필리프 2세에게 고소를 하였고 필리프 2세가 존 왕에게 출두명령을 내렸지만 존 왕은 이를 거부하였다. 존 왕이 오지 않자 필리프는 프랑스 내에 있는 존 왕의 영토인 앙주를 몰수한다고 선언해버렸다. 이에 존 왕이 조카인 독일의 황제 오토 4세와 연합하여 프랑스를 공격했으나 패배하고 말았다. 이로써 영국의 존 왕은 극히 일부 지역을 제외하고는 대륙에 있던 영국의 영토를 모두 잃게 되었다.

영국 귀족들은 영토 상실에 분노하였다. 평소 왕의 일관성 없는 통치로 자신들의 권리가 침해되는 것에 불만을 품고 있던 귀족들은 1215년 필리프 2세에 패하여 도망치듯 돌아온 존 왕을 무장봉기로 맞이하였다. 귀족들은 런던을 점령하였는데 런던의 부유한 상인과 시민들도 이에 호응하였다. 시내 전투가 계속되는 한 달 반 동안 협상한 끝에 존 왕은 할 수 없이 윈저 근처 러니미드에서 마그나 카르타를 승인하고 이에 서명하였다.

마그나 카르타의 성격에 대하여 유의할 점은 귀족들의 특권을 유지하기 위한 것이지 민주주의를 위한 것은 아니라는 견해도 만만치 않다는 사실이다. 물론 의회라는 말은 어디에도 없다. 그러나 이 협정이 영국 의회주의 발달의 초석이 된 것은 분명하다. 이후 존 왕은 대헌장이 협박에 의하여 작성되었기에 무효라고 선언하며 저항했지만 귀족들의 힘에 밀리면서 결국 최초의 의회가 탄생하게 된다.

최초의 의회-옥스포드 조례 통과, 소집권은 국왕에게

최초의 의회는 다음과 같은 과정에서 태어났다. 의회의 전신은 대헌장 당시만 해도 국왕 앞에서 성직자, 귀족들이 함께 모인 회의 형식으로 주로 국왕의 세금징수권에 대해서만 논의하고 필요시 제한을 가하는 정도였다.

그런데 1258년 존의 아들 헨리 3세가 아들에게 시칠리아 섬의 왕위를 선사하고자 전쟁을 일으켰다. 이때 전비 조달을 위해 귀족들에게 소득의 3분의 1을 군비로 납부할 것을 요구하자 귀족들은 분노하며 거세게 반발하였다. 일진일퇴를 거듭하던 중 15명의 귀족으로 구성된 회의기관이 성립하는데 이를 의회^{Parliament}라고 했다. 의회라는 표현이 처음 등장한 것이다. 이 회의에서 '국왕의 모든 결정은 반드시 의회의 승인을 얻어야 한다'라는 규정을 통과시켰다. 이를 옥스퍼드 조례라고 한다.

1265년에는 헨리 왕이 옥스포드 조례를 파기하고 내전을 일으키자 시몽 드 몽포르Simmon de Montfort가 헨리 3세를 포로로 붙잡아 섭정을 시작하였다. 그는 백작 5명과 남작 17명으로 구성된 대의회를 소집하여 대의정치를 시작하였다. 또한 귀족과 성직자 이외에 소수의 기사와 낮은 계급의 성직자 그리고 시민대표자도 대의회에 참여할 수 있게 하였다. 이렇게 하여 좀 더 모양새를 갖춘 의회가 시작되었다.

1295년에는 국왕 에드워드 1세는 기사와 시민대표도 국가업무를 함께 토론할 수 있도록 권리를 보장하였다. 이 시기 의회를 모범의회라고 부른다. 14세기 중엽에는 상원과 하원의 양원제가 성립하였다. 상원은 기존 귀족과 성직자 등으로 구성되었고, 하원에는 상대적으로 낮은 계급인 기사와 부유해진 시민들이 포함되었다.[1]

이후 300여 년 동안 국왕은 의회와 충돌을 거듭했지만 권력은 조금씩 견제 세력인 의회로 넘어갔다. 그러나 여전히 의회 소집권은 국왕이 가지고 있었으므로 국왕이 소집을 하지 않으면 의회는 열리지 못하였다.

권리청원에서 명예혁명까지

산업혁명의 원동력이 된 명예혁명은 왕권과 의회 간의 오랜 투쟁 끝에 이루어진 것이다. 제임스 2세와 의회의 대결 과정에서 제임스 2세의 딸 메리 스튜어트와 네덜란드의 빌렘 공이 합세한 의회연합이 승리함으로써 명예혁명이 성공하였다. 1600년대 숨 가쁘게 돌아간 영국의 정치 환경 속에서 획득한 값진 성과였다.

왕권을 강화시키려 한 제임스 2세. 제임스 2세는 의회의 권한을 축소시켜 절대왕권을 확립하려 했으나, 결국 실패하고 왕위에서 쫓겨났다.

당시 상황을 살펴보자. 1603년 미혼인 엘리자베스 여왕이 세상을 뜨자 튜더^{Tudor} 왕조^{1485~1603}가 단절되고 그 후계자로 스튜어트^{Stuart} 왕조의 가계인 스코틀랜드 왕 제임스 1세가 왕위를 이어받았다. 1625년에 다시 제임스 1세의 차남 찰스 1세가 즉위하였는데 그의 부인은 프랑스의 가톨릭 신자였던 마리아 왕비였다. 찰스 1세는 그의 심복 버킹검 공의 의견을 듣고 스페인, 프랑스와 전쟁을 하였으나 패배하였다. 전쟁으로 재정파탄에 이른 왕은 스페인 원정 후 의회를 소집하여 임시 증세를 요구하였다. 당시까지는 의회의 소집권이 왕에게 있었다. 그렇지 않아도 종교적 문제로 불만이 많았던 의회는 찰스 1세에 반기를 들고 버킹검 공에 대한 책임 추궁을 요구하였다. 그러자 찰스 1세는 오히려 의회를 해산하고 국왕의 대권^{Royal Prerogative}으로 강제 공채와 강제 헌금, 관세 인상을 실시하고 전시를 이유로 군인 병사들의 민가 강제 숙박을 허용하였으며 군사재판을 일반 국민에게도 강행하였다.

그러던 중 1628년 3월 의회가 재개되었는데, 국왕의 강제 공채 발행에 반기를 들어 투옥되었던 27명의 의원도 참여하였다. 이들은 국왕의 책임을 추궁하고 법안 대신 청원 형식으로 11개조의 권리청원을 제출하였다. 찰스 1세는 권리청원을 거부하려 하였으나 귀족들로 구성된 상원도 이 청원에 동의하는 움직임을 보이자 일단 승인하였다.

권리청원에는 '누구도 의회의 동의 없이 증여, 공채 발행, 헌금, 조세 등의 금전적 부담을 강요할 수 없고 그것을 거부했다고 하여 형벌을 받지 않는다' '자유인은 이유 없이 체포·투옥되지 않는다' 등의 조항이 포함되었다. 또 '군인과 병사의 민간 숙박을 강제시키지 않는다'

'국왕 대권은 의회법에 제약된다' '영국 국민은 부당한 권리침해로부터 보호되어야 한다'는 것을 명확히 밝히고 있다. 또한 왕위가 왕가에서 상속되는 것처럼 개인의 권리와 자유도 상속재산이라는 점이 명시되었다.

그런데 이 청원이 승인된 직후에 버킹검 공이 암살되자 찰스 1세는 1629년 국왕 대권을 들어 권리청원을 폐기하고 이에 항의하는 의회를 해산해버렸다.

국왕과 의회, 국민의 반목이 지속되는 가운데 1636년경부터 왕실의 부패를 폭로하는 비판서가 돌고 스코틀랜드에서 봉기가 있어났다. 소요가 심각해지자 1640년 11년 만에 의회가 열렸다. 우여곡절 끝에 의회는 1641년 5월 왕의 측근인 스트래퍼드 백작 처형안을 통과시킨다. 왕은 이를 거부하였지만 군중의 저항에 밀려 결국 이를 받아들인다. 동시에 또 다른 왕의 측근인 윌리엄 로드 대주교도 런던 탑에 갇히게 되었다.

이제 왕은 의회를 소집조차 하지 않았다. 그러자 의회가 왕의 소집명령을 더 이상 기다리지 않고 자체적으로 의회를 소집해 다음과 같은 결정을 내렸다.

첫째, 왕이 마음대로 의회를 해산할 수 없다.
둘째, 휴회기간 동안 세금 부과는 위법이다.

이에 대한 반격으로 왕은 의회소집 등 왕권에 도전한 급진적 의회파 5인에 대해 체포령을 내렸다. 급진파 의원들은 일단 몸을 피했다가 곧바로 군중에 에워싸여 다시 의회에 입성하였다. 오히려 왕이 요크로 도피하였다.

대립은 왕과 의회파의 내란으로 이어졌다. 최후의 결전은 네이즈비 Naseby 전투이었는데 여기에서 크롬웰이 이끄는 의회파가 승리한다. 찰스 1세는 체포되었으나 다시 석방되었고 이어 제2차 내전이 벌어졌지만 1646년 6월 크롬웰이 왕의 본진이있던 옥스퍼드를 공격함으로써 찰스 1세는 또다시 체포되고 만다. 이른바 청교도혁명이었다. 결국 찰스 1세는 1649년 단두대에서 처형된다.

그러나 크롬웰은 모순적인 독재자였다. 그는 1649년에서 1658년까지 호국경으로 독재정치를 하였다. 의회파를 대변하였던 크롬웰은 오히려 의회를 해산하고 대상인집단의 이익 보호에만 골몰했다. 결국 크롬웰 사후 왕정복고가 이루어지고, 찰스 2세가 즉위한다.

1685년에 즉위한 제임스 2세는 가톨릭 신자였고 왕비도 가톨릭이었다. 당시 영국은 성공회가 주류였기 때문에 종교 문제로 갈등이 생겨났다. 제임스 2세는 종교 문제로 토리당과 거리를 두었고 휘그당과 손을 잡았다. 1687년 제임스 2세는 '종교 자유 선언'을 공포하였다. 당시로서는 이러한 선언은 왕이라도 도발적인 것이었다. 중소 상공인을 포함하여 일반 시민의 불만이 고조되는 가운데 1688년 4월 제임스 2세는 재차 종교 자유 선언을 하고 매주 일요일 교회에서 선언문을 낭독하도록 지시하였다. 시민들은 대부분 이에 반대하였다.

드디어 왕에게 불만이 많았던 의회파가 네덜란드로 시집 간 제임스 2세의 딸 메리와 그의 남편 빌렘 공에게 연합을 요청하여 영국을 공격케 하였다. 제임스 2세는 싸움 한 번 제대로 하지 않고 도망쳤다가

체포되었고, 풀려난 이후에는 프랑스로 망명하였다. 이렇게 하여
명예혁명이 성공을 거둔다.

명예혁명 후 권력분립 – 왕권보다 의회권한 우선

1688년 명예혁명의 결과로 만들어진 권리장전은 의회 발전에 있어서

권리장전

명예혁명에 성공한 의회는 상인 수공업자와 지주의 권리를 옹호하는 권리장전Bill of Rights
을 채택한다. 정식 명칭은 "국민의 권리와 자유를 선언하고 또 왕위계승을 정하는 법률An
Act Declaring the Rights and Liberties of the Subject and Settling the Succession of the Crown"이다.

권리장전은 의회 및 국민이 향유할 수 있는 권리와 자유를 정한 법률로서, 왕도 법을 따라
야 하고 법률 적용을 자의적으로 할 수 없으며, 법원의 독립성을 보장하고, 국민이 예로부터
상속받아온 모든 권리를 확인하며, 마지막으로 국왕의 존재를 인정하고 국왕에 대한 충성을
서약한다는 형식을 취했다.

1. 인신의 자유에 관한 제 규정. 잔인하고 비상식적인 처벌"cruel and unusual" punishment
   을 금지한다.
2. 국왕도 의회가 만든 법을 따라야 한다. 의회의 동의 없이 법률의 적용면제나 집행정지
   를 금지한다.
3. 의회의 동의 없이 조세를 부과할 수 없다.
4. 의회 선거의 자유, 의회 내 발언의 자유 및 면책 특권 보장 및 의회에 의한 의회 소집권
   을 보장한다.
5. 국민의 청원권을 보장한다.
6. 법원의 독립성을 보장한다. 그리고 왕위계승자로 가톨릭 신자를 배제한다.

획기적 성과를 내었다. 의회가 왕권보다 우선한다는 원칙이 법률로 확정된 것이다. 독립된 권한을 가진 의회가 구성됨으로써 적어도 2권분립이 성사되었다. 왕이 재판에 임의로 관여하는 것을 제한해 사법권의 독립도 진전되었다. 또한 조세 및 무역에 대한 국왕의 독점권을 제한하였을 뿐만 아니라 사유재산권 제도를 확립해 세계 최초로 영국에서 산

또한 권리장전에서는 "국민이 참되고, 오래되고, 의심할 여지없는 권리"를 누리며 국민의 권리를 대변하는 기관은 의회라고 명확히 규정하고 있다. 그리고 "의회의 동의 없이 어떠한 법률도 제정하거나 폐지할 수 없으며, 세금을 거둘 수 없고 상비군을 둘 수도 없다"라고 명시하였다. 또한 오늘날에는 당연한 것이지만 당시로서는 내란까지 일어나게 할 만큼 중요하였던 것으로 "정기적으로 의회를 개최해야 한다"도 명시적으로 규정하였다.

권리장전은 피 한 방울 흘리지 않고 얻어낸 것이지만 역사상 중요한 의미를 가지는 것이었다. 권리장전이 권리청원과 다른 점은 왕도 법을 따라야 하는 강제집행이 보장되는 법률이라는 점이다. 대헌장 이래 지속적으로 개선되어온 국민의 권리와 자유를 더욱 신장하고 특히 사유재산권의 보장과 삼권분립 등을 법률로서 확인한 것은 역사상 큰 의미가 있는 제도 개혁이었다. 권리장전은 그 후 프랑스 인권선언, 미국의 권리장전, 캐나다의 자유와 권리헌장, 그리고 유엔의 인권선언, 유럽연합의 인권 협약 등에 영향을 미쳤다.

특히 영국의 경제활동 면에서 시장의 신뢰도를 높여 경제활동을 활발하게 하였을 뿐만 아니라 시중금리를 명예혁명 당시 14퍼센트 수준에서 1697년경에는 6~8퍼센트로 대폭 안정시켰다. 이것은 정부의 재정을 안정시키는 데도 기여하였다. 1694년에는 영란은행을 발족시켰다. 이를 통해 런던을 세계 금융시장으로 발돋움하게 하는 계기가 마련되었고 금융의 발달로 경제활동이 급성장하여 산업혁명의 원동력이 되었다.[2] 결국 산업혁명은 의회의 견제와 균형 장치로부터 시작되었고 의회를 장악한 상공인 세력이 재산권 제도를 왕권으로부터 독립시켜 개인의 것으로 확립함으로써 가능해진 것이다.

명예혁명으로 왕위에 오른 윌리엄 3세와 메리 2세. 영국은 피 한 방울 흘리지 않고 권리장전이라는 혁명적인 변화를 안착시켰다.

업혁명이 일어나도록 하는 토대를 만들었다.

명예혁명이 있은 지 약 40년이 지난 후 영국에 3년간1726~1728 체류하였던 볼테르가 체류 중 쓴 노트를 『볼테르의 편지』(국내에서는 『철학편지』로 출간됐다)라는 제목으로 출간한다. 이 책에서 "로마와 영국 사이에는 좀 더 본질적인 차이가 있는데…로마 내전의 열매는 노예화였지만, 영국 분쟁의 열매는 자유였다. 영국 국민은 왕권에 저항함으로써 왕권을 규제하기에 이르렀고, 노력에 노력을 거듭해서 마침내 이런 현명한 정부를 수립한 지구 상의 유일한 국민이 되었다"라고 시민의 자유와 권력분립의 정부를 찬양하고 있다.

> 상원과 하원이 국가의 결정자이며, 국왕은 최고 결정자이다. 이런 균형이 로마에는 없었다. 물론 그들(영국 국민)은 자유를 확립하기 위해 대가를 치렀다. 전제권력의 우상을 피의 바다에 쳐 넣어 죽게 했지만, 영국인들은 훌륭한 법을 갖기 위해 너무 비싼 값을 치렀다고 생각하지는 않는다.[3]

거의 같은 시기 몽테스키외도 영국의 입헌군주제를 높이 평가하였다. 영국의 정치가 발전한 이유는 입법과 행정, 사법의 세 가지 권력이 분리되어 서로를 견제하기 때문이라고 여겼다. 삼권분립은 이상적인 체제이며 영국은 엄밀히 말하면 삼권분립의 모델이 아니라 그 이상에 가장 가까운 나라라고 치켜세웠다.

그러나 여전히 제약은 있었다. 법관의 독립성과 정기적 의회 소집 등이 이루어졌으나 상하원 모두 귀족이 장악하고 있었고, 귀족들에 의

18세기 공장. 증기기관을 통해 대량생산이 가능해지면서 영국은 경제적 · 사회적으로 큰 변화를 겪게 된다.

해 재산을 가진 자만이 선거권을 갖는 선거권 재산자격제를 채택하고 있었기 때문이다.

선거제도 개혁 – 재산자격제 완화

산업혁명으로 상공업이 발달하고 신흥 자본가계급이 늘어남에 따라 시민계급의 목소리가 높아졌다. 1763년 4월에 런던의 거부 존 월크스John Wilkes는 부패한 의회 제도를 비판하는 글을 발표했고, 토마스 본은 『인권론』을 통해 불합리한 선거 제도의 개혁을 요구하였다. 1830년에는 은행가 토마스 애트우드Thomas Attwood가 버밍엄 정치동맹을 조

직하여 귀족들이 하원에서 특권을 누리며 공업과 상업 종사자들을 배제했다고 비판하기도 하였다.[4]

시민과 노동자도 보통선거권을 요구하기 시작하였다. 드디어 1832년에 상·하원에서 의회개혁안이 통과되면서 의회 제도 개혁이 이루어졌다.

개혁 내용의 핵심은 의석수와 선거구를 재조정하는 것이었다. 하원의 경우 군 의원 비중을 188명에서 253명으로 늘리고, 시대표의 비중은 465명에서 399명으로 줄였다. 일절 인구 미만 소도시의 선거구 56개를 폐기하고 신흥도시와 산업도시에 40개 의석을 배정하였다. 그리고 선거권 재산자격 제한을 조정하였다. 도시 유권자는 매년 집세를 10파운드 이상 내야 하고 시골 유권자는 최소 토지세 10파운드 이상을 내면 선거권을 가질 수 있었다. 이리하여 유권자수는 1831년 51만 명에서 81만 명으로 늘어났다. 거의 대부분의 중산계급이 유권자로 포함된 것이다. 산업혁명으로 부를 축적하기 시작한 신흥 중산층까지는 투표권을 갖게 되었으나 노동자, 소작인, 여성은 여전히 배제되고 있었다.

1867년 7월 영국 역사상 두 번째 의회개혁 방안이 통과되었다. 선거구가 좀 더 합리적으로 조정되었다. 46개 쇠락한 선거구를 철폐하여 46개 신흥도시 선거구로 대체하였다. 52개 빈 의석은 맨체스터 버밍엄 등 대도시와 랭커셔, 요크 등에 배정하였다. 재산자격 제한을 더욱 낮춰 소자산가와 고소득 노동자도 선거권을 갖도록 하였다. 도시에서 단독주택 소유한 자, 매년 집세 10파운드 이상 내는 세입자, 선거구 내 1년 이상 거주한 자에게 모두 선거권을 행사하도록 하였다. 각 군에서 매년 토지세를 12파운드 이상 내는 소작인과 매년 소득 5파운드 이상인 토지 소유자는 선거권을 보유하도록 하였다.

1884년 3차 의회개혁이 이루어졌고 1918년에 드디어 여성에게도 선거권이 주어졌다. 1928년에는 보통 선거권제가 도입되어 성인 전체로 선거권이 확대되었다.

영국의 의회 제도가 발달한 과정은 마그나 카르타 이후 700여 년에 걸쳐 왕권에 대한 도전 끝에 이루어진 것이다. 하루아침에 뚝딱 완성된 일이 아니고 그 과정이 선형으로, 즉 한 방향으로만 진행된 것도 아니다. 지그재그로 우여곡절을 겪으면서 권력구조면에서 견제와 균형을 이룩함으로써 시민의 자유를 확대해온 것이다. 그리고 사유재산 제도가 확립되었다. 그 결과 세계 최초로 산업혁명을 일으켜 유럽과 아메리카 그리고 전 세계로 이를 확산시켰다. 산업혁명 이후 불과 250년 만에 세계가 인류 역사상 최고의 경제성장과 최고의 인구 증대를 실현한 것은 이러한 견제와 균형 시스템인 의회 제도를 발전시킨 덕분이다.

왜 영국에서 산업혁명이 먼저 일어났나?

일반적으로 산업혁명은 (물리적) 기술의 발달로 촉발되었다고 알려져 있다. 그러나 여기에서는 산업혁명이 물리적 기술에 앞서 사회적 기술의 발달에서 비롯되었고 그것이 영국에서 먼저 일어났다는 사실을 설명하려고 한다.

산업혁명은 일반적으로 18세기 중반부터 19세기 초반까지 영국에서 시작된 기술의 혁신과 이로 인해 일어난 사회, 경제 등의 큰 변혁이라고 정의된다. 산업혁명이란 용어는 역사가 아놀드 토인비가 『18세기 영국 산업혁명 강의*Lectures on the Industrial Revolution of the Eighteenth Century in England*』에서 처음으로 사용했다. 모직물을 주로 사용하던 시기에 면직물 수요가 급격히 늘어나자 그 수요에 부응하여 대량생산을 가능하게 한 방적기가 발명되고,[5] 기계를 움직이게 하는 동력인 증기기관이 발명되었으며 나아가 소재로서 철강을 만드는 제철산업이 발전하였다. 이에 따라 공장제 제조업과 대량수송수단인 철도가 발전하였다. 이러한 과정에서 사회·경제적으로 봉건적 농업사회가 붕괴되고 오늘날과 같은 자유노동에 의한 산업사회가 출현한 것이다.

인류 역사상 신석기혁명과 농업혁명에 이어 세 번째의 획기적 혁명으로 평가되는 산업혁명을 통해 인류는 불과 수 세기 만에 엄청난 공업 생산력을 보유하게 되었고, 생산된 제품을 대량으로 소비하는 시대를 맞이하였다. 인구도 폭발적으로 늘어나게 되었다.

그런데 이러한 산업혁명이 왜 하필이면 영국에서 일어났을까? 중국도 아니고 유럽 대륙도 아니며 신대륙 미국도 아닌 영국에서 먼저 일어난 이유는 무엇인가? 그것은 사유재산권을 보호하는 사회적 기술이 영국에서 먼저 확립되었기 때문이며 이는 왕권에 대한 의회의 견제와 균형 시스템이라는 또 다른 사회적 기술에 의해 촉발되었다.

사유재산권 침해를 막은 명예혁명

산업혁명의 원인에 대한 많은 연구는 대체로 충분한 노동력과 자본의 축적 그리고 봉건사회가 일찍 붕괴되었다는 점 등을 지적하여 왔다. 그러나 그러한 일반적 요인들이 영국에서 최초로 산업혁명이 일어난 핵심적 이유는 아니다. 그렇다면 무엇이 영국에서 산업혁명을 일어나게 하였을까? 바로 사유재산 제도였다.

명예혁명으로 권리장전The Bill of Rights이 공표되자 의회의 권한이 강화되면서 과거에 자행되었던 국왕의 사유재산권 침해를 억제할 수 있었다. 조세부과권과 공직임면권을 의회의 동의 없이 행사할 수 없도록 하였다. 명예혁명을 통하여 의회가 왕권을 견제할 수 있었고, 왕의 지배하에 있던 재산권을 보다 확실하게 개인에게 돌려주었다. 즉, 사유재산권 제도를 확립함으로써 자본주의적 생산이 폭발적으로 일어났던 것이다.

사유재산뿐만 아니라 개인의 자유와 권리도 상속재산이라는 권리청원의 내용도 명예혁명으로 법적 구속력을 가지게 되었다. 이 결과 시민의 자유로운 경제활동이 대폭 확대되어 산업혁명이 급속히 확산된다. 이것은 개인의 자유와 재산권을 보호하는 법과 제도가 경제활동에 얼마나 중요한가를 보여준다. 왕권과 의회 간의 오랜 권력투쟁 끝에 왕이 재량에 따라 재산권을 행사하지 못하도록 제한하고 개인의 소유권을 법으로 보호하게 되었다.

노벨경제학상을 수상한 더글러스 노스Douglass North는 일찍이 영국에서 산업혁명이 먼저 일어난 이유가 명예혁명에 있다고 보고 1970년대부터 이에 관한 연구논문[6]을 발표한 바 있다. 그는 이 논문에서 의회의 견제와 균형 역할이 확립된 것이 산업혁명을 촉진시킨 원인이라고 분석한다. 의회가 개인의 재산권을 보호하자 이후에 영국의 산업이 발전하고, 개인의 창의력이 촉발되어 수많은 발명과 발견이 이루어졌으며, 이러한 사회적 기술이 영국에서 먼저 나타난 덕분에 영국에서 산업혁명이 역사상 최초로 일어났다는 것이다.

『왜 국가는 실패하는가*Why Nations Fail*』를 펴낸 대런 에이스모글루와 제임스 로빈슨도 왜 영국에서 먼저 산업혁명이 일어났는가라는 질문에 포용적 경제 제도를 가져온 명예혁명 때문이라고 다음과 같이 말하고 있다.

산업혁명이 유독 잉글랜드에서 싹이 터 가장 크게 발전할 수 있었던 것은 독보적이라 할 만큼 포용적인 경제제도 덕분이다. 포용적 경제제도는 명예혁명이 가져다준 포용적 정치제도의 기반 위에서 마련되었다. 명예혁명은 사유재산권을 합리적으로 강화하고, 금융시장을 개선했으며, 해외무역에서 정부가 허용한 독점을 와해시키고 산업 확장을 가로막는 진입 장벽을 제거해주었다. 경제적 필요성과 사회의 열망에 한층 더 민감한 개방적인 정치체제를 만들어준 것도 명예혁명이었다.[7]

핵심은 역시 사유재산권을 확립시키고, 왕의 독점이었던 해외무역권을 일반인에게 개방한 점이다. 모두 의회권 강화로 견제와 균형이 이루어졌기 때문에 가능한 일이었다.

영국에서 기술과 아이디어를 개발할 기회와 인센티브를 제공하는 데 명예혁명의 역할은 결정적이었다. 바꾸어 말하면 명예혁명이 없었더라면 비록 다른 조건들이 맞았다 하더라도 영국에서 산업혁명의 기초가 된 발명과 발견이 그렇게 빨리 이루어지기 어려웠을 것이다.

산업혁명이 영국에서 먼저 일어난 또다른 요인으로는 영국적인 협력 방식을 들 수 있다. 최초의 운하가 물방앗간 목수 브린들리James Brindley와 브리지워터Bridgewater 공작의 합작이었던 것에서 알 수 있듯이 계급을 떠나 기업인, 과학자, 실용공학자들의 격의 없는 협력이 있었다. 둘째로 무제한 이윤추구를 보장한 점과 셋째로 이윤에 대해 과세하지 않은 점을 들 수 있다. 넷째로 발명에 대한 인센티브 제도인 특허법이 일찍 제정된 점도 중요하다. 특허법은 발명자를 보호하고 발명자에게 이윤배분이 돌아가도록 하였다. 다섯째, 환어음 보호법률이 제정되어 외국무역을 활성화시켰다. 여섯째, 주식회사 제도가 도입되었다. 이러한 것들은 사유재산권 제도와 마찬가지로 대부분이 사회적 기술로서 사회와 경제의 발전을 촉진하는 데 기여한 제도적 요인들이다.

15장 | 몽테스키외의 삼권분립과 미국 헌법

지식에는 인간과 사회의 경험이 축적된 지혜가 포함되며, 역사학자와 사회과학자들은 이를 해석하거나 재해석한다. 가령 삼권분립이나 삼권분립이 보장하는 견제와 균형의 '발명'은 지난 수 세기의 혁신 가운데 가장 창의적이면서 영향력이 있는 혁신에 속할 것이다. 기타 여러 가지 제도의 혁신은 시행착오를 통해 다듬어졌으며, 경제사회 목표를 효율적이고 공정하게 달성하는 데 도움이 되어 왔다.

– 세계은행 2008년 성장보고서

권력분립론으로 사회적 기술혁명 일으키다

한 사람의 사상가가 역사 발전에 끼친 영향이 몽테스키외만큼 대단한 경우도 드물다. 우리는 18세기 프랑스 계몽사상가 중에서 삼권분립^{tri-partite system}을 주장한 사람으로 몽테스키외를 기억하고 있다. 볼테르나 루소 등과 더불어 그를 훌륭한 계몽사상가 중의 한 사람 정도로 알고 있을 수도 있다. 그러나 후대에 미친 영향을 평가해보면, 정치, 경제,

사회 등 여러 분야에서 근대를 만들고 역사를 발전시키는 데 그만큼 확실하게 공헌한 학자는 그리 많지 않다.

몽테스키외는 영국에서 명예혁명이 일어난 다음 해인 1689년에 태어나서 1755년에 세상을 떠났다. 그가 살던 시대는 정부 형태가 급변하는 시대였다. 영국에서 명예혁명이 일어나 권리장전이 발표되었고 입헌군주제가 성립하

몽테스키외 초상. 그가 주창한 삼권분립의 개념은 오늘날까지 민주주의의 핵심 요소로 작동하고 있다.

였다. 스코틀랜드가 영국에 통합되어 대영제국Great Britain, 1707년이 성립하였다. 프랑스는 1715년에 태양왕 루이 14세가 죽고 다섯 살의 루이 15세가 즉위하였다.

앞에서 본 바와 같이 그는 로마의 흥망을 연구하였다. 로마가 공화정 시대를 지나 황제가 지배하는 제정 로마로 전환하면서 권력분립에 의한 견제와 균형 시스템이 무너져 쇠퇴하기 시작했다고 주장하였다. 또한 명예혁명 이후 권리장전의 열기가 한껏 피어오르는 시기에 영국을 방문한 몽테스키외는 당시 영국의 입헌군주제를 높이 평가하였다. 명예혁명 이후 정부의 재정권 행사, 조세권 행사, 사적 재산권 보호 등 여러 면에서 의회 권한이 신장되고 왕의 재판 간여 금지, 법관 임면권의 의회 이양 등 사법권이 독립되는 권력분립의 과정을 생생하게 보았기 때문이다.

그가 주장한 삼권분립은 근대 국가가 형성되어 오늘에 이르기까지 거의 모든 나라에서 필수불가결한 제도로 받아들이고 있다. 18세기 미국 헌법이 몽테스키외의 삼권분립 정신을 기초로 만들어졌고 20세기와 21세기에 들어와서 거의 모든 나라가 이 정신에 입각하여 정부를 구성하고 있다.

특히 미국에서는 당시 몽테스키외의 『법의 정신 *The Spirit of the Laws*』이 성경 다음으로 많이 읽힌 책으로 유명하다. 그의 이론은 미국 헌법 초안을 만들어 미국 헌법의 아버지라고 일컬어지는 버지니아 주의 제임스 매디슨 James Madison에게도 큰 영향을 미쳤다. 매디슨은 "정부는 누구도 서로를 두려워할 필요가 없도록 조직되어야 한다"[1]는 몽테스키외의 철학에 영향을 크게 받았다. 그래서 새로 수립하는 미합중국 정부의 구조를 권력분립이 확실한 형태로 만들었다.

정치권력에만 권력분립이 필요한 것은 아니다. 오늘날 경제권력에서도 마찬가지로 권력분립이 필요하다. 주식회사가 중심인 현대 기업의 지배구조도 권력분립의 정신, 견제와 균형 원리를 도입하고 있다.

『법의 정신』의 3대 핵심

몽테스키외는 세 가지 유명한 저서를 남겼다. 1721년에 『페르시아인의 편지 *Persian Letter*』, 1734년에 『로마의 성공, 로마제국의 실패』, 그리고 1748년에 『법의 정신』을 썼다.

『페르시아인의 편지』는 풍자소설이다. 프랑스와 유럽을 방문한 페르시아인의 눈으로 당시 프랑스 사회를 신랄하게 비판하고 있다. 로마의 흥망에 관한 저서는 로마가 공화정 시기에는 번영을 하다가 제정으로 들어서면서 쇠망의 길로 들어서는 이유를 견제와 균형 시스템의 붕괴에서 찾았다. 시민의 견제와 계급 간의 균형이 깨지고 황제들의 독재적 통치가 로마를 멸망으로 이끌었다는 주장이다. 이는 그의 다음 저서인 『법의 정신』에도 핵심 주제로 이어진다. 법의 정신에서 권력분립이 된 나라가 번영하고, 권력이 분립되지 않으면 사회 구성원들의 정치적 자유political liberty가 보호되지 못하여 사회가 몰락한다는 주장을 펴고 있다. 이 역시 견제와 균형 시스템의 구축 여부가 번영을 가르는 기준임을 말하고 있다. 연구와 집필에 21년이나 걸렸다는 『법의 정신』의 핵심 내용은 다음 세 가지이다.

첫째, 사회 구성원의 행동을 지탱해주는 모든 원리principles는 도덕virtue, 명예honor, 공포fear의 세 가지가 있다. 그는 정부 형태를 세 개로 분류하여 이 행동 원리와 연결지었다. 공화정republic, 군주정monarchical, 전제정despotic이 그것이다. 공화주의적 정부 시스템은 시민의 영향력의 확산 정도에 따라 시민 영향력이 큰 경우를 민주 공화정, 일부 귀족에게만 열린 경우를 귀족 공화정으로 나누었다. 군주정과 전제정의 차이는 통치자의 권력을 제한할 수 있는 확실한 법이 존재하는가 여부에 달려 있다. 그러한 종류의 법들이 존재한다면 군주제, 없다면 전제정으로 보았다.

공화국은 선출된 지도자들에 의해 통치된다. 그 지배 원리는 도덕이다. 군주제는 왕이나 황제에 의해 통치되는데, 그것을 지탱하는 원리는 명예이다. 그리고 독재자에 의해 지배되는 노예제적 정부, 즉 전제주의 정부는 공포의 원리에 의해 통치된다. 여기서 도덕은 사적이익에 앞서 공동체 이익을 내세우려는 의지이며, 명예란 더 높은 계급과 특권을 얻기 위한 욕망이다. 이들 중 어느 정치적 시스템이라 해도 만약 그에 적절한 원리가 부족하면 오래 지탱하지 못한다. 몽테스키외는 올리버 크롬웰의 독재를 예로 들었다. 잉글랜드 공화국이 실패로 끝난 것은 이에 필요한 도덕의 원리가 부족하였기 때문이라는 것이다.

둘째, 핵심 주제는 자유와 권력분립이다. 몽테스키외가 말하는 자유는 주로 정치적 자유political liberty를 의미한다. 오늘날의 개인적 안전personal security이라는 개념과 유사하다. 그는 정치적 자유가 법 시스템에 의해 보장되어야 한다고 주장한다. 이 자유는 전제정에서는 불가능하고 군주제와 공화정에서는 가능하나 보장되지는 않는다. 그것이 보장되려면 정부의 권력분립이 이루어져야 한다. 그리고 민법과 형법의 적절한 틀이 마련되어야 한다. 결국 사회적 기술로서 권력분립은 자유를 위한 것이었다. 자유는 인류가 지향하는 기본적 가치 중의 하나이다. 그러므로 권력분립은 자유 확대를 통해 역사 발전에 기여한다.

몽테스키외의 삼권분립론은 로마 공화정의 법률과 영국의 법률 시스템에 기초를 두고 있다. 그는 모든 권력이 왕이나 군주의 한 사람에 집중되는 것을 우려했다.

정부의 권력은 최고의 주권, 즉 통치권sovereign과 행정권administrative의 두 가지인데 행정권은 집행부executive, 입법부legislative, 사법부judicial로 나뉘어야 하고 이들은 서로 독립적이어야 한다. 그렇게 함으로써 삼권이 서로의 권한을 침해하지 않도록 하여야 한다는 것이 삼권분립의 핵심이다. 행정부가 개인의 자유를 제한하려 할 때 구속적부심과 같이 사법부의 승인을 받게 하는 제도가 그 예이다. 특히 법원은 매우 중요한 권력 기관이므로 독립적이어야 하고 누구에게도 간섭을 받지 않아야 한다고 하였다. 개인의 자유가 안전하게 보장되려면 누구의 간섭도 없는 절차의 정당성 due process이 철저하게 보장된 공정한 재판이 이루어져야 하고 형벌을 가할 때에도 비례의 원칙이 적용되어야 한다.

셋째, 사람들의 정신을 낳는 문화는 지리, 기후 등 환경에 영향을 받는다.

사람들의 정신이 정치 사회적 제도를 만들기 때문에 정치 제도도 각 공동체의 사회적, 지리적 특성을 반영해서 만들어져야 한다는 내용이다. 이 부분은 첫째, 둘째에 비해 덜 주목받고 있으나 정치학, 사회

금서가 된 『법의 정신』

『법의 정신』은 1750년에 영어판이 나왔다. 그 영향은 혁명적이었다. 영국, 미국 등 영어권에서 베스트셀러가 되었는데, 가톨릭 교회에서는 1751년에 이를 금서목록에 포함시켰다. 삼권분립의 원리는 영국과 미국에서는 이미 실현하고 있거나 독립국 헌법의 기본 정신으로 받아들이게 되었지만 당시 프랑스의 중세적 왕조 체제에서 보면 매우 급진적이고 위험한 이론이었다. 중세적 사회 신분구조를 무너뜨리는 혁명적 사상이었기 때문이다. 성직자, 귀족 그리고 시민의 세 가지 신분으로 구성되는 삼부회의의 권위를 완전히 무시하는 전혀 새로운 주장이었고, 교회의 지배구조에도 배치되었으므로 절대주의 왕조는 물론 로마 교황청으로부터 비판을 받았다.

그러나 영어권에서는 그 영향력이 매우 컸다. 책에서는 거의 4개 장에 걸쳐 영국을 모델로 분석하고 있다. 영국의 현존 자유가 명예혁명 이후에 군주, 의회, 법원으로 잘 분리된 권력분립의 산물이라는 그의 주장이 대환영을 받는다. 그의 저서가 베스트셀러가 된 미국에서는 독립 후 만들어진 합중국 헌법에 삼권분립 정신을 철저히 반영하였다.

약 180년 후 영국의 경제학자 케인스Maynard Keynes는 몽테스키외를 프랑스의 애덤 스미스라고까지 치켜세웠다.

학, 인류학 등에 직·간접으로 영향을 미치고 있다.

요컨대 몽테스키외는 그의 명저 『법의 정신』을 통하여 시민의 정치적 자유를 강조하면서 권력분립이 이루어진 법 시스템하에서 가능하고 군주정과 공화국에서 성취될 수 있다고 보았다. 그래서 정부의 헌법 시스템과 권력분립, 노예제 종식, 시민의 자유와 법의 보존을 적극 옹호하고 있다. 몽테스키외의 주장은 이후 미국 헌법을 만드는 데 중요한 사상적, 이론적 기반이 되었다.

견제와 균형 원칙을 세계 최초로 헌법에 도입하다

미국 헌법의 기본정신이 견제와 균형이라는 것을 보여주는 확실한 근거는 다음과 같다.

첫째, 연방정부와 주정부 간의 권한과 의무를 명확히 구분하여 상호 견제와 균형의 정신을 도입하였다. 이는 헌법 제6조에 명확히 나타나 있다.

헌법에 의거하여 제정된 미합중국의 법률 그리고 미합중국의 권한에 의해 체결되는 모든 조약은 이 국가의 최고법이며 모든 주의 법관은 주의 헌법이나 법률 중에 이에 배치되는 규정이 있을지라도 이의 구속을 받는다.

이 조항은 주정부의 입법 행정권에 대한 연방정부의 견제와 균형을 명시하였다. 연방정부는 법을 제정하고 집행하며 필요시 공권력(군대, 경찰, 감옥 등)으로 이를 강제할 수 있는 제도적 장치를 마련하였다.

주 의회 의원이나 행정 관리들은 이 헌법을 준수할 의무가 있다는 것을 확실히 했다.

주정부의 권한도 명시되었다. 헌법에 명시적으로 연방정부에 부여되지 않은 권한, 명시적으로 주정부에 대하여 금지하지 않은 권한은 전적으로 주정부의 권한에 속하도록 하였다. 이에 따라 주정부는 운영, 기업 설립 허가, 종교와 교육 문제, 국민의 건강·안전·복지에 관한 문제 등에서 완전히 독립적 권한을 가지며 조세권도 위임받았다. 연방정부와 주정부는 각자 주어진 권한과 의무에 따라 행동하되 긴밀한 협조와 견제를 할 수 있는 장치가 마련되었다.

둘째, 하원과 상원의 양원제를 도입하여 국민의 직접 정치 참여와 다수와 소수의 견제와 균형을 이루도록 하였다. 묘책이었다. 하원은 인구수의 비례로 선출하게 되므로 다수 국민이 살고 있는 주에서 더 많은 의원이 배출된다. 자칫하면 소수 주민이 살고 있는 주의 대표성이 소수의견으로 무시될 수도 있다. 이를 방지하기 위하여 주 인구 규모의 다소를 불문하고 각 주에서 동일 수의 상원의원을 보낼 수 있도록 하였다. 이를 통해 소수인구를 가진 주의 의견을 대변할 수 있도록 하였다. 또한 상원은 부유층 귀족을 대변하는 역할도 함으로써 다수와 소수 일반 국민과 귀족 간의 견제와 균형의 묘를 발휘한 것이다.

셋째, 소위 삼권분립을 헌법에 명시함으로써 입법부, 행정부, 사법부의 상호 견제를 확실히 하였다. 입법부의 독재 가능성을 우려하여 대통령에게 연방대법원 판사 지명권과 의회가 만든 법에 대하여 거부권을 행사할 수 있는 권한을 부여했다. 연방대법원은 일반적 사법권뿐만 아니라 위헌 심사권을 보유했다. 이는 삼권분립의 정신을 신생독립국인 미국에서 세계 최초로 도입한 헌법에 구체화시킨 것이다.

견제와 균형을 구체적으로 반영한 미국 헌법은 인류의 근대사에서 빠질 수 없는 위대한 발명품이다. 그 후 세계 거의 모든 나라에서 견제와 균형 원칙을 근간으로 하는 헌법을 제정 운용하고 있는데 미국 헌법에서 이 모든 요소의 뿌리를 찾을 수 있다.

미국 헌법이 제정되기까지

미국은 수년 간 영국과 독립전쟁을 치르며 수많은 인명을 잃고 재산을 쏟아붓는 고통을 겪은 후에 독립을 쟁취하였다. 독립을 위해 만들어진 미국 헌법도 결코 쉽지 않은 과정을 거쳐 만들어졌다. 각 주 대표들로 구성된 헌법 제정위원회는 주마다 의견이 다르고 개인마다 의견이 달랐다. 이를 통일된 하나의 헌법으로 만들어낸 역사적 산실은 연방헌법위원회이었다.

첫 회의는 워싱턴을 의장으로 하여 1787년 5월 28일 필라델피아에서 열렸다. 처음에는 '현 정부의 위기에 대처하고 연방을 지키기 위하여 연방규약을 개정'하기 위한 13개 연방의 회의였다. 그러나 논의 끝에 헌법을 제정하는 회의로 합의하여 연방헌법위원회가 되었다. 여기에 참여한 사람들은 13개 주의 대표들로서 조지 워싱턴, 제임스 매디슨, 알렉산더 해밀턴 등이었고, 존 애덤스와 제퍼슨은 영국, 프랑스로 외국 대사로 나가 있어서 불참하였다. 새 헌법의 초안은 제임스 매디슨에게 맡겨졌다. 매디슨이 미리 준비하고 있던 초안의 골자는 다음과 같았다.[2]

1. 국가의 최고주권은 국민과 이를 대표하는 연방의회에 속한다.

2. 행정부와 사법부를 두되 중요 관료와 판사는 의회가 임명한다.

3. 연방의회는 양원제로 한다.

4. 하원의원은 국민의 직접선거로 선출하고 상원의원은 하원에서 선출
   한다.

5. 각주가 연방의회에 보낼 의원 수는 각주의 자유민 수에 비례한다.

이 초안을 보면 삼권분립의 견제와 균형 원칙이 선명하다. 아마도

미국 헌법의 견제와 균형의 예시

미국 헌법에 명시된 입법부, 행정부, 사법부가 나누어 갖게 된 권력들을 예시해보면 다음과
같다.

〈입법부〉

- 각종 법안 통과권 즉 조세와 정부 지출권, 주 간의 상업 규제, 연방 예산 통제, 연방정부
  의 신용으로 차입할 권한 등(대통령의 거부권이 있다)
- 전쟁 선포권, 군대를 일으키고 지원하고 규제할 권한
- 해외업무, 조사업무, 정부와 그 관료에 대한 규칙 제정
- 연방 사법부의 재판 관할권과 구성을 법으로 제정하는 권한
- 대통령이 사인한 조약 비준, 연방법원과 연방정부 관료 임명에 대한 조언과 동의
- 탄핵소추권, 탄핵재판 등

〈행정부〉

- 국군 통수권

몽테스키외 등 유럽의 계몽사상가들이 이미 삼권분립의 견제와 균형 원칙을 주장하고 나선 지 몇 십년이 지난 시점이었기 때문에 이를 적극 반영한 것으로 보인다. 그러나 이 안을 논의하는 과정은 그리 순탄치 만은 않았다. 13개 연방들의 인구수 등 규모의 차이가 있었기 때문에 이 초안에 따라 인구비례로 하원의원을 선출한다면 큰 주가 유리하고 작은 주의 의견은 소수의견으로 묻혀버릴 수 있기 때문이다.

큰 주와 작은 주 간의 이해 상충으로 인한 대립이 극심하였는데 대소 연방 간의 견제와 균형의 문제였다. 이러한 대소 연방 간의 견제와

- 의회의 명령의 집행
- 법안 거부권
- 정부지출 집행
- 비상사태 선포 및 규칙 공표 및 시행명령
- 행정협정 맺고 조약 서명(국회인준 필요)
- 사법부 및 연방정부 부서의 인사권, 상원의 동의를 얻어 임명하는 다른 자리의 임명권
- 사면권

〈사법부〉
- 법 적용 판단
- 헌법 재판
- 죄수의 석방에 관한 법적용
- 증언 및 증거에 관한 법적용
- 법해석 문제에 관한 사항 등

균형 문제는 노예제 철폐를 놓고 다툰 남북전쟁까지도 정치 이슈로 계속 이어진다.

논의 과정이 얼마나 힘들었으면 회의 내용 누설 금지 등 회의 운영에 대한 세 가지 규칙을 만들어 공표할 정도였다. 조지 워싱턴을 의장으로 하고, 회의 내용을 밖에 누설하지 않으며 회의 기록은 조지 워싱턴이 보관하되 새로운 연방정부가 형성되면 국회가 보관한다는 내용이었다.[3]

회의는 116일 동안 계속되었다. 북부 상공업자의 이익이냐 남부 농장주의 이익이냐에서부터 입헌군주제냐 공화제냐, 대소 연방 간의 균형을 어떻게 할 것인가, 국회는 상하원으로 할 것이냐 등 기본적이고 이해대립이 큰 굵직한 내용들이 모두 포함되었다. 북부는 자신들의 상공업 이익을 보호해줄 강력한 중앙정부를 바란 반면 남부의 농장주들은 중앙정부가 자신들의 권리를 침해할 수도 있다는 우려를 가지고 있었다. 뉴욕 대표였던 해밀턴은 연방주의를 주장하며 입헌군주제를 요구하기도 하였다.

가장 대립이 심하였던 상하 양원제는 코네티컷 대표단이 제시한 타협안대로 '하원은 인구수에 비례토록 하고, 상원은 각 주 동수'로 하기로 타협하였다. 대통령의 권한에 대하여 그 지위를 독립시키되 의회가 강력한 견제 권한을 갖도록 직선 아닌 선거인단에 의한 간선으로 뽑기로 하였다.

1788년 미합중국 헌법 발효

7월 12일 상하원제로 하고 하원의원 수는 지역인구비례로 상원 수는 크기에 관계없이 각 주 동수로 한다는 내용 등의 1차 합의를 도출하고 9월 17일에 드디어 39명이 서명한 헌법 최종안을 완성하였다.

마지막으로 13개 주의 승인을 얻는 과정이 남아 있었다. 위원회는 휴회를 선언하고 각 연방의 동의를 얻는 절차에 들어갔다. 순탄치는 않았지만 10개월 만에 모든 주의 동의를 얻는 데 성공하였다. 1788년 7월 2일 미합중국 헌법은 정식으로 발효되었다. 이듬해인 1789년 4월 6일 초대 대통령을 뽑는 선거를 치르고 조지 워싱턴을 초대 대통령으로 선출하였다. 미국이 독립전쟁에서 승리한 후 13년 만의 일이다.

16장 │ 기업지배구조의 진화

정치권력에서 권력분립이 이루어질 때 나라의 번영과 성장이 오래 지속될 수 있는 것처럼, 경제권력의 중심인 기업 제도에도 권력분립이라 할 수 있는 기업지배구조 Corporate Governance가 잘 편성되어 작동할 때 기업의 성장과 발전이 지속될 수 있다. 이런 의미에서 기업의 견제와 균형 시스템이라 할 수 있는 기업지배구조가 제대로 구축되어 있느냐는 중요하다.

소유와 경영의 분리로부터 지배구조 문제 발생

기업을 구성하고 있는 주주, 경영자, 이해관계자들의 역할과 책임을 정하고 상호 규율하는 시스템이 기업지배구조이기 때문에 이는 기업의 생산 활동을 활성화하는 중요한 사회적 기술이다. 기업지배구조는 견제와 균형 원리를 기업 제도에 도입한 것으로 19세기 중반 대기업이 등장하여 경제권력의 중심으로 자리잡게 되면서 점차 중요한 이슈로 떠올랐다.

이 제도는 기업의 경영과 소유가 분리되는 대기업이 일반화된 20세기 초반 급속히 논의되기 시작했고 오늘날에는 주요 선진국은 물론 개도국을 포함한 모든 국가에서 기업 활동과 관련한 중요 사회적 기술로 자리 잡고 있다. 이제는 경제개발협력기구OECD와 같은 국제기구에서까지 기업지배구조에 대한 가이드라인을 연구하여 공표하는 등 이미 글로벌 이슈가 되었다.

기업지배구조가 미비하거나 취약한 경우 기업의 도산은 물론 관련 국들의 경제위기를 몰고 와 성장둔화와 더불어 많은 사람들의 경제적 자유를 제약할 수 있다. 1998년 아시아 금융위기나 서브프라임 모기지 파동으로 일어난 2008년의 금융위기[1]는 금융 감독 체제의 부실과 금융기관의 도덕적 해이를 불러온 기업지배구조의 부실 때문에 발생한 것으로 볼 수 있다.

위기가 있을 때마다 기업지배구조의 허점을 보완하기 위해 새로운 입법과 각종 규율이 만들어지곤 한다. 2002년 엔론 사태 이후 상장회사 회계 개선과 투자자 보호법인 사베인스–옥슬리 법Sarbanes-Oxley Act(2002년 7월 30일 발효)이 등장하였고, 2008년 금융위기 이후에는 부패한 경영자들에 대한 처벌 강화와 더불어 투자은행에 대한 금융 규제 강화 방안이 여러 가지로 논의되어 점점 더 강력하고 정교한 기업지배구조를 요구하게 되었다.

이렇게 기업지배구조는 경제권력으로 등장한 현대 기업들로 하여금 견제와 균형 시스템을 구축하여 건실하고 공정한 경영을 하도록 하는 사회적 기술이다.

기업은 생산단위이다. 기업 제도는 인류가 만들어낸 탁월한 작품

중 하나로서 생산 활동을 담당하고 있다. 노벨 경제학상 수상자인 로널드 코스는 기업 제도를 거래비용을 절약하기 위해 시장에서 떨어져 나온 대체재로 설명한다. 기업이 시장보다 거래비용을 낮출 수 있기 때문에 시장대신 따로 조직된 생산단위라는 것이다. 기업은 투자자에게서 자금을 모집하여 이를 가지고 생산조직을 만들고 제품을 생산, 판매하며 이윤을 획득하는 제도이다.

여기에서 문제가 되는 것은 투자자인 주주와 실제로 기업을 경영하는 경영자가 다를 경우 발생하는 주인과 대리인 문제agency problem를 어떻게 해결하느냐이다. 주인인 주주는 한 가지 고안을 해냈다. 기업이익보다 사적이익을 위해 행동하는 경영인의 부도덕한 행위, 즉 도덕적 해이를 방지하기 위하여 주주는 이사회를 만들고 자신의 대표를 거기에 보내 정기적으로 기업경영에 대한 보고를 받고 중요한 의사결정에 참여하도록 한 것이다. 이것이 이사회를 통한 규율 방식으로 가장 일반적인 기업지배구조 형태이다.

이러한 이론을 발전시킨 선구적인 학자가 1930년대 벌Berle과 민스Means이다. 그들이 제기한 문제가 바로 소유와 지배가 분리된 기업에서 대리인 문제를 어떻게 해결할 것인가였다.

그들은 미국 기업에서 나타난 새로운 변화,[2] 즉 국가의 경제적 부의 상당 부분이 대기업에 의해 운영되며 기업 또한 다수의 분산된 주주들이 아니라 소수의 경영진에 의해 지배된다는 사실에 주목하였다.

그들은 조사를 통하여 미국 산업의 압도적 부분이 200대 기업에 의해 지배되고 있음을 밝혀냈다. 이는 대기업들이 경제 발전 혹은 사회 발전에 있어서 키를 쥐고 있을 만큼 중요하게 되었다는 뜻이다. 과거 소유와 경영이 분리되지 않은 중소기업들이 중심이었던 애덤 스미스 시대와는 달리 이제는 소유와 지배ownership vs control[3]가 분리된 대기업들에게로 경제권력이 이동되었다. 이러한 변화는 곧바로 투자자가 자신의 투자에 대한 과실을 어떻게 안전하게 되돌려 받을 수 있는가 혹은 안심하고 투자할 방도는 무엇인가 등에 관심을 집중하게 만들었다. 이것이 해결되어야 투자를 계속할 수 있고 국가 경제의 안정적 성장도 기대할 수 있기 때문이다.

기업지배구조에 대한 연구는 소유와 지배가 분리된 기업에서 자금을 투자한 주주가 자신의 재산을 보호하고 기업 활동으로 발생한 이익을 안전하게 회수할 수 있는 방안들을 다룬다. 경영자의 사적이익 추구, 횡령 등을 방지하는 수단들을 모색하는 것이라고도 할 수 있다. 기업경영 상에 주주이익을 위해 주주가 경영자를 견제함으로써 소유와 경영이 균형을 이루도록 돕는다. 이와 관련하여 벌과 민스는 이미 90여 년 전에 "우리가 정치적 사안에서 정부의 절대주의 원리와 끝까지 싸웠던 것처럼, 이제는 우리의 재산과 관련된 사안에 있어서 기업 경영진들과 집사들에 의해 자행되는 절대주의 원리와 싸워야 한다"[4]라고 경영진들의 전횡에 대한 감시와 투쟁을 강조한 바 있다.

OECD 기업지배구조 가이드라인

경영자의 도덕적 해이를 규율하는 방안은 내부적으로 통제하는 방법과 외부적으로 통제하는 방법이 있다. 내부적 통제는 주로 주주들의 견제 방안이라 할 수 있으며 외부적 통제에는 외부의 경영개입, 기업사냥꾼들에 의한 적대적 기업매수 등이 포함된다.

내부 통제 방법internal control mechanism은 제도적 기구에 의한 직접적 통제, 즉 이사회, 감사회, 사외이사, 주주총회, 주주대표소송제, 집단소송제 등과 보수계약 및 선발 제도에 의한 간접 통제, 즉 스톡옵션, 최고경영자로의 승진인센티브 등을 들 수 있다.

외부 통제 방법external control mechanism은 적대적 기업매수takeover, 채권자나 대주주에 의한 경영자 파면, 경영개입, 차입에 의한 기업매수LBO, 부채를 통한 규율 등을 들 수 있다. 외부 통제는 최근 일어나고 있는 매우 중요한 변화이다. 80년대 적대적 기업인수에 이어 90년대 이후에 차입매수LBO를 포함한 사모자금에 의한 기업매수가 급증하고

기업지배구조 원리

기업지배구조의 원리는 1990년대 이후 중요한 문서들을 통하여 나타나고 있다. 1992년 영국의 캐드베리 보고서Cadbury Report, 1998년과 2004년 두 차례에 걸쳐 발표한 OECD에 의한 기업지배구조 가이드라인, 미국이 경제위기 이후 2002년에 입법한 사베인스-옥슬리 법안 등이 대표적이다. 이 중에서 OECD가 권장하고 있는 기업지배구조의 원리를 요약해보면 다음과 같다.

1. 주주 권한의 존중과 동등한 취급: 기업조직은 주주들의 권리를 존중하여야 하며 주주들로 하여금 그들의 권리를 행사할 수 있도록 도와야 한다. 이를테면 정보를 공개하고 교환할 수 있도록 하여야 하고 소액주주를 포함한 모든 주주가 주주총회에 참석할 수 있도록 조치해야 한다.
2. 이해관계자들의 이익 보호: 기업에 이해관계가 있는 근로자, 투자자, 채권자, 공급자, 지역사회, 고객, 정책입안자 등에 대해 법적, 계약적, 사회적, 시장적 의무를 다해야 한다.

있다. 이는 좀 더 넓은 의미에서 시장경제에서 새롭게 출현한 견제와 균형 방법의 하나라고 볼 수 있다.

오늘날 기업지배구조 문제는 OECD에서도 기업지배구조에 대한 지침서를 만들어 발표할 정도로 세계적인 관심사이다. 기업지배구조가 얼마나 잘 짜여 있는가는 기업에 대한 평가의 기준이 되기도 한다. 이 평가는 기업의 주가에도 반영된다. 실제로 기업지배구조가 불투명하기 때문에 주주이익이 충분히 보상될 수 없을지 모른다는 이유로 한동안 한국 기업들의 주가가 실제 가치보다 낮게 평가된 일이 있었다. 이를 코리아 디스카운트Korea Discount라 하는데 아직도 일부 기업들

3. 이사회의 역할과 책임: 이사회는 독립성을 가지고 기업의 활동에 대하여 이를 이해하고 검토하며 감독하여야 한다. 중요한 결정을 위하여 기업경영을 이해하고 검토할 전문지식을 갖추어야 한다.
4. 청렴성과 윤리적 행동의 원칙: 청렴성은 기업경영의 기본이다. 기업경영의 간부나 이사회 구성원의 선발에 있어서 중요한 기준을 삼아야 한다. 기업은 조직의 간부나 이사회 구성원들이 윤리적으로 올바른 결정과 행동을 할 수 있도록 행동강령을 만들어야 한다.
5. 공시와 투명성의 원칙: 모든 이해관계자들에게도 알 수 있도록 경영의 내용과 이사회의 결정 사항 등을 공개하여야 한다. 모든 정보는 이해관계자들이 알 수 있도록 적절한 시기에 균형 있게 공시하여야 한다.

요컨대 주주이익과 이해관계자 이익 보호 강화, 기업경영에 대한 투명성과 청렴성 그리고 정보공개를 강조한 것이라 할 수 있다. 이는 소액주주를 포함한 주주와 투자자 및 소비자들이 견제와 균형을 할 수 있도록 가능한 모든 조치를 하자는 뜻이다.

에 대해서는 외국 투자자들이 이런 평가를 내리고 있다.

시장 중심형 지배구조와 관계 중심형 지배구조

오늘날 세계 각국 기업의 지배구조가 한 가지 형태로만 존재하는 것은 아니다. 나라마다 고유한 역사와 전통에 따라 조금씩 다른 지배구조 형태를 보이고 있다. 대표적인 두 개의 지배구조는 시장 중심형market-oriented 지배구조와 관계 중심형relationship-oriented 지배구조이다. 영국과 미국이 중심인 앵글로 색슨형은 전자, 독일과 일본형은 후자로 보면 된다. 가족 중심의 재벌형도 존재한다. 전쟁 전의 일본 자이바츠財閥나 오늘날 한국형 재벌기업의 지배구조이다.

앵글로 색슨형이라 할 수 있는 영미식 시장 중심형 모델은 시장에서 모집된 주주들의 이익을 최우선으로 생각한다. 이들 주주가 이사회를 구성하여 주주의 이익을 대변한다. 이사회는 사내이사와 사외이사로 구성되는데 사외이사 수가 사내이사 수보다 많다. 감사위원회나 보상위원회는 일반적으로 사외이사가 맡는다.

독일이나 일본형은 이해관계자까지 포함하여 관계를 중시하는 관계 중심형 모델이다. 독일과 네덜란드는 감사회와 이사회의 이중 위원회로 구성되어 있다. 이사회는 전원이 사내이사로서 그날그날의 경영활동에 관한 의사결정을 하는 반면, 감사회는 주주를 대변하는 사외이사와 종업원을 대변하는 이사들로 구성되어 있다. 감사회는 이사회 구성원을 선발하고 해고하는 권한을 가진다. 그리고 경영의 주요 결정사항을 검토하고 이사들의 보수를 결정한다.

일본은 계열사들의 관계를 중시하는 모델이다. 계열사들의 경영자들이 화요회, 수요회와 같이 매주 혹은 격주로 정기적 모임을 갖고 여기에서 정보 교환을 하며 상호 중요사항을 논의하여 나가는 제도이다. 이들 계열사 간에 상호출자는 없으나 특정 은행이 지주회사 역할을 하기 때문에 계열을 유지한다. 한국의 재벌과 다른 점은 이들을 실질적으로 소유 지배하는 그룹 총수가 없다는 점이다. 전쟁 전에는 일본도 총수지배 형태의 자이바츠가 중심 역할을 하였으나 전후 맥아더 사령관에 의해 자이바츠가 해체된 후 지주은행 중심으로 계열을 꾸려 나가는 형태가 되었다.

요약하면 주주가 경영진을 견제하여 균형을 유지하는 방법으로 유럽 대륙 기업들은 은행과 종업원 등 이해관계자들이 참여하는 감사회를 두어 감시하고 영국과 미국은 주주가 선발한 대표로 구성되는 이사회를 통하여 이를 실현한다.

일본의 경우에는 계열사 상호 간에 견제와 균형을 유지하며 한국의 경우는 일본과 비슷한 계열사 구조를 가지고는 있으나 총수 일가가 계열사 지분을 활용하여 실질적으로 지배하는 형태이다. 한국의 경우는 견제 시스템이 결여된 형태이다. 사외이사들이 감시하도록 입법이 되어 있으나 실질적으로 사주가 선발권을 행사하기 때문에 감시의 실효를 전혀 거두고 있지 못하고 있다.

무엇이 가장 좋은 기업지배구조인가는 한마디로 말하기 어렵다. 나라마다 환경과 역사가 다르기 때문이다. 그러나 어느 경우나 좋은 기업지배구조를 평가하는 기준은 기업 활동을 촉진하면서 투자자들에게 투명하고 투자자의 이익을 저해하지 않는 지배구조인가이다. 그리고 시장경쟁에서 불공정 거래를 하지 않는 지배구조이어야 한다.

공기업의 기업지배구조

기업지배구조 논의가 시작된 지 거의 100년 가까이 되었다. 논의의 핵심은 언제나 어떠한 지배구조 형태가 주주이익을 보호하고 기업의 생산성을 높이며 이윤을 증가시켜 지속적으로 성장하게 하는가라고 할 수 있다.

오늘날 이슈가 되는 지배구조 문제들은 신자유주의자의 모토가 되었던 공기업의 민영화, 공기업의 지배구조 문제, 재벌의 지배구조 문제, 사회적 기업이 대안이 될 수 있는가 등이다.

공기업은 규모의 경제 때문에 독점인 경우가 많다. 독점이 아니라도 압도적 시장 점유율을 가진 에너지, 수도, 전기, 가스, 철도 등의 분야에 많다. 이들 기업은 통상 정부가 직접 경영하거나 정부 산하기관인 공사 형태로 운영되고 있다. 이 기업들은 독점이기 때문에 가격이 시장에서 결정되지 않고 공급자가 정하게 된다. 가격을 높이면 손해가 나지 않고 독점이윤까지 얻을 수 있다. 그러나 가격을 마냥 높일 수만은 없다. 여타 부분의 비용을 높여 물가상승 요인이 되고 민간부문의 경쟁력을 떨어트릴 수 있기 때문이다. 그래서 공공요금을 적정 수준에서 유지하는 것이 필요하다. 그러한 의사결정을 누가 하느냐의 문제가 바로 공기업의 지배구조 문제이다. 만약 합리적 경영전문가가 이를 맡아서 적정 수준의 가격을 결정하고 있다면 문제가 되지 않는다.

그러나 대부분의 공기업 경영진은 정부의 낙하산으로 임명되기 때문에 문제가 된다. 이렇게 되면 경영진은 자신을 뽑아준 권력자의 눈치를 보게 마련이다. 말썽을 빚고 있는 이명박 정부의 해외 자원개발 투자에서 보듯이 정치적 판단을 하기가 일쑤이고 경제 원리를 무시하기 쉽다. 공기업의 부채가 크게 늘고 엉터리 투자를 하면서도 공기업 임직원들은 이른바 신이 내린 직장이라는 유행어가 나올 만큼 고임금을 누리기도 한다. 적자가 천문학적 규모로 누적되면서 그 부담은 고스란히 납세자에게 전가된다.

공기업의 지배구조 문제가 시급히 검토되어 사회적 합의를 이룰 필요가 있다. 공기업의 지배구조 개선에도 역시 견제와 균형 원리를 도입해야 한다. 가령 공기업 경영위원회를 두어 CEO의 선임에서부터 경영 감독과 평가 그리고 국민 경제에 미치는 영향 등을 종합적으로 검토해야 한다. 이 위원회는 정치적으로 독립하여 기업경영 감독에 한 해 전권을 행사할 수 있어야 한다. 공기업 경영이 정치적으로 휘둘리게 되거나 정부 기관의 영향 아래에서 움직이게 되면 정권 교체시마다 낙하산 인사가 이루어지고 그 결과 부실경영의 위험에 빠지며 그 비용은 재정 부담이 되어 국민의 몫으로 돌아오고 만다.

재벌의 지배구조

한국 재벌의 지배구조도 역시 견제와 균형의 관점에서 지배주주와 소액주주가 서로 자기의 권익을 공정하게 보장받고 있는지 따져보아야 한다. 그리고 재벌과 경쟁 관계에 있는 중소기업과 잠재적 기업의 공정한 발전이 가능한지도 살펴봐야 한다.

한국 재벌들은 전자, 자동차, 조선 등 몇 부문에서 세계적인 기업을 배출했다. 이것만 놓고 보면 한국 경제 발전에 재벌의 공이 크다. 그러나 한국 재벌은 소유 지배구조와 관련하여 불공정한 순환출자 문제, 기업 집단과 일반 중소기업들과의 불공정 경쟁 문제, 중소기업과 신기업 출현에 대한 진입장벽 설치, 지배주주의 세습 문제 등 여러 가지 문제점을 드러내고 있다. 이러한 재벌의 문제는 견제와 균형이 제대로 작동하지 않는 기업지배구조와 연관되어 있다.

창업자들은 정부의 금융, 조세, 외환 등의 지원과 근로자들의 헌신적 노력 그리고 소비자들의 도움 속에서 기업을 일으키고 재벌 수준으로까지 키워놓았기 때문에 경영 능력이 탁월하였다고 생각할 수 있다. 그러나 2세, 3세로 세습이 될 경우 계속 그렇게 경영을 잘 할 수 있을까하는 의문이 생긴다. 아마도 그렇지 않은 경우가 많을 것이다. 선진적 지배구조는 전문경영자를 영입하여 경영책임을 맡기고 이를 이사회 혹은 감사회에서 감독하며 주주총회에 보고하고 그 결과에 따라 인사조치도 할 수 있도록 되어 있다.

이에 비하여 한국 재벌은 아직은 가족경영과 세습이 중심이고 세습을 위해 편법이나 비리를 자행하기도 한다. 또한 독과점 폐해는 물론이고 중소기업에서 새로운 경쟁자들이 출현하기 어려운 구조를 만들어 내고 있어서 한국경제 전체가 몇 개의 큰 재벌에 의존할 수밖에 없는 위태로운 상황으로 나아가고 있다.

재벌의 지배구조가 선진적으로 바뀌기 위해서는 내부적으로 주주총회, 이사회가 제대로 기능하여 소액주주를 포함한 모든 주주와 이해관계자들이 손실을 입지 않도록 하여야 한다. 외부적으로는 시장경쟁에서 재벌들의 불공정 경쟁을 철저하게 막아야 한다.

더 심각한 문제는 순환출자를 통해 계열사를 다수 만들어내고, 힘을 모아 개별 기업의 시장진입을 막으며 간신히 시장에 진입한 기업을 여러 가지 방법으로 시장에서 몰아내는 불공정 경쟁을 벌이고 있다는 점이다. 이러한 현상을 어떻게 방지할 것인가가 중요하다.

대만 등 중소기업이 활발하게 성장하는 나라와 비교하여 중소기업이 제대로 성장하지 못하고 있는 우리나라의 미래가 우려된다. 기업집단 경영의 폐해를 해소하지 않고서는 이런 문제가 해결될 수 없는 상황에 이르렀기 때문에 재벌의 소유 지배구조가 개혁되어야 한국 경제의 미래가 밝아질 수 있다.

17장 | 독점금지 제도와 유인설계

우리는 시장경제 제도 아래 살고 있다. 많은 사람들이 이 제도가 자원 배분에 있어서 그리고 인류 사회를 발전시키는 데 있어서 그동안 고안된 어떠한 제도보다도 우월하다고 생각한다. 그러나 완벽한 제도란 없다. 제도 자체가 원래부터 가지고 있는 결함도 있고 시장운영 과정에서 독점과 같이 시장의 실패를 초래하는 요인도 나타난다.

시장 제도를 만들어낸 것 자체는 매우 중요한 사회적 기술의 성과이다. 그와 더불어 그 불완전성을 보완하기 위해 마련한 제도들도 역시 중요한 사회적 기술이다. 특히 시장에서 생겨난 거대기업이나 기업 집단과 같은 공룡들의 전횡을 막기 위한 독점금지 및 공정거래 제도가 이에 해당한다. 시장에서 견제와 균형의 힘을 작용케 하여 시장의 실패를 막아보려는 목적이다. 요컨대 독점금지 및 공정거래 제도는 시장 제도를 수호하기 위해 고안된 사회적 기술이라 할 수 있다.

4가지 시장경제

자유가 누군가의 강제나 억압으로부터 벗어나 각자가 스스로 선택할 수 있는 영역을 확보하는 것이라면 그것을 가장 잘 실현해주는 제도는 무엇인가? 애덤 스미스는 자유주의를 잘 구현하는 최선의 제도 중 하나가 시장경제라고 생각했다. 그는 가격 신호를 바탕으로 각 주체가 계약, 생산, 교환 등의 과정에서 자유롭게 경쟁하여 이익을 추구할 때 개인과 사회 모두에 이익이 된다고 보았다. 시장경제는 분업과 경쟁의 효율을 높여 교환의 이익을 가져다주기 때문이다. 자기 이익을 추구하는 자유로운 경제 행위가 보장되는 시장이 형성될 때 이익이 극대화되어 개인과 사회에 다 유익하다는 것이다.

인류 사회가 오랜 역사 속에서 자원을 배분하는 방법으로 채택한 제도는 몇 가지가 있다. 관습을 따르는 방법, 왕이나 군주의 지시에 의한 명령경제command economy, 정부나 계획당국에 의한 계획경제planned economy 그리고 오늘날의 시장경제market economy 제도가 대표적이다.

씨족이나 부족국가에서는 관습경제가 지배적이었고, 중세까지 군주제가 지배하는 사회에서는 명령경제가 중심이었다. 그리고 19세기에 나타나 20세기까지 소련을 비롯한 사회주의국가에서 시험해보았던 계획경제가 존재하였다. 오늘날은 거의 모든 국가에서 시장경제 제도를 채택하고 있다. 사회 구성원들의 자유를 보장하고 사회의 발전에 기여하는 제도로 아직까지는 시장경제만 한 제도가 없었기 때문이다.

시장은 원시시대부터 존재했지만 국가의 경제 제도로서 시장경제는 근대에 와서 성립한다. 왜냐하면 시장경제 제도는 사유재산 제도, 사적계약의 자유, 자본의 순환 등이 국가의 법제 속에서 보장되어야 하기 때문이다.

개인적 자유를 실현해주는 유력한 제도인 시장경제는 정부의 개입

정도에 따라 다음 4가지 유형으로 나누어 볼 수 있다. 시장중심주의, 능력주의, 복지주의, 시정주의가 그것이다.[1]

시장중심주의는 일정한 규칙을 따르는 시장에서 자유 경쟁을 최대로 보장하는 것을 목표로 하고 있다. 기회균등만 보장하고 시장에서 나오는 결과는 어떠한 것이라도 이를 받아들여야 한다는 자유주의의 전형이다. 이러한 입장을 옹호하는 학자들은 밀턴 프리드먼Milton Friedman, 프리드리히 하이에크Friedrich Hayek 등이다.

능력주의는 시장경쟁의 의의를 개인의 능력과 노력에 대한 보상이라는 명제에서 찾고 있다. 따라서 자유경쟁을 보장하되 불로소득이나 투기적 이익은 인정하지 않는다. 능력이나 노력에서 나오는 것이 아닌 투기적 거래의 경우 발생한 이익에 세금을 부과하거나 거래를 금지할 것을 주장한다. 이러한 주장은 로버트 노직Robert Nozick 등에 의하여 지지되고 있다.

복지주의는 시장경쟁은 반드시 승자와 패자를 발생시키므로 패자에 대한 배려가 있어야 한다는 주장이다. 경쟁의 패자라 하여도 행복한 인생을 영위할 권리를 보유하기 때문에 약자에 대하여 복지급부나 소득재분배 등의 보상을 하여야 한다는 것이다. 물론 시장경쟁을 부정하는 것은 아니며 경쟁이 만들어낸 불평등을 정부가 보정하는 것일 뿐이다. 이러한 주장의 대표적인 학자로는 존 롤스John Rawls를 들 수 있다.

시정주의는 인종, 피부색, 여성, 장애 등 구조적인 불리한 조건 때문에 시장에서 패자가 되었다면 이는 불공정에서 연유된 것이기 때문에 시정해야 한다는 주장이다. 사후적 복지 제도가 아니라 초기 조건의 차이를 줄이는 적극적 노력으로 시장경제의 문제를 해결할 수 있다고 보았다. 따라서 정부가 고용이나 교육의 기회균등과 조건이 불리한 자에 대한 적극적 우대 제도를 도입할 것을 권한다. 이러한 주장은 로널드 드워킨Ronald Dworkin이나 아마르티아 센 등에 의해 지지되고 있다.

위의 네 가지 어느 유형이든 자유 경쟁이 기본이며 이를 부정하지 않는다. 자유주의의 실현이 시장경쟁을 통해서 이루어질 수 있다는 점은 변함이 없다. 복지 문제나 구조적 차별성에 대해 국가가 어떻게 개입할 것인가 여부에 차이가 있을 뿐 자유경쟁을 기반으로 하는 시장경제를 받아들이는 점은 동일하다.[2] 이 점에서 시장경제 제도는 자원배분과 관련하여 인류가 만들어낸 매우 훌륭한 사회적 기술임을 부인하기가 어렵다. 다만 시장경제 제도가 완벽한 것이 아니기 때문에 이를 보완하는 조치들이 필요할 뿐이다.

시장의 실패를 시정하려는 견제장치 - 공정거래 제도

시장경제 제도는 우수한 자원배분 제도이긴 하지만 실패할 우려가 항상 존재한다. 사유재산권 제도가 미비하거나 계약과 거래의 자유가 침해를 받게 되면 시장 제도는 뿌리부터 흔들릴 수도 있다. 그런 것들이 구비되어 있다 하여도 모든 시장 참여자가 '남에게 해가되지 않는 한 자유가 보장된다'는 타자위해의 원칙harm principle[3]을 지켜 공정한 경쟁을 할 때 이 제도가 효율적으로 자원배분 기능을 하는 것이지, 만약 그렇지 않고 반칙이 잦아지면 시장이 제대로 작동하지 않을 수 있다.

더욱이 반칙이 없이 자유 경쟁을 하여도 시장에서는 항상 승자와 패자가 나타난다. 그 결과 패자의 인권과 기본권을 훼손할 수도 있다. 이것은 사회복지와 소득재분배 등으로 해결할 부분이다. 또한 시장의 공정한 경쟁을 저해하는 반칙 행위에 대해서 이를 규제하고 시정하는 제도로서 독점금지 및 공정거래 제도가 생겨났다. 자유롭고 공정한 시장경쟁의 틀을 만들어 경제를 활성화시키자는 독점금지 및 공정거래 제도는 시장경제 제도의 균형과 발전을 위해 필요한 사회적 기술이다.

산업혁명이 일어난 지 한 세기 정도 지난 19세기 후반부터 20세기 초까지 미국에서 독과점 기업들이 다수 출현하면서 시장의 공정하고 효율적인 자원배분 기능이 위협받는 일이 계속 일어나게 된다. 타 기업의 시장진입을 막는 진입 장벽이 생기고 가격 독점으로 소비자의 손해가 커지자 이를 규제하는 독점 금지법이 세계 최초로 미국에서 등장하였다. 그것이 1890년의 셔먼법이다.

셔먼법 제1조는 "거래를 제한하는 모든 계약, 결합, 공모"를 금지한다고 되어 있다. 이는 자유 경쟁을 보장하기 위해 경쟁자들의 자유로운 경제활동을 보장하고 시장진입을 억제하는 진입장벽을 규제한다는 의미이다. 현재 시장경제를 채택하고 있는 대부분의 선진국에서 미국과 같이 독점규제법이 입법되었다. 지금은 세계 100여 개국 이상에서 독점금지법이 도입되었으며 우리나라도 1981년 이 법을 제정하여 시행하고 있다. 2001년부터는 국제경쟁네트워크ICN, International Competition Network라 하여 국제 경쟁 당국자들, 즉 세계 공정거래위원장들의 회의가 매년 대륙을 바꾸어가면서 열리고 있다. 우리나라에서도 2003년 이 회의를 주최한 바 있다.

카르텔은 '시장경제 제1의 적'

오늘날 독점금지 및 공정거래 제도의 핵심 내용은 카르텔 방지와 기업 합병M&A 심사, 그리고 시장지배적 사업자의 지위남용 행위를 감독하는 일이다. 한마디로 독점의 피해를 막자는 것인데 독점이 자유시장 경쟁을 파괴하기 때문이다.

카르텔은 담합하는 기업들의 독점형태를 말하는데 담합을 법률용어로는 부당한 공동행위라고 한다. 기업들이 가격과 거래량을 모의하거나 건설입찰에서 순위를 정하는 등의 독점적 행위를 할 때는 조사를 받게 된다(카르텔 조사). 부당 공동행위를 한 경우 검찰에 고발하여 형사처벌을 받게 할 수도 있다. 세계 각국은 카르텔을 '시장경제의 제1의 적'으로 간주하고 이를 근절하려는 노력의 일환으로 국제적 공조를 강화하고 있다. 우리나라에서도 국내 기업들의 카르텔은 물론이고 국제 카르텔에 대해서도 조사하고 위법사실이 밝혀지면 시정조치와 과징금을 부과하여 이러한 일이 시장에서 근절되도록 노력하고 있다.

또한 기업들이 인수나 합병 등 기업 결합을 할 때는 그것이 독점이 되지 않는 범위 내에서 허용된다. 일정 금액 이상의 매출을 내고 있는 기업이 타 회사를 인수하거나 합병하려 할 때는 반드시 경쟁 당국에 신고하도록 되어 있다. 외국 회사가 본국에서 인수 합병을 시도할 때에도 한국에서 사업을 벌이고 있는 부분이 있다면 한국 공정거래위원회에 신고하여야 한다. 심사 결과 일정한 기준 이상의 시장지배력을 갖는 기업 결합은 이를 승인하지 않도록 되어 있다. 이것이 기업 결합의 심사 행위이다.

그리고 시장점유율이 50퍼센트 이상 매우 높은 시장지배적 사업자들이 갑의 힘을 가지고 시장에서 부당 가격을 매기는 행위, 리베이트, 끼워 팔기 등 불공정 행위를 하는 경우 이를 적발하고 시정하는 제도가 시장지배자의 지위남용 행위 규제이다. 공정 경쟁에 반하는 반칙 행위로 판명되면 과징금을 부과하고 시정을 명령한다. 2000년대 중반

한국의 공정거래 제도

한국의 독점규제 및 공정거래에 관한 법률은 1980년 12월에 제정되어 1981년 4월부터 시행되었다.

공정거래법은 사업자의 시장지배적 지위의 남용과 과도한 경제력의 집중을 방지하고 부당한 공동행위 및 불공정거래행위를 규제하여 공정하고 자유로운 경쟁을 촉진함으로써 창의적인 기업 활동을 조장하고 소비자를 보호함과 아울러 국민경제의 균형 있는 발전을 도모함을 목적으로 제정된 것이며, 최초 시행 시 전문 60조 부칙 8조로 구성되었다.

공정거래 제도의 도입은 일찍부터 여러 차례 시도되었으나 번번이 재계의 반대로 무산되었다. 그만큼 이 제도의 도입을 재계는 꺼려하였다고 할 수 있는데, 이는 재계 스스로 담합이나 독점적 지위를 남용하는 불공정 행위로부터 자유롭지 못함을 인정한 것으로 볼 수도 있다. 오늘날에도 공정거래위원회를 규제를 일삼는 부담스러운 존재로 생각하는 사람들도 있다. 1975년 12월이 되어서야 겨우 "물가안정 및 공정거래에 관한 법률"이 제정되었고 이 법률안에 독과점 품목의 가격신고제와 함께 경쟁제한 행위 및 불공정거래 행위를 규제하는 내용의 공정거래 제도가 일부 도입되었다가 80년에 와서 비로소 현행 공정거래법이 제정되었다. 어려운 환경 속에서 공정거래법의 도입은 정부의 소신 있는 공직자들과 학계의 끊임없는 노력의 덕분이었다. 그 후 공정거래법은 여러 차례에 걸쳐 개정, 강화되었고, 이를 집행하는 공정거래위원회의 조직과 기능도 명실 공히 독립위원회로 확대 개편됨으로써 우리나라의 공정거래 제도는 35년의 역사와 함께 시장경제 활동을 공정하게 하는 규범으로서 정착하고 있다.

이 법률은 독점규제와 공정거래의 확보를 위한 체계적인 입법으로서 시장에서의 행위

이후 미국 마이크로소프트사의 끼워 팔기를 비롯하여 인텔사, 퀄컴사의 리베이트 등 세계 유명 기업들이 불공정 행위로 적발되어 한국 공정거래위원회의 조사를 받았으며 수백억에서 천억 원대까지 과징금을 내고 시정명령을 받은 바 있다.

규제 중심의 법 체제로 출범하였다. 이 법이 제정된 이후 86년까지는 그다지 성과를 나타냈다고 할 수 없다. 왜냐하면 우리나라의 경제 개발이 정부와 재벌 주도로 이루어지고 있었음에도 불구하고 재벌의 불공정 행위를 규제하는 규율이 아직 없었기 때문이다.

　재벌에 대한 규제가 공정거래법에 포함된 것은 1986년이었다. 이것은 재벌 중심의 한국적 경제 개발의 특수성에서 나온 것이다. 86년 법 개정에서 재벌의 과도한 문어발식 확장과 불공정한 거래 행위를 규제하는 경제력 집중 억제 제도가 도입되었다. 계열사 간 직접 상호출자의 금지(법 제9조),[4] 타회사 출자총액의 제한(법 제10조),[5] 금융계열사 의결권 제한(제11조), 계열사를 통한 불공정 거래 행위 등 규제(법 제23조)[6] 등이 경제력 집중 억제수단으로 도입되었다. 제2차 개정에서는 금융·보험회사 간 상호출자 금지 및 과징금 제도(법 제9조, 제17조, 제61조)가 도입되었다. 경제력 집중 억제시책의 강화를 위하여 대규모기업집단 소속 금융·보험 회사 간 상호출자를 추가로 금지시키고, 상호출자 예외 허용 항목을 축소시켰다. 그리고 대규모 기업 집단 소속 계열회사의 상호출자 및 총액제한 위반행위에 대한 과징금 제도를 신설하였다. 이때까지만 해도 재벌과 정부는 밀월관계에 있었다고 할 수 있다. 기업은 정부의 지속적인 지원과 혜택을 받아 생산과 수출 및 고용활동을 하였고 다른 한편으로는 금전적으로 정치를 지원하는 정경유착이 지속되었다.

　경제력 집중 억제 정책 중 타회사 출자총액제한 제도는 가공자산에 의한 계열 확장 방식을 억제하기 위해 만들어졌다. 계열사 간에 직접 주고받는 상호출자는 금지되어 있으나 다수의 계열사 간에 순환하여 출자를 늘여가는 환상형 혹은 피라미트형 출자는 이 조항을 빗겨나가기 때문이다. 그렇다고 하여 타회사 출자를 금지한 것은 아니고 타회사 출자를 허용하되 그 총액의 한도를 정하여 과도한 계열사 확장을 막아보자는 제도였다. 처음 도입 시에

'견제'에서 상생협력을 위한 '유인설계'로

최근에 정보화 사회가 급속히 전개되면서 정보의 독점으로부터 오는 피해를 막고자 여러 가지 새로운 고안들이 나오고 있다. 그중의 하나가 견제에 중점을 두던 과거의 방법과 달리 대리인에게 인센티브를 부여함으로써 그들의 도덕적 해이를 막아보자는 '유인설계Incentive

는 그 한도를 각 기업의 순자산의 40% 이내에서 허용하였다. 그 후 몇 차례 개정과 폐지1998 그리고 재도입2001, 재폐지2009 과정을 겪으면서 재벌과 이를 규제하려는 정부가 팽팽한 힘겨루기를 하는 단골 메뉴가 되었다.

출자총액제한 제도는 97-98년 금융외환위기시 구조조정을 원활히 하도록 잠시 폐지하였으나 생존한 재벌들이 과도하게 계열사를 확장하여 다시 위험한 수준에 이르자 2001년이 제도는 복원되었다. 이후 이 제도가 과도한 규제다 아니다를 놓고 정부와 재계 그리고 학계에서 많은 논란이 있었으나 2009년에 폐지되었다. 논쟁의 핵심은 출자총액한도제가 투자를 억제하는 것인지 여부에 있었다. 재벌들은 전 세계에 유례가 없는 출자규제 제도라고 비판한다. 그러나 학계의 연구 결과에 의하면 순환출자형 가공자산으로 계열을 확장하는 것은 투자가 아니라 가공자산에 의한 계열사 지분확대이므로 신규투자나 확장투자와는 거의 관계가 없다.[7]

재벌의 경제력 집중에 대한 해결 방안으로 지주회사제로 전환을 시도한 것은 참여정부시 시장개혁 3개년계획이었다. 원래 순수 지주회사는 자신의 고유한 사업이 없고, 단지 다른 회사의 사업 지배를 목적으로 하는 회사여야 하는데 주식의 소유를 통하여 국내 회사의 사업 내용을 지배하는 것을 주된 사업으로 하는 사업지주회사가 주류를 이루었기 때문에 이의 설립을 금지하고 기존 회사의 지주회사로의 전환을 금지하였다(제8조). 그러나 지주회사 제도는 자회사에 대한 수직적 출자만 허용되고 자회사 간 순환출자는 허용되지 않기 때문에 순환출자로 얽힌 기존의 재벌보다 진화된 공정한 소유구조라고 보아 순수 지주회사로 전환을 권장하였다. 지주회사로 전환하는 경우 출자총액제한 제도의 졸업을 인정해주는 유

Design' 이론이다. 싱가포르에서 공무원에게 높은 보수를 지급함으로써 부패를 막는 것이라든가 정보를 가진 대리인에게 성과의 일정 부분을 급여로 제공하는 룰을 만들어 정직하게 최선을 다하도록 만드는 방식들이 그러한 예이다. 이는 견제라는 압박보다 유인을 주어 상생 협력을 이끌어내려는 시도이다.

인책을 사용하였는데, 그 결과 2008년까지 60여 개의 지주회사가 설립되었다.

재벌의 경제력 집중이 문제시되던 시기에는 경제력 집중 억제가 중심이었다. 그러나 공정거래 제도는 점차 카르텔 규제, 즉 부당한 공동행위 규제와 시장지배적 사업자의 불공정 행위 그리고 기업결합심사로 중점이 옮겨가고 있다.

한국 공정거래 제도는 특혜와 불공정 행위로 급속하게 자본을 축적한 한국의 재벌에 대한 감독과 감시 역할을 하였다는 점이 특별하다. 물론 이것이 완벽하게 그 기능을 수행하였다고 볼 수는 없으나 무엇이 불공정한 경제행위인지를 인식시키고 공정한 경쟁으로 유도하는 데 기여하였다. 그 결과 자원배분의 효율화에 보탬이 되는 견제와 균형 역할을 하였다.

세계적으로 보아도 후진국으로서는 공정거래법을 비교적 이른 시기에 도입하였고 마이크로소프트사, 인텔사, 퀄컴사 등 외국의 대기업들에 대해서도 그 불공정 행위를 처벌할 수 있는 수준까지 이르렀다는 점에서 큰 주목을 받고 있다. 중국이 공정거래 제도를 도입한 것이 2008년인 점이나 일본이 역사는 오래되어도 역외사건을 한국만큼 적극적으로 다루지 못한 점에서 한국 공정거래위원회의 위상은 높다고 할 수 있다.

문제는 아직도 불법 하도급 거래, 중소기업에 대한 납품단가 인하, 기술탈취 관행 등 양극화를 가져오는 요인을 이 법만 가지고는 적극적으로 해소할 수 없다는 점이다. 또한 점차 재벌은 경제력이 확장되고 있지만 출자총액제한 제도가 폐지되는 등 규제가 점차 약화되고 있다. 앞으로의 과제는 사적 독점에 대한 규제를 향후 어떻게 강화시켜 나갈 것인가가 될 것이다.(이상의 한국의 공정거래제도는 졸저(2011) [소셜테크노믹스] pp.237-244 참조하여 수정 보완한 것임)

정보화 사회에서는 정보가 순식간에 공개되어 전파되는 장점도 있지만 다른 한편 정보가 한쪽으로 치우쳐 정보를 갖지 못한 측이 정보를 가진 측으로부터 피해를 입게 되는 일이 자주 일어난다. 특히 정보를 많이 가진 대리인이 주인 몰래 사적이익을 취할 수가 있다. 이것이 정보비대칭성에 따른 주인과 대리인 간에 발생하는 도덕적 해이 문제이다. 이때문에 소유와 경영이 분리된 기업에서 소유자인 주주가 정보를 많이 가진 경영진으로부터 자신의 권익을 보호하기 위해 이사회 설치를 비롯하여 여러 가지 방법을 도입하고 있다. 오늘날에는 정보비대칭성을 극복하여 주인과 대리인 간에 발생할 수 있는 도덕적 해이 문제를 해결하려는 새로운 사회적 기술로 앞서 말한 유인설계incentive-centered design 또는 incentive design 제도가 등장하였다. 이러한 연구로 노벨 경제학상 수상자가 여럿 배출되고 있을 정도이다.

여기서는 주인 대리인 문제가 무엇인지 그리고 유인설계가 무엇이며 어떠한 내용들인가를 살펴보고 그것을 평가해보자. 정보의 비대칭은 감추어진 속성hidden characteristics에 의한 경우와 감추어진 행동hidden action에 의해 일어나는 두 가지 경우가 있다. 감추어진 속성에 따른 문제부터 살펴보자.

감추어진 속성에 의한 역선택의 문제

오늘날 정보가 비대칭적으로 분포되어 있는 상황은 우리 사회 곳곳에서 목격된다. 주주와 경영자, 고용주와 피고용자, 보험업자와 피보험자 등 일상 생활 속에서부터 정부와 시민, 권력자와 비권력자 등에 이르기까지 두루 나타난다.

이러한 정보의 비대칭성은 중고차의 속 내용, 보험 가입자의 병력처럼 감추어진 속성 때문에 발생하기도 하고 근로자의 근무행태, 경영자의 근무행태 등 감추어진 행동 때문에 발생하기도 한다. 즉 두 가지 종류의 비대칭정보가 존재하여 생기는 것이다. 이 비대칭정보가 시장 행태에 어떤 영향을 미치는가를 연구하고 그 대책의 하나로 나온 것이 유인설계 이론이다.

이 중에서 숨겨진 속성 때문에 발생하는 비대칭성의 문제는 사람들이 올바른 선택을 하지 못하고 역선택Adverse selection을 하게 된다는 점이다.

중고차 시장을 예로 들어보자. 중고차 시장에는 좋은 차도 들어오지만 나쁜 차도 들어온다. 그 속사정은 차를 팔려는 차주나 알지 사려는 사람은 알 수가 없다. 즉 정보의 비대칭성이 존재하는 시장이다.

겉보기로는 말쑥한 나쁜 차를 내놓고 시장에 팔려는 사람은 마음속으로 100만 원만 받으면 좋겠다고 생각한다. 나쁜 차라도 사려는 사람은 150만원까지 지불 용의가 있다. 좋은 차를 내 놓은 사람은 300만 원이면 팔려고 한다. 좋은 차를 사려는 사람은 350만 원까지도 낼 용의가 있다. 어느 차가 좋은 차인지 혹은 나쁜 차인지 정보가 불충분한 경우 시장은 단지 하나의 중고차 시장만 형성하게 된다. 이때 지불용의가 있는 금액의 기대치는 평균값으로 계산하면 250만 원이 될 것이다. 만약 사려는 사람이 기대치인 250만 원을 지불하려 한다면 나쁜차의 주인은 신이 나서 팔려할 것이고, 좋은 차는 모두 자취를 감출것이 분명하다. 물론 사려는 자도 이를 알고 가격을 떨어뜨리려 하겠지만 결국 나쁜 차만 거래되고 좋은 차는 시장에서 사라져 전혀 거래되지 않는 현상이 발생한다. 이것이 경제학에서 소위 레몬 시장Market for Lemon의 문제[8]라고 알려진 내용이다. 레몬은 겉보기만 그럴듯하지 속 내용은 형편없는 물건을 상징한다. 속을 모르는 사람은 레몬을 맛 있는 과일이라 생각하여 선택할 수 있다.

이 때 문제는 역선택이 일어난다는 것이다. 역선택이란 정보가 비 대칭적으로 분포된 상황에서, 정보를 갖지 못한 사람의 입장에서 볼 때 바람직하지 못한 상대방과 거래를 할 가능성이 높아지는 현상이다. 역선택을 방지하기 위해 중고차 시장에 정비공을 배치하여 점검을 받 게 하는 방안을 도입할 수도 있다. 전문가가 성능을 체크하여 감추어 진 속성을 노출시키면 되기 때문이다.

역선택의 문제는 감추어진 속성 때문에 발생한다. 정보를 갖고 있 는 사람의 자기선택self-selection 과정에서 생기는 것이다. 나쁜 차의 소 유자는 이를 자발적으로 팔려고 내놓는 자기선택을 하게 되고, 좋은 차의 소유자는 이를 거두어들이는 자기선택을 한다. 이 때문에 사려는 사람이 잘못된 역선택을 하게 된다는 뜻이다.

보험시장에서도 이러한 역선택은 흔히 일어난다. 일반적으로 젊고 건강한 사람보다 나이 들고 허약한 사람이 보험에 가입하려 하기 때 문에 보험회사는 역선택을 하게 된다. 보험회사는 역선택을 방지하기 위해 여러 가지 대응책을 강구하게 된다. 예를 들면 생명보험회사가 사전 신체검사를 요구할 수도 있고 자동차 보험의 경우 보험료에 차 등을 두어 사고의 위험이 큰 집단의 사람이 가입하기 어렵게 할 수도 있다. 보험료 체계를 탄력적으로 설계하여 사고시 전액을 보험이 부담 하지 않고 최초 얼마까지는 본인에게 부담시키는 방법을 사용하기도 한다.

　역선택이 있는 상황에서 단체의료보험 제도와 같이 직장 단위로 강제적인 보험 프로그램을 도입하는 방법도 모든 사람에게 이익일 수 있다. 사고 위험이 높은 사람도 낮은 사람도 모두 가입하여 낮은 보험료를 내게 될 것이기 때문이다. 이런 맥락에서 정부가 운영하는 건강보험이나 연금보험 제도가 정당화될 수 있다.

　중고차나 보험시장뿐 아니라 일반 상품시장에서도 역선택 현상이 나타날 수 있다. 소비자가 모르는 즉 겉과 속이 다른 상품이 적지 않기 때문이다. 이때문에 정부는 품질기준이나 평가결과(KS, Q마크 등)를 알려주거나, 표시광고법에 의한 허위·과장광고를 제한함으로써 정보의 비대칭성을 줄이려는 설계를 하고 있다. 상품의 결함으로 이를 구입한 소비자의 피해가 발생한 경우 생산자의 과실 유무와 관계 없이 보상 책임을 지게 하는 제조물 책임법product liability law이 2007년부터 발효되었는데 이는 정확한 정보의 공개를 독려하려는 제도이다.

　소비자들의 감추어진 속성을 찾아내어 매출을 늘리려는 설계의 하나로 기업들은 가격차별화 정책을 자주 활용한다. 예를 들면 항공사가 제주도 왕복 항공권을 가격차별화하여 소비자의 속성을 발견하는 방식이다. 제주도 항공권을 이용하는 사람 중에는 비즈니스 업무상 1박 2일로 급히 다녀와야 하는 사람도 있지만 적절히 낮은 항공료라면 휴가를 얻어 일주일간 가족과 함께 여행을 하려는 사람도 있을 수 있다. 만일 항공사가 비싸도 항공기를 이용하여야 하는 비즈니스맨과 휴가를 즐기기 위한 여행자를 구분할 수만 있다면 가격차별을 하여 더 많은 사람을 탑승시킬 수 있다. 예를 들어 정상 요금 이외에 휴가자를 위해 20퍼센트 할인 요금을 제시할 수 있다. 이렇게 가격차별을 하면 항공기 이용자가 훨씬 늘어날 수 있다. 이런 식의 가격차별화는 항공사뿐만 아니라 요일이나 시간대별로 다른 요금을 제시하는 골프장이나 다양한 패키지 요금제를 실시하는 놀이공원 등 여러 산업에서 이용되고 있다.

감추어진 행동으로 인한 도덕적 해이

감추어진 행동에 의하여 정보의 비대칭성이 이루어지는 주인-대리인의 문제Principal-Agent Problem를 살펴보자.

대리인 문제는 한쪽이 다른 쪽의 손익에 영향을 주는 행동을 할 수 있고 주인이 대리인의 행동을 상시 관찰할 수가 없을 때 일어난다. 또한 대리인이 어떤 행동을 하는 것이 바람직한지에 대하여 서로 의견이 엇갈릴 때도 발생한다. 양자가 다른 이해관계나 혹은 기대를 가지고 있을 때 그러할 수 있다. 예를 들어 높은 보수를 기대하는 종업원과 보수가 너무 높다고 생각하는 주인처럼 생각이 전혀 다른 경우에 생겨난다. 그런 경우에 이를 유인Incentive 결여 문제라고 할 수 있다. 주인을 위해 최선의 노력을 기울일 유인이 부족하여 나타나기 때문이다.

현실의 사례는 많다. 앞에서도 본 바와 같이 주주와 경영자 간에도 나타나고 국민과 정부 관료 간에도 나타날 수 있다. 경영자가 주주를 위해 이윤을 높이려 하지 않고 자신의 이득을 위해 다른 목표를 추구할 수 있다. 예컨대 자신의 영향력을 증대시키기 위해 이윤보다 매출액이나 시장점유율을 높이는 데 더 많은 관심을 가지거나, 사무실을 확장하고 업무추진 비용을 많이 쓸 수도 있다. 이사회로 하여금 감독을 하도록 할 수 있으나 이사회가 주주의 이익과 달리 경영자의 편에 설 수도 있다. 이런 점에서 사외이사 역할이 중요하다.

그러나 한국의 재벌처럼 사외이사가 지배주주의 이익을 위해 일하게 되면 소액주주들의 권익은 보호되지 못한다. 이를 방지하기 위한 방법으로 경영자에게 고정 급여 이외에 성과급을 주는 방법이 있다. 일정 기준 이상 성과를 내어 주주가 기대하는 배당금 이상의 실적을 낼 경우 성과의 일정 비율을 배분해준다는 식이다.

국민과 공무원 사이에도 주인 대리인 문제는 항상 나타난다. 주인인 국민의 납세가 낭비되지 않고 제대로 쓰이는지 확실하지 않을 수 있다. 국민이 뽑은 국회가 이를 감독하고 감사하여야 하나 야당의 견제가 약한 경우 권력자의 의지대로 사용될 수 있다. 홍콩과 싱가포르는 공무원의 급여를 일류 대기업의 최고 수준까지 높였다. 이는 미국에서 경영자에게 매우 높은 급여를 지급하는 것과 마찬가지로 부패를 방지하기 위한 유인설계의 일종이다.

국민-정치인-관료 사이에는 주인-대리인의 관계가 중층구조를 이루고 있다. 견제와 균형을 중심축으로 하는 민주적인 정치 제도는 이 관계에서 대리인의 행동을 바람직한 방향으로 인도하여야 하는데 그렇지 못한 경우가 많다. 국민이 뽑은 국회의원이 행정부의 공직자를 감시·감독하여야 하는데 관료와 정치인이 이해가 일치하여 국민의 혈세를 낭비할 수도 있다. 이를 해결하기 위해 감사원, 검찰, 국민권익위원회, 언론 등 견제장치들이 고안되고 실험되고 있으나 완벽한 것은 아니다. 국민이 알 수 있도록 투명한 행정을 촉진하는 각종 행정의 실명제를 포함하여 회계의 정보공개 제도를 강화할 필요가 있다. 주인-

대리인 문제는 그 밖에도 소송 의뢰인과 변호사, 가수와 매니저, 운동선수와 에이전트 등의 관계에서도 자주 발생한다.

보수 지급 룰을 바꾸는 유인설계

감추어진 행동으로 생기는 도덕적 해이를 해결하는 방식으로 직접 감독, 감시를 하는 장치를 마련하는 것이 전통적인 방법이다. 그런데 최근의 연구 경향은 도덕적 해이가 유인 부족에 근원이 있다고 보고 그것을 풀어주는 유인설계를 어떻게 잘 할 것인가에 쏠리고 있다. 이는 대리인의 도덕적 해이를 적절한 유인구조를 도입하여 막으려는 시도라고도 할 수 있다. 예를 들면 패션 디자이너를 고용한 주인이 디자이너의 노력을 극대화시키기 위해 취하는 유인구조를 생각해 볼 수 있다. 만약 디자이너의 임금을 고정임금제로 정하면 디자이너가 열심히 일하는지 여부를 알 수가 없다. 실제로 디자이너는 열심히 일하나 안 하나 임금은 고정되어 있기 때문에 충분히 능력을 발휘하지 않을 가능성이 높다.

주인은 디자이너의 능력을 더 적극적으로 발휘하도록 고정 임금제 대신에 인센티브 임금제를 도입했다고 하자. 일정 수준 이상의 이윤을 낼 경우 기대 이상으로 발생한 이윤의 일정 비율을 디자이너 몫으로 나누어 준다는 방식이다. 이렇게 하면 디자이너는 더욱 열심히 일하고 능력을 발휘할 가능성이 높아진다. 주인도 역시 이윤이 기대 이상으로 높아지기 때문에 이익이다. 서로 이익을 내는 유인설계인 것이다. 한걸음 더 나아가서 주인과 디자이너 간에 이익공유제를 실시한다고 하자. 그러면 디자이너는 더욱더 자기의 일처럼 열심히 일을 할 것이다. 결과

2007년 노벨경제학상 수상자 왼쪽부터 후르비치, 매스킨, 마이어슨.

적으로 주인과 디자이너 모두 더 큰 이익을 얻을 수 있다. 이러한 식으로 주인-대리인 간에 감추어진 행동을 노출시켜 도덕적 해이를 없애는 유인설계를 할 수 있다.

이러한 유인설계의 의의는 적절한 보수지급 제도를 설계함으로써 대리인의 노력을 유도해낼 수 있다는 데 있다. 그리고 주인과 대리인 모두가 이익을 얻는 윈윈 게임을 도출할 수 있다. 불완전정보 아래에서 임의 룰을 바꿈으로써 경제주체의 행동을 유도해낼 수 있다는 유인설계이론을 개발, 발전시킨 후르비치Leonid Hurwicz, 매스킨Eric Maskin, 마이어슨Roger Myerson 등 세 사람이 2007년 노벨 경제학상을 공동수상하기도 하였다.

그러나 현실적으로 유인설계가 실행되기 어려운 점도 있다. 유인설계의 이익을 알면서도 고정된 임금을 지급할 수밖에 없는 현실적 이유들이 있기 때문이다. 승진, 승급과 같은 유인 제도가 이미 있고 파면 등 징계 제도도 존재하고 있으며 모든 근로자가 태만한 것이 아니라는 점 등이 유인설계를 전면적으로 도입하는 것을 꺼리게 한다. 종업원들도 달갑지 않게 생각하는 경향이 있다. 성과급 제도가 종업원들에게도 피로감을 주고 위험부담을 느끼게 하기 때문이다. 그러므로 정보의 비대칭성하에서 감추어진 특성이나 행동을 노출시킬 수 있는 현실에 맞고 실현가능한 유인설계 방안이 무엇인지 그것을 찾는 노력이 앞으로도 계속 필요하다.

5

신뢰와 법치, **공동체의 조건**

신뢰는 협력을 낳고 법치는 신뢰를 담보한다

교환, 교역, 가격 제도는 인류 역사를 발전시킨 오래된 사회적 기술이었다. 그런데 이것은 상호 신뢰reciprocal trust의 기반 위에서 기능한다. 신뢰가 전제되지 않으면 어떠한 공정한 거래도 이루어질 수 없다. 앞에서 살펴본 사회적 기술로서 견제와 균형 시스템도 신뢰성을 높이기 위해 고안된 것이었다.

상호 신뢰가 없으면 공동체 생활에 필요한 협력도 이루어지지 않는다. 협력이 없으면 역사발전도 멈춘다. 특히 협력 없이는 생존이 불가능하였던 원시시대로부터 신뢰에 바탕을 두어 여러 가지 공동 사업을 추진하는 현대에 이르기까지 협력은 경쟁과 더불어 역사를 세우는 기둥 중의 하나였다.

사회 구성원들의 자발적인 협력을 이끌어내는 가장 중요한 요소인 신뢰는 세 가지에 비례하고 한 가지에 반비례한다.[1] 세 가지는 영어로 credibility, reliability, intimacy이다. 앞의 둘은 우리말로 모두 신용이라는 뜻이지만 credibility는 전문성과 정직성에서 나오는 신용을 말하고 reliability는 일관성과 예측 가능성에서 나오는 신용을 말한다. 그러므로 전문성과 일관성이 높으면 신뢰할만하다고 할 수 있다. 그리고 Intimacy, 즉 친근감이 생기면 신뢰가 높아진다.

신뢰를 해치는 한 가지는 사적 이기심self-interest이다. 사적이익을 지나치게 내세우면 신뢰가 떨어진다. 사회적으로 신뢰를 쌓기 위해서는 정직하고 예측 가능한 게임 룰이 존재하여야 한다. 그리고 전문성과 일관성이 있어야 한다. 사적이익을 앞세우면 신뢰가 깨진다. 상호 신뢰가 없으면 비록 비제로섬의 결과를 낳더라도 협력이 오래 지속되기 어렵다. 사적이익을 위한 힘이 작용하여 배분이 불공정해지고 사회적·정치적 불평등이 커지며 협력을 이끌어내기는 매우 어려워진다. 이 때문에 게임 결과물에 대한 공정한 배분 방법도 고안되어야 한다. 약속, 규칙 등을 포함하는 법과 제도를 마련하고 일관성 있게 지켜야 하며 이를 어긴 자에 대한 응징도 엄격해야 한다. 이는 불확실한 미래에 대한 예측 가능성을 높이는 것으로 게임 참여자들을 흔쾌히 협력에 동참하게 하는 조건이 된다.

이런 조건 때문에 인류는 일찍부터 규칙을 만들었고 역사상 중요한 시기마다 법과 제도를 정비하여 법에 의한 지배를 추구했다.

법치의 역사와 성공 요건

사회 구성원들의 신뢰와 협력을 이끌어내는 유력한 수단 중 하나인 법치는 지배와 피지배 간의 상호 작용 속에서 생성되어 왔다. 역사상 초기의 법과 제도는 지배자인 신관이나 제왕의 권력과 재산 보호를 위해 등장하였다.

법치가 항상 성공을 보장하는 것은 아니다. 이를 잘 운영하는 리더십이 있어야 성공할 수 있다. 아무리 좋은 법이라 하여도 운영을 잘못하면 성과를 낼 수 없다. 민주헌법을 만들어 놓고도 독재를 하게 되면 중동의 재스민 혁명에서 보듯이 나라가 무너질 수도 있다. 사회적 기술의 소프트웨어라 할 수 있는 운영능력이 뒷받침되어야 비로소 성과를 낼 수 있다.

법치가 성공하려면 시대에 맞게 법을 고쳐나가야 한다. 함무라비 법전처럼 돌기둥에 항구적으로 새겨 넣은 법은 새로운 시대에 들어서면 수명을 다하게 된다. 시대에 맞는 법을 만들고 이를 잘 운영하는 리더십이 뒷받침될 때 법치는 그 역할을 십분 발휘할 수 있다.

리더십은 만들어진 제도와 조직을 운영하는 것만은 아니다. 새로운 제도와 조직은 비전 있는 사람들의 노력과 의지에서 나오는 경우가 많다. 마치 경제인이 새로운 기업을 창업하듯이 비전 있는 사람들이 역사 발전에 필요한 새로운 제도와 조직을 만들 수 있다. 그리고 이를 실행에 옮기는 운용능력이 뒤따르면 역사는 발전한다. 그들이 반드시 동일인일 필요도 없다.

5부에서 소개하는 신뢰와 법치의 사례는 주로 사회적 기술의 하드웨어들로, 이들이 어떻게 인류 역사에 등장하게 되었는지를 살펴본다. 이 하드웨어들은 위대한 왕에 의해, 혹은 격렬한 시민의 항거와 혁명에 의해서도 만들어졌다. 만들어진 법률이나 조직은 그때까지의 발전의 결실이며 당대 혹은 후대에 적지 않은 영향을 미친다. 신뢰 받는 법과 제도가 지도자들에 의해 혹은 사회적 기구에 의해 잘 지켜지고 더욱 개선된 형태로 다듬어지면 지속적 발전이 가능하게 된다. 반대로 기존의 법과 제도를 제대로 지키지 않고 무시해버리거나 독재를 하게 되면 신뢰가 무너진다. 또한 시대정신을 반영한 형태로 법과 제도가 바뀌지 않으면 기존 법률은 오히려 발전의 걸림돌이 된다. 이는 사회의 분열과 혼란으로 이어지고 때로는 새로운 신뢰를 쌓기 위한 투쟁으로 이어진다. 그러면서 인류 역사는 발전해 왔다.

18장 | 신뢰받은 조직
- 싱가포르, 홍콩의 부패방지기구

어느 나라든 부패가 만연되면 국가는 쇠퇴하고 멸망에 이르게 된다. 부패한 사회에서는 로비와 불공정 행위에 밀려 건전한 경제활동이 억제되고 창의적 활동이 사라지게 된다. 사회 구성원들 간의 갈등이 격화되어 사회 발전을 위한 에너지가 고갈된다. 만점이 10단위인 부패지수가 1단위 감소하면 경제성장률이 2.64퍼센트 상승한다는 연구 결과[2]도 있다.

역사상 성공한 모든 국가들은 부패를 척결하기 위해 노력을 해왔다. 특히 지난 반세기 동안 부패 척결에 크게 성공하여 투명국가로 발돋움한 싱가포르와 홍콩 두 나라의 예를 주목할 필요가 있다.

싱가포르는 1952년에 부패방지기구로 탐오조사국을 설치했다. 홍콩은 이보다 20여 년 후인 1974년에 염정공서를 설치하여 세계적으로 투명하고 부패가 없는 나라로 우뚝 서게 되었다.

이들 부패방지기구는 부패 가능성이 있는 고위공직자들을 엄격하게 감시하고 조사하는 권한을 가진 독립적 기관이다. 이들 기구가 부패방지 업무를 성공적으로 수행하였기 때문에 높은 평가를 받고 있는데 그 기본정신은 '견제와 균형'이다.

한국도 이러한 취지에서 2002년에 부패방지위원회를 설치하였으나 신고인만 조사할 수 있는 반쪽의 조사권을 부여함으로써 이렇다 할 성공을 거두지 못했다. 이후 기구의 이름이 수차례 바뀌어 현재 국민권익위원회에 편입됨으로써 그 기능이 오히려 격하되었다. 권력기관이나 고위공직자의 비리를 감시하고 견제하는 역할을 다하지 못하고 있는 실정이다.

싱가포르의 탐오조사국

탐오조사국Corrupt Practices Investigation Bureau이 설립되기 이전인 1940년대부터 50년대까지 싱가포르는 부패가 일상화된 부패 만연국이었다. 그러던 것이 압수한 거액의 아편 도난사건에 경찰이 연루되었다는 사실이 알려지면서 1952년 탐오조사국이 검찰청 산하에 작은 기구로 설치되었다. 그러나 부패방지법에 조사권이 미비하여 증거 수집에 어려움이 있었고 국민들의 공감과 지지 역시 그다지 높지 않아 큰 성과를 내지 못하였다.

1959년에 인민행동당the People's Action Party이 집권하면서 상황이 급변하였다. 리콴유 초대 수상의 확고한 의지가 반영된 부패방지법이 만들어지면서 수많은 부패 공직자들이 자리에서 쫓겨났으며 조사받기를 꺼려하는 공직자들은 사임하기도 하였다. 리콴유 수상의 친구이자 정치적 동지인 경제부장관이 탐오조사국의 조사 대상에 포함되자 당사자가 직접 수상에게 호소하였으나 리콴유 수상은 공정하게 조사받기를 권유하였다. 집에 돌아온 장관이 이튿날 아침 자택에서 자살한 채로 발견되었고, 이 사건을 접한 국민들은 탐오조사국을 적극적으로 지지하게 되었다. 제도의 도입과 더불어 국가 최고 지도자의 의지가 얼마나 중요한지를 알 수 있다.

1959년부터 탐오조사국은 검찰청 소속에서 수상실 직속으로 격상되어 그야말로 누구의 간섭도 받지 않고 조사권을 행사할 수 있는 독립적 반부패 기구로 변신했다. 탐오조사국은 처음에는 대법원에서 사무실을 빌려 쓰는 처지였다. 그 후 몇 차례 이사를 다닌 끝에 2004년 4월 처음으로 지하 2층, 지상 5층의 독립 청사를 마련하였다. 직원 수는 모두 82명으로 이 중 20명은 행정·사무업무를 담당하고, 62명은 각종 부패 관련 조사업무를 맡는다. 인구 7백만의 홍콩의 염정공서가 1,200명의 직원을 두고 있는 것에 비교해 보면, 아시아 1위 청렴국인 인구 4백만의 싱가포르의 탐오조사국은 직원 수가 매우 적은 편이다.

싱가포르는 국제투명성 기구의 2014년 반부패지수 조사에서 아시아에서 가장 청렴한 국가로 평가받고 있다. 2014년 국제투명성기구가 발표한 부패지수CPI에서 싱가포르는 덴마크, 뉴질랜드, 스웨덴, 노르웨이, 핀란드, 스위스에 이어 7위를 차지했다. 이어서 홍콩이 17위, 일본 16위, 대만 35위, 한국이 43위를 차지했다.

홍콩의 염정공서

오직汚職에 대항하는 독립위원회라는 뜻의 홍콩의 염정공서廉政公署, Independent Commission Against Corruption, ICAC는 1974년에 발족하였다. 이 조직은 발족 당시 조사단을 싱가포르에 파견하는 등 싱가포르의 반부패 성과를 참고하여 설립됐다.

염정공서의 장은 원래 총독이 추천하여 중앙정부가 임명하는 염정

전원廉政專員이다. 공무원의 오직, 부정 등을 조사하여 처벌하는 권한을 가지고 있다. 경우에 따라서는 민간 기업 경영자의 동의가 있으면 민간 기업에 대하여도 조사권을 가진다. 민간의 신고에 의하여 조사가 이루어지며 조사는 염정공서가 독립적으로 수행한다. 피의자를 체포할 수 있고 무기 휴대도 인정되며, 경찰의 도움 없이 기소할 수 있다.

염정공서의 출범 당시 이야기는 흥미진진하다. 1970년대 이전 홍콩은 1940~50년대의 싱가포르 못지않게 차 값, 검은돈, 뒷거래 등 다양한 부패가 일상적으로 일어나고 있었다. 특히 경찰관의 횡령과 부정이 일상 다반사여서 경찰 내부에 오직 전담 부서를 설치하였지만 소용이 없었다.

1973년에 영국 국적의 경찰관 피터 고드버Peter Godber 총경의 횡령

홍콩 염정공서ICAC.

사건이 발생했다. 고드버는 출국 금지에도 불구하고 430만 홍콩 달러를 가지고 영국으로 도망쳐버렸다. 영국에서 고드버 총경이 횡령한 돈을 소지하고 있음에도 증거가 불충분하다는 이유로 체포되지 않자 홍콩 시민들의 시위가 일어났다. 학생들을 중심으로 공원에 운집한 시민들은 '부패 척결, 고드버 체포'를 주장하며 그를 송환하여 재판정에 세울 것을 요구하였다. 결국 당시 매클리호스Murray MacLehose 홍콩 총독은 1973년 6월 조사위원회를 만들었는데 이 위원회의 위원장 앨러스테어 블레어–커Sir Alastair Blair-Ken 판사는 반부패 조사업무를 담당할 반부패기구를 경찰청으로부터 분리시키지 않고서는 이 사건을 공정하게 처리할 수 없다며 독립적인 반부패기구를 설치할 것을 건의하였다. 매클리호스 총독은 이를 받아들여 1973년 10월 독립적인 반부패기구 안을 입법위원회에 제출하였고 공식 논의를 거친 후 1974년 2월 염정공서가 발족하였다.

염정공서의 첫 번째 표적은 고드버 총경이었다. 수뢰죄로 수감되어 있는 동료로부터 고드버의 범죄에 관한 확실한 증언이 나오면서 고드버 총경은 1975년 영국에서 체포되어 홍콩으로 압송되었다. 엄정한 심판 끝에 모의죄와 뇌물죄를 적용하여 4년의 징역형을 받았다. 이는 염정공서가 반부패기구로 우뚝 서는 이정표와 같은 사건이었다. 염정공서는 법집행, 예방 그리고 교육업무를 통하여 홍콩시민의 높은 신뢰를 얻게 되었고 그 결과 일상적이었던 부패는 크게 감소하게 되었다. 다만 염정공서의 엄한 취조에 대해 경찰관들이 반발하여 집단 항의 시위를 하기도 했다. 이 때문에 경찰관들의 가벼운 죄에 대하여는 불문에 붙이겠다는 타협을 하기도 하였다.

그러나 이 사건을 계기로 염정공서는 시민들의 탄탄한 신뢰를 얻게 되었고 홍콩 공직자들의 부패를 척결하는 확고한 기구로 성장하여 홍콩을 세계적으로 투명한 나라로 만드는 데 큰 역할을 하였다. 홍콩의 사례는 견제와 균형을 성공시키는 데는 좋은 제도의 도입과 더불어 업무처리에 있어서 조직의 독립성 보장이 중요함을 보여준다.

2014년 국제투명성 기구의 부패지수 발표에서 홍콩은 17위에 위치했다. 홍콩이 중국에 반환되기 이전에 비하여 크게 후퇴한 기록이긴 하지만 아직도 아시아 3위이다. 홍콩 반환 이후 점점 순위가 떨어지는 추세가 무엇을 의미하는지 생각해볼 일이다. 기구가 있어도 그 운용이 잘못되면 얼마든지 성과가 추락할 수 있다는 사실을 여실히 보여주는 사례라 하겠다.

국제투명성기구

피터 아이겐Peter Aigen이 세운 국제투명성기구는 세계 여러 나라들에 대한 부패지수를 매년 작성하여 발표하는 기구이다. 독일 베를린에 본사가 있고 런던에 통계 작성 등을 전문으로 연구하는 부설연구소를 운영하고 있다.

이 기구는 세계 각국의 부패 정도를 측정하는 여러 가지 지표를 설문조사와 공식 발표 문서들을 비교 분석하여 그 정도를 지수화함으로써 부패 정도를 평가한다. 지수는 0에서 100까지의 숫자[3]로 표시되는데 지수가 높을수록 청렴도가 높다.

안타깝게도 한국의 경우 지난 2009년에는 39위였으나 2011년 43위, 2012년 45위로 점점 더 나빠져 2013년에는 46위로 떨어졌다가

2014년에 43위로 다소 나아졌다. 전년보다 3단계 올라섰는데 이는 상위에 있었던 세인트루시아(2013년 22위)와 브루나이(2013년 38위)가 조사 대상에서 제외되었고, 몰타가 점수 하락으로 우리와 공동 43위를 기록한 때문이다. 결국 자력으로 개선된 것이 아니라 그 수준에서 정체하고 있음을 말해준다.

RANK	COUNTRY/TERRITORY	SCORE	RANK	COUNTRY/TERRITORY	SCORE
1	Denmark	92	24	Bahamas	71
2	New Zealand	91	25	United Arab Emirates	70
3	Finland	89	26	Estonia	69
4	Sweden	87	26	France	69
5	Norway	86	26	Qatar	69
5	Switzerland	86	29	Saint Vincent and the Grenadines	67
7	Singapore	84	30	Bhutan	65
8	Netherlands	83	31	Botswana	63
9	Luxembourg	82	31	Cyprus	63
10	Canada	81	31	Portugal	63
11	Australia	80	31	Puerto Rico	63
12	Germany	79	35	Poland	61
12	Iceland	79	35	Taiwan	61
14	United Kingdom	78	37	Israel	60
15	Belgium	76	37	Spain	60
15	Japan	76	39	Dominica	58
17	Barbados	74	39	Lithuania	58
17	Hong Kong	74	39	Slovenia	58
17	Ireland	74	42	Cape Verde	57
17	United States	74	43	Korea (South)	55
21	Chile	73	43	Latvia	55
21	Uruguay	73	43	Malta	55
23	Austria	72	43	Seychelles	55

2014년 국제투명성기구의 세계부패지수 순위

연구에 따르면 부패지수가 나빠지면 성장률과 해외투자 등의 경제 여건이 나빠진다는 결과도 있다.

국제투명성 기구는 매년 부패지수 발표 대상국을 늘려왔는데 현재는 175개국을 대상으로 하고 있다. 이를 통해 이 기구는 각국 정부와 반부패기구 간 비교 평가를 통하여 부패 방지 노력을 가일층 높이고 있다. 평가를 통해 관리를 하게 하고 관리를 통해 부패를 낮춤으로써 부패를 전 지구적으로 감소시키려는 노력을 하며, 역사를 발전시키는 데 기여하고 있다.

한국의 부패방지 제도: 도전과 좌절

한국의 부패방지 노력은 김대중 정부에서 부패방지법을 마련하고 부패방지위원회를 출범시킴으로써 구체화되었다. 그러나 이 노력은 최고 지도자의 의지와 법적 미비점 때문에 아직 제 역할을 다한다고 평가할 수 없는 실정이다.

1997~98년의 외환위기 이후 부패방지에 대한 관심이 높아지고 시민운동 단체들의 부패방지법 제정 요구가 거세어지자 이를 받아들여 1999년에 '부패방지 종합대책'이 마련되었다. 대통령자문기구로 반부패특별위원회가 설치되었고 2000년 12월 경실련, 참여연대, YMCA 등 38개 시민단체가 연합하여 부패방지입법 시민연대를 결성, 부패방지법(안) 입법청원을 하였으며 민주당과 한나라당이 부패방지관련법(안)을 제출하였다. 결국 2001년 6월 고위공직자들의 비리를 신고하고 이를 조사하여 처벌할 수 있도록 한 부패방지법이 국회에서 의결된다. 정부는 2001년 7월 24일, 부패방지법을 제정 · 공포(법률 제6494호)하고 2002년 1월 25일에 부패방지위원회가 정식으로 출범하였다.[4]

부패방지위원회의 위원은 9명으로 구성되어 있으며 위원 중 3인은 대통령이 임명하는 상임위원이고 나머지 비상임위원 6인 중 3인은 국회, 3인은 대법원장이 추천한 사람을 대통령이 임명 또는 위촉하며 임기는 3년이다. 위원회 기능을 보좌하기 위하여 사무처를 두었으며, 사무처는 고위공직자에 대한 부패신고를 조사하고 부패방지정책 등을 연구하여 위원회에 상정하며 위원회의 결정에 따라 이를 처리하는 역할을 하도록 하였다.

부패방지위원회는 정무직 공무원과 국회의원, 판사, 검사, 그리고 장성급 군인, 경무관급 이상 경찰공무원 등 고위공직자의 비리를 대상으로 하고 있다는 점에서 고위공직자에 대한 견제시스템이라고 할 수 있다. 실제로 부패방지위원회 제1, 2호 사건으로 전직 검찰 총장 등에 대한 뇌물 공여 사건이 신고되고 조사되면서 사회적 천적이 없는 무견제 기관과 고위직 공무원들이 긴장하기 시작한 것은 사실이었다.

그러나 이 사건은 부패방지위원회에서 조사한 후 검찰에 고발하였으나 불기소 처분되었다. 다행히 검찰이 기소하지 않을 경우 고등법원에 재판을 신청할 수 있는 재정신청권을 발동하여 고법에 재판을 청구하였으나 역시 고등법원에서 증거불충분으로 기각되었다. 다만 검찰까지도 감시와 견제를 할 수 있는 기관이 존재한다는 사실 자체만으로 고위공직자들이 몸조심하고 경계하는 효과를 낼 수는 있었다.

이 법이 제대로 견제와 균형의 역할을 하려면 법적으로 보다 완벽한 조사권을 부여하였어야 했다. 이 법의 치명적 약점은 국회입법 과정에서 나타났다. 원래는 신고자와 피신고자를 다 조사하는 것이 필요하나 국회 논의 과정에서 신고자에 대한 조사는 할 수 있으나 피신고자에 대한 조사를 할 수 없게 만들어 버렸다. 위원회에 신고된 비리를 신고자 측만 조사하여 혐의가 인정되면 검찰에 고발하도록 한 것이다. 검찰에서 불기소 처분한 경우 고등법원에 재정신청을 할 수 있는 장치는 마련되었지만 반쪽의 조사권으로 견제를 위한 조사 기능이 충분히 보장되지 못한 기구가 되어버렸다. 제1호 사건의 경우 뇌물로 준 카펫이 1,500만 원 상당의 페르시아산인가 150만 원 상당의 중국산인가가 중요하였다. 신고인은 페르시아산이라 하였으나 검찰조사 과정에서 이것이 중국산으로 둔갑하여 공소시효를 넘긴 뇌물죄로 처리된 것이었다. 1,000만 원 이상이라는 증거가 확보되었으면 아직 공소시효가 남아있는 특가법 대상으로 처벌을 받았을 것이다. 반쪽 조사권이 문제였다. 피신고인까지 조사할 권한이 주어졌으면 아마도 압수수색을 통해 증거물을 확보할 수 있었을 것이다. 이런 맹점 때문에 법 시행 1년 만에 피신고인에 대한 조사권을 부여하는 법 개정 노력이 있었지만 성과를 보지는 못했다.

참여정부에서는 이 기관의 약점을 보완하기보다는 고위공직자 비리조사처라는 강력한 새로운 기구를 설치하는 정책을 내세웠다. 하지만 고위공직자 비리조사처의 설치는 끝내 이루어지지 못하고 말았다. 부패방지위원회도 그 기능이 강화되기는커녕 오히려 이름을 국가청렴위원회2005년로 바뀌면서 힘이 빠졌다. 이는 다시 이명박 정부 들어서로 기능이 다른 국가청렴위원회와 국민고충처리위원회, 그리고 행정심판위원회가 국민권익위원회로 통합되어 버렸다.[5] 전혀 기능이 다른 세 기관을 한 기관으로 묶어놓았기 때문에 고위공직자에 대한 비리조사 기능은 잘 보이지도 않을 정도로 약화되었다.

우리나라의 부패방지는 1993년 금융실명제 실시로 한 단계 올라섰고 2004년 정치관련법 개정으로 그동안 선거 때마다 몇조 원을 쓰는 정경유착과 같은 부패를 크게 감소시켰다. 그러나 아직도 공기업, 정부출연기관이나 출자기관, 금융기관, 각종 협회 등의 대표나 요직에 이른바 낙하산 인사가 계속되는 등 아직도 정경유착의 비리가 적지 않게 남아 있다. 견제가 없는 권력기관의 부패도 적지 않게 남아 있다. 이를 해결하려면 제대로 된 조사권을 갖춘 독립적 반부패기구가 필요하다. 이는 싱가포르에서 보듯이 대통령의 의지에 달려 있다. 선거 공약으로 이를 내세우고 리더십을 통해 강력하게 추진하여야 성공할 수 있는 일이다.

우리나라는 국제투명성기구에서 발표하는 부패지수로 보면 100점 만점에 55점 수준에 머물러 있다. 세계 15위의 소득수준에 비추어볼 때 상대적으로 높은 부패 수준임을 알 수 있다. 투명성 지수가 70점 이상으로 높아져 20위권에는 들어야 우리 수준에 맞는다.

19장 | 최초의 성문법, 함무라비 법전

인류 역사상 기록이 남아 있는 가장 오래된 법률은 고대 바빌로니아의 함무라비^{ham-}murabi 왕의 법전이다. 1901년 말 프랑스 탐험대가 페르시아의 고도^{古都} 수사^{Susa}에서 돌기둥에 새겨진 법전을 발견하였으며, 현재 완전한 원형으로 루브르 박물관에 소장되어 있다.

인류 최초의 성문법

이 법전에 대하여 우리가 눈여겨볼 사항은 법전이 만들어진 시기가 지금으로부터 3800여 년 전이라는 점이다. 이 시기에 이만한 법률을 만들고 운영했다는 점을 감안하면 당시 바빌로니아는 신뢰와 법치가 잘 이루어진 적지 않은 인구의 농경 문명국이었을 것이다. 거꾸로 이 시기에 100만 명 정도의 인구를 가진 곳이 이들 유프라테스와 티그리스 지역의 몇몇 나라였는데 이만한 법제도가 구축되어 있었기 때문에 가능한 일이었다고 볼 수도 있다.

함무라비 법전이 기록된 돌기둥 상단부와 본문. 함무라비 왕(서있는 사람)과 태양신 샤마시 신이 조각되어 있다.

함무라비 법은 귀족과 평민과 노예로 구성된 3신분제 사회에서
사회를 지배했던 신관과 왕과 지주 등 귀족들의 재산권을 보호하기
위한 것이었다.

함무라비, 당신은 찬양받을 고귀한 군주요, 신들의 충실한 신하다. 당신
은 정의를 사방에 전파하고 사악함을 제거하였으며 강자를 누르고 약
자를 도와주었다. 당신은 만인을 교화하고 행복하게 만들어 주었고…
백성의 요구를 만족시켜 주었다. 당신은 바빌로니아의 생명과 재산을
지켜주었고 우리의 충실한 종이었다. 당신의 모든 행동은 우리를 매우

행복하게 만들었다.[1]

함무라비 법전의 서문의 일부이다. 이 법전이 설형문자로 적혀 있는 돌기둥의 맨 윗부분에 함무라비 왕이 법전을 샤마시Shamash 신 으로부터 전해 받는 장면이 돋을새김으로 조각되어 있는데 이는 법 신수사상을 의미하는 것으로 신권이 아직 왕권 위에 건재하고 있음 을 엿보게 한다. 농경사회법인 함무라비 법은 신분제 사회에 적용되 는 고대법이었다. 더구나 돌기둥에 이를 새겨 넣었기 때문에 시대의 변화에 따라 개선될 수도 없었다. 일정한 시대적 한계 속에서 통치에 이용된 법전이자 사회적 기술이었음을 알 수 있다.

'정의의 왕' 함무라비

함무라비 왕은 고대 바빌로니아 제1왕조의 제6대 왕이다. 고대 바빌로니아 왕국은 BC 2006 년에 건립되었는데 BC 18세기 함무라비 왕BC 1792~BC 1750 재위이 즉위하면서 유프라테스 강과 티그리스 강 유역이 통일되었다. 함무라비 왕은 정복전쟁을 통하여 메소포타미아 지 역을 장악한 후 강력한 리더십을 발휘하여 치수사업과 수리시설을 확장함으로써 농업 발전 에 주력하였다. 황무지를 비옥한 경작지로 만들었고 수송과 교통을 편리하게 하기 위해 키 시Kish에서 페르시아 만까지 운하를 건설하였다. 상공업과 무역의 확대에도 성과를 내었다. 교역활동을 하는 상공인들을 활용하고 주변국 정세를 잘 파악하여 정복전쟁을 유리하게 이 끌었다.

그는 상비군을 조직하여 BC 1787년부터 통일전쟁을 시작하였다. 이신, 라르사, 마리 등 도시국가를 점령하였다. 통일전쟁을 35년이나 계속하였는데 아시리아와 속령 에시눈나Esh-nunna를 제외하고 모두 통일하는 성과를 거두었다.

농경사회에 맞는 종합 법

전체 282조로 구성된 함무라비 법전은 다양한 내용을 담고 있으나 전체적으로는 농경사회에 맞는 경제법, 가족법, 형법 등이 중심을 차지하고 있다. 경제법 중에는 가격, 배상요율, 교역 및 상업상의 규칙들을 포함하고 있으며 결혼과 이혼 등 가족법과 도둑질 및 상해시 배상과 처벌 등에 관한 형법 그리고 노예제에 관한 사항, 채무에 관한 사항 등 민법적인 내용들이 다수 포함되어 있다. 법 조항 순서로 보면 재판에 관한 사항(1~5조), 도둑질에 대한 처벌 등(6~25조), 군인이나 경찰에 관한 사항(26~41조), 농업 관개 및 가옥에 관한 사항(42~87조), 상업에 관한 사항(88~111조), 부채와 상환 및 공탁에 관한 사항(112~126

통일국가를 다스리는 데 필요한 관료기구도 정비하였다. 특히 군권을 독점한 그는 토지를 병사들에게 분배함으로써 안정된 통치의 기반을 구축하였다. 정복전쟁을 통해 획득한 노예들을 활용한 완벽한 노예제 국가체제를 확립하였다.[2]

서문과 본문 282조 및 결문으로 구성되어 있는 함무라비 법전은 수메르 시대부터 사용되어 온 설형문자로 기록되어 있다. 이는 함무라비 왕이 그의 만년인 BC 1750년경에 기록한 성문법이다. 이 법이 온전한 형태를 갖춘 가장 오래된 고대법이다. 물론 이보다 먼저 만들어져 전해 내려오는 수메르 법, 아카드 법 등을 기초로 하여 대법전을 집대성한 것으로 추측된다.

이법의 서문 및 결문에는 "정의의 왕The King of Righteous 함무라비"라는 말이 여러 차례 나온다. 그리고 후대에 이 법을 잘 지켜 노인과 고아와 같은 사회적 약자를 보호하고 정의를 실현해갈 것을 권고하는 내용도 발견된다.

조), 가족에 관한 사항(127~195조), 이혼에 관한 사항(137~143조), 취첩(144~149조), 간통죄(129~132조), 배우자의 장기부재(133~136조), 근친상간(154~158조), 상속(165~184조), 양자(185~193조), 유모에 관한 사항(194조), 존속상해(195조), 상해치사(196~214조), 임산부에 대한 상해(209~212조), 각종 직업과 관련된 분쟁(215~277조), 의사(215~219조), 건축업자와 선원(229~239조), 축력과 사람의 노동력 사용(241~251조), 노예(278~282조) 등으로 오늘날 민법, 상법에 관련된 다양한 내용을 포함하고 있다.

농경사회 법이라는 것은 다음과 같은 예에서 잘 드러난다.

"어떤 사람이 다른 사람의 땅에 있는 나무를 베었다면 그에 대해 변상해주어야 한다." "어떤 사람이 자신의 논에 물을 대려고 하다가 부주의한 사고로 다른 사람의 논에 물이 차게 만들었다면 그는 자신이 망가뜨린 곡식에 대해 변상해주어야 한다." "도둑이 소나 양, 당나귀, 돼지, 염소 중 하나라도 훔쳤다면 그 값의 열 배를 보상해주어야 한다. 도둑이 보상해줄 돈이 없다면 사형당할 것이다."

법에서 언급하고 있는 생산물이 주로 곡물과 참깨 그리고 보리 등 농산물이고 생산지로서 농지와 더불어 과수원과 목장이 자주 나타나는 점에서도 당시의 경제적 기반이 농·축산업이었음을 알 수 있다. 관개수로 유지나 제방 보수에 관한 엄격한 조항이 존재하는 것도 역시 농경사회임을 보여준다. 상인은 두 종류, 즉 일반 상인tamkarum과 행상samallum으로 구분하여 언급되고 있다.

상업과 관련하여 주목할 것은 이 당시 이미 원본과 이자에 대한 개념이 통용되고 있었다는 점이다. 본문 50조와 51조를 보면 곡식 또는 참깨 경작지를 빌려준 주인은 그 토지로부터 원본과 이자를 곡식 또는 참깨로 받아야 한다. 만약 상환할 돈이 없으면 상인으로부터 빌려왔던 차입액과 이자에 대하여 왕이 정한 요율에 따라 시장가격으로 상인에게 현물로 갚아야 한다.[3]

제88조는 다음과 같이 이자 요율을 명시하고 있다. "상인이 곡물을 빌려줄 때에는 곡물 1쿠르kur(부피의 단위)에 대하여 60콰(1 qa=약 120리터)의 이자를 받는다. 은을 빌려줄 때에는 은 1쉐켈shekel에 대하여 6분의 1 쉐she의 이자를 받는다."

정직한 도량형에 관한 조항(제90조)을 보면 이미 상거래의 표준화와 공정성이 법적으로 논의되고 있었음을 알 수 있다.

임금에 관한 사항도 법으로 정해져 있다. 제273조는 노동시간과 임금에 관하여 다음과 같이 정하고 있다. "사람이 노동자를 고용하였으면 연초부터 5월까지는 하루에 은 6쉐를 주고, 6월부터 연말까지는 하루에 은 5쉐를 주어야 한다"고 되어 있다. 이같이 거래에 관한 공정성과 규칙을 정해서 거래를 원활히 하고 예측 가능성을 높였다.

엄격한 신분제

함무라비 법전은 귀족, 평민, 노예의 3신분을 명시하여 동일한 죄라도 신분에 따라 차이를 두고 있다. 엄격한 신분제 사회를 바탕으로 한 법전임을 알 수 있다. 이 법에서 주목할만한 내용의 하나는 응징 제도이다. 남에게 해악을 끼친 자는 그에 상응하는 징벌을 받아야 했는데 이러한 응징도 신분에 따라 그 적용이 달라진다.

귀족과 평민, 노예의 신분사회라는 사실은 법 적용이 신분에 따라 다르게 적용됐다는 점에서 분명하게 나타난다. 노예는 소나 일반 물건과 마찬가지로 매매할 수 있는 재산이었고 노예를 도망케 하거나 숨겨준 경우에는 사형에 처하였다.

제15조를 보면 사람이 궁전의 남자 노예나 궁전의 여자 노예, 평민의 남자 노예나 평민의 여자 노예로 하여금 도시의 문을 떠나게 하였으면 그를 죽인다. 제16조에는 도망 중인 남자 노예나 여자 노예를 자기의 집안에 숨겨 두고 큰 소리로 알리는 사람의 외침에도 불구하고 떠나게 하지 아니하였으면 그 집의 주인을 죽인다고 적혀 있다.

이것으로 미루어 보아 함무라비 법은 노예를 재산으로 보고 이 재산권을 보호하되 왕이나 귀족 등 노예 소유자에게 유리한 법이었다. 지배층이 땅과 가축 그리고 노예의 소유자이기 때문에 이에 대하여 엄격한 처벌 조항을 만들어 놓은 것이다.

신분에 따라 달라지는 탈리오 원칙

아래에 소개하는 196조 이하에서 보듯이 하층계급이 상위계급에 대하여 저지른 범죄에 대해서는 매우 엄격하게 보복적 조치가 적용되나 상위계급이 하위계급에 대하여 저지른 범죄에 대하여는 같은 범죄라도 낮은 형벌을 내리게 하였다.

동해보복Lex Talionis의 탈리오 원칙은 평민과 노예에 한하여 엄격하게 적용되었고 귀족에 대하여는 비교적 관대한 처분이 내려졌다. 귀족, 평민, 노예라는 신분에 따라 법 적용이 다를 만큼 엄격한 계급사회의 법이었다. 우선 관련 조항들을 살펴보면 다음과 같다.

(196조) 평민이 귀족의 눈을 쳐서 빠지게 하였으면, 그의 눈을 뺀다.

(197조) 평민이 귀족의 뼈를 부러뜨렸으면, 그의 뼈를 부러뜨린다.

(198조) 귀족이 평민의 눈을 쳐서 빠지게 하였거나 평민의 뼈를 부러뜨렸으면, 은 1미나mina를 물어주어야 한다.

(199조) 귀족이 평민의 노예의 눈을 쳐서 빠지게 하였거나 노예의 뼈를 부러뜨렸으면, 그 값의 2분의 1을 그 주인에게 물어주어야 한다.

(200조) 귀족이 자기와 같은 계급의 사람의 이를 빠뜨렸으면, 그의 이를 빠뜨린다.

(201조) 귀족이 평민의 이를 빠뜨렸으면, 그는 은 3분의 1 미나를 물어야 한다.

(202조) 사람이 자기보다 상급인 사람의 뺨을 때렸으면, 민회에서 소가죽 채찍으로 60번 맞는다.

(203조) 귀족이 자기와 같은 계급인 귀족의 뺨을 때렸으면, 은 1미나를 물어야 한다.

(204조) 평민이 평민의 뺨을 때렸으면, 은 10쉐켈을 물어야 한다.

(205조) 노예가 귀족의 뺨을 때렸으면, 그의 귀를 자른다.

(206조) 서로 다투다가 무심코 상대방에 상처를 입힌 자는 "일부러 친 것은 아니다"라고 맹세하여 말하고 치료비를 물어준다.

존속상해나 아기에 대한 유모의 범죄에 대해서도 엄한 형벌을 적용하고 있다. 유모가 자기에게 위탁된 아이를 잘못하여 죽게 하고 부모 몰래 "다른 아이를 가슴에 안았으면" 그녀의 유방을 베어 버린다(194조). 존속폭행에 대해서도 엄격한 처벌을 감수해야 한다. 즉 아들이 자기의 아버지를 때렸으면, 그의 손을 자른다(195조).

이외에도 함무라비 법전은 시민의 생활과 관련된 많은 응징 제도를 만들어 적용하고 있었다. 강도가 어떤 집에 구멍을 뚫고 들어가 물건을 훔쳤다면 그 구멍 앞에서 죽음을 당할 것이다."의사가 환자를 수술하다가 환자가 죽게 되었다면 의사의 손은 잘릴 것이다."건축가가 집을 지었는데 그 집이 무너져 주인이 죽음을 당하면 건축가는 사형에 처한다."

공정한 재판을 위해서 재판과 관련하여 사건 처리에서 잘못을 저지른 판사는 그 지위에서 영구히 추방되고 무거운 벌금을 내도록 하였다.

거짓 증언을 한 증인은 사형에 처했는데 이같이 사형이라는 최고의 형벌이 아주 많이 등장한다. 가옥을 잘못 지을 경우에도 사형에 처한다. 만약 집을 잘못 지어 무너지는 바람에 집주인이 죽었다면 건축자는 사형, 집주인의 아들이 죽었다면 건축업자의 아들을 사형시켰다. "이에는 이, 눈에는 눈"이라는 탈리오 법의 원형이 여기에서도 나타난다. 이러한 보복적 처벌은 예외 없이 적용되었다.

다만 한 가지 예외가 눈에 띄는데 처벌 대상자인 가해자가 선고형 대신 스스로 유프라테스 강에 뛰어드는 형으로 바꿀 수 있도록 한 것이다. 이 경우 만약 살아남으면 그는 무죄로 인정되어 형벌을 면할 수 있었다.[4]

이 법률은 메소포타미아 지역에서 그 후 약 1000년 동안 적용되었다. 이러한 방대한 규칙이 필요할 만큼 당시 사회는 인구가 크게 늘어났고, 이에 따라 대규모 권력기구와 행정조직이 발달하였을 것으로 추정된다.[5] 이 때문에 사회적 신뢰를 쌓을 수 있는 객관적 규칙들이 필요하였을 것이다.

신분사회 법의 한계

함무라비 법전은 거의 4천 년 전 바빌로니아에서 사회의 안정과 국민의 복리를 위해 사용하였던 법과 제도였다. 당시로서는 꼭 필요한 것이었고 이를 잘 갖추고 집행함으로써 신뢰성을 높여 오랫동안 국가의 안녕과 번영을 이룩하는 데 기여하였다. 법과 제도를 잘 구비하고 운영하면 사회 구성원들의 예측 가능성을 높이고 활력을 이끌어낼 수 있었다. 따라서 서문에서 말한 정의의 왕이란 신분사회에 맞는 법을 만들었다는 차원의 정의라고 할 수 있을 것이다.

그러나 바빌로니아도 쇠퇴의 길로 들어서서 얼마 지나지 않아 역사에서 사라졌다. 좋은 법과 제도를 갖추었어도 사회가 지속적으로 번영하지 못하고 흥망성쇠가 계속되는 이유는 무엇일까?

여러 가지 요인이 있으리라 생각되지만 법과 제도만 가지고 보면 일정한 시기에 적합한 법 자체가 갖는 역사적 한계를 지적할 수 있다. 함무라비 법은 엄격한 신분제 사회에 적용되는 법이었다. 귀족과 평민과 노예라는 3신분이 엄연히 존재하고 이들 신분의 차이에 따라 법 적용이 달랐다. 그러나 역사는 신분 이동이 이루어지는 방향으로 발전한다. 발전하는 사회는 신분 이동이 가능한 사회이며 사회가 그렇게 바뀔 때 법 제도가 여기에 부응하지 못하면 결국 쇠퇴의 길로 들어설 수밖에 없다.

함무라비 법전이 기록된 돌기둥은 깨트리지 않고는 변할 수가 없을 정도로 견고하다. 이것은 변화에 따라 손쉽게 법제도를 개선하기 어려웠다는 것을 상징한다. 이 점에서 변화에 적응하여 법을 고쳐나갔던 로마법과는 다르다. 역사의 변화에 대응하여 신축성 있게 바꾸고 운영의 묘를 보이는 법치가 이뤄졌을 때 국가 번영의 수명이 연장된다.

20장 | 로마법과 중국의 법가사상

법치의 역사에서 로마법은 매우 중요한 위치에 있다. 로마에 가면 로마법을 따르라는 말이 있듯이 그 존재 가치가 높았던 고대법으로 오늘날까지 큰 영향을 미치고 있기 때문이다. 평민의 자유와 권한을 보호하려했던 로마법이 인류 역사 발전에 어떠한 기여를 하였는지 그리고 왜 높은 평가를 받는지 몇 가지를 간추려보자.

첫째, 시민 참여에 의한 법치의 틀을 보여주었다. 군주나 왕의 명령으로만 만들어지는 법은 진정한 법이 아니다. 자유를 위한 평민의 투쟁으로 쟁취한 결실이 포함되어 있다는 점에서 의미가 크고 역사적으로 귀중한 교훈이 된다.

둘째, 피정복민에 대한 패자동화 정책과 해방노예 제도를 도입하여 사회 구성원의 신분 이동을 가능하게 하는 포용정책을 법제화하였고, 로마인의 자유 확대에 기여하였다.

셋째, 시대의 변화에 따라 사회 모든 계급 간 타협을 보여준 신축성 있는 법이다. 일방적으로 특정 계층의 전유물이 되지 않도록 견제와 균형을 강화해나갔다. 그러나 견제와 균형을 파괴한 제정 이후 로마는 쇠퇴하고 만다.

넷째, 민회를 설치하고 민회의 입법 기능을 도입하였다.

다섯째, 상거래와 교환을 원활히 하기 위한 재산권 제도 혹은 소유권 제도의 기초를 마련하였다.

여섯째, 그 외에도 형사소추와 재판 절차 등 절차 법의 초석을 놓았다.

오늘날 대부분의 유럽 제국과 미국 등 서구 문명국들은 물론 서구법의 영향을 받은 동양의 한국이나 일본 등도 로마법의 영향을 받을 만큼 현재 살아있는 법률들의 뿌리가 로마법이라고 할 수 있다. 한편, 동양에서는 중국의 법가사상이 있었다. 로마법과 법가사상의 변천과정을 살펴보고 그 차이와 공통점을 알아보고자 한다.

몬스 사케르 농성으로 획득한 호민관 제도

로마는 BC 509년에 왕정이 끝나고 공화정이 시작되었다. 로마법은 공화정 이후 시민들의 투쟁에 의하여 그들의 권리와 자유를 하나씩 확대해 나가는 과정에서 만들어졌다는 데 의의가 있다.

공화정 초기 로마사회는 귀족계급과 평민계급으로 나뉘어 있었다. 이들 계급 간의 사회적 신분 격차는 컸다. 원로원Senatus 의원 가문을 중심으로 한 귀족들은 행정직과 성직을 독점하였으며 파트리키patrici 라 불렀다. 반면에 평민인 플레브스plebs는 공직에 오를 수 없었으며, 파트리키와 결혼하는 것조차 금지되어 있었다. 정복전쟁을 위한 군대에 평민들이 참여하였으나 전리품의 분배나 각종 세금제도도 평민에게 불리했다.

평민들은 신분 격차에서 오는 가혹한 불평등을 해소하기 위해 BC 5세기에 들어서면서부터 격렬하게 저항하기 시작했다. 이를 신분 투쟁이라고 하는데 수세기에 걸쳐 투쟁을 거듭하여 조금씩 자신들의 권리를 찾아갔다. 그들이 채택한 저항 방법은 집단으로 로마에서 떨어진

산으로 올라가 로마로 돌아가지 않겠다고 농성하는 것이었다. 첫 번째 투쟁이 BC 495년의 몬스 사케르Mons Sacer 성산항거였다. 가혹한 채무에 반발해 평민들이 집단으로 로마에서 떨어진 언덕으로 올라가 자치를 선언하며 BC 494년까지 항의 농성을 벌였다.

이러한 집단 저항으로 평민들은 몇 가지 권리를 얻어냈다. 첫째, 평민들이 그들의 문제를 논의하는 평민회를 구성할 수 있게 되었다. 둘째, 막강한 권한을 가진 호민관을 스스로 선출할 권한을 갖게 되었다. 다만 평민들로 구성된 평민회의 의결 사항은 평민에게만 적용되었다. 귀족들에게는 구속력이 없는 법률이었다. 반면 호민관 제도는 매우 독특한 것이었다. 호민관은 원로원이나 집정관의 결정에 거부권을 행사할 수 있는 막강한 권한을 가졌다.

몬스 사케르 성산저항은 평민 스스로 투쟁을 통해 얻어낸 성과라는 점에서 그리고 이로부터 기회가 있을 때마다 평민들은 집단 항거라는 방법으로 조금씩 더 진전된 권한들을 확보해나갈 수 있었다는 점에서 로마 역사에서 큰 의미가 있는 평민의 승리였다.

집정관 한 명을 평민으로

호민관 제도 도입에 이어 또 하나의 성과는 BC 367년에 있었다. 최고행정관인 집정관 2명 중 한 명을 평민 출신에서 선출하기로 합의한 것이다. 이 성과를 담은 법이 리키니우스 섹스티우스 법Lex Licinia Sextia이다. 평민이 최고 집정관 한 자리를 확보할 정도로 권한이 확대된 것이다. 호민관에게 거부권은 있으나 집행권이 없었기 때문에 시민의 이익을 보다 적극적으로 대변하고 보호하는 데 한계가 있었다. 집정관 1명을 평민 중에서 선출하게 한 것은 시민의 권익 보호 차원에서 큰 진전이었다.

이 법은 호민관 리키니우스와 섹스티우스의 제안에 따라 BC 367년에 통과되었다. 2명 중 1명의 집정관을 평민에서 선출한다는 이 법에는 공동체 내의 경제적 빈부 격차를 줄이기 위한 조치도 포함되어 있었다. 부자의 토지 점유 면적과 보유 가축 수를 제한한 것이다. 1인당 공유지 점유 면적 한도를 500유게라(1유게라는 약 2~3에이커)로 낮추고 공유지에서의 방목 가축 수도 소 100마리, 양 500마리로 제한했다. 이런 조치는 평민과 귀족 간의 신분적 격차와 경제적 격차를 줄이기 위해 고심한 노력으로 보인다. 로마인들은 이런 법률을 통해 공동체 내의 통합과 신뢰를 높이고자 하였다. 이런 제도가 로마의 힘이 되

호민관 제도

호민관 제도는 고대 로마에서 평민들의 귀족에 대한 항거를 통해 얻어낸 성과로서 평민의 권리를 지키기 위하여 평민 중에서 선출한 최고 관직이다. 공화정 초기인 BC 494년 평민과 귀족의 신분 투쟁 결과 호민관 제도가 탄생했다.

호민관 정원은 최초 5명이었다가 BC 449년 이후 10명이 되었고 임기는 1년이며, 평민의 생명과 재산을 지키는 것이 임무였다. 호민관들은 항상 집 문을 개방하여 시민들의 애로사항을 청취하였다. 그들은 평민회에서 법률을 발의할 수 있었고 때로는 원로원에 청원할 수 있는 권리가 있었다. 집정관이나 다른 정무관의 결정과 원로원의 결정에 대하여 거부권을 행사할 수 있었다. 그들의 활동을 보호하여 충실히 시민을 위해 임무를 수행할 수 있도록 신성불가침의 신분 보장을 규정하였다. 만약 누군가가 위해를 가하거나 의무수행을 의도적으로 방해하는 경우에는 사형에 처할 수 있게 하였다. 다만 호민관의 권한은 로마 시와 시경계선 밖 1.6킬로미터 이내에서만 효력을 가졌다. 다시 말해 속주 총독에 대해서는 구속력이 없었다.

었고 대제국 건설의 바탕이 되었다.

평민회 의결 사항의 국가법 인정과 평민 출신 독재관 선출

그러나 이 정도로 평민의 신분 투쟁이 끝나지 않았다. 평민회가 있었으나 그 결정 사항은 평민에게만 해당하는 '평민 따로, 귀족 따로'의 차별이 존속되고 있었기 때문이다.

BC 287년 평민은 다시 집단으로 로마를 떠나 야니쿨룸Janiculum으로 이동하여 농성하였다. 이번 농성에서도 평민이 승리한다. 이 승리로 평민회 의결 사항이 평민에게만 적용되는 것이 아니라 귀족에게도 적용되는 로마국법으로 인정받게 되었다. 이는 평민 출신의 호르텐시

그리고 평민들의 중범죄를 보호하는 데에는 권한을 사용할 수 없었다.

평민회의 의결이 국법과 동등한 구속력을 가지게 된 뒤(BC 287년 호르텐시우스법)로는 호민관의 권한이 증대되었다. 공화정 말기에는 평민회 의장으로서 거부권 발동에 따라 정치적으로 행사하는 중요한 역할 때문에 정쟁의 도구가 되었다. 이 직위를 발판으로 삼아 BC 2세기에 사회개혁을 기도한 것이 그라쿠스 형제이다. 그라쿠스 형제는 호민관직을 활용하여 자작농을 육성하는 토지개혁을 비롯하여 빈민, 무산자를 돕는 여러 가지 사회개혁을 시행하려고 했으나 원로원과 귀족들의 반대로 실패하였다. 이후 술라가 독재관이 된 이후 호민관의 거부권과 입법권을 대폭 제한하였고 호민관이 국가의 정무관政務官임을 부인하기도 하였으나 카이사르와 더불어 삼두정치를 시작한 크라수스와 폼페이우스에 의해 곧 복구되었다. 아우구스투스 이후 제정시대에는 관직으로서는 존속하였지만, 본래의 기능은 상실하였다. 황제는 호민관의 권리를 가짐으로서 신분상의 신성불가침성을 확보하고 거부권을 행사하였으며 칙령과 법률을 공포하고 각종 기관을 소집할 권리를 가졌다.

우스가 독재관으로 임명되면서 시행되었다. 독재관 제도는 국가의 위기시에 활용한 제도인데 독재관은 누구의 간섭도 없이 통치를 할 수 있는 막강한 권한을 부여받았다. 이 자리에 평민 출신 호민관이 선출된 것이다.

호르텐시우스는 독재관 취임 이후 매우 주목할만한 법을 제정하였다. 바로 유명한 호르텐시우스 법Lex Hortensia이다. 평민회에서 의결된 사항인 플레비사이트plebiscite가 평민만이 아니라 모든 계급에 적용되는 법으로서 효력을 지닌다는 내용이다. 이 법이 제정됨으로써 입법기관으로서 평민회의 위상이 높아졌다. 민회는 국가의 공식 입법기관으로 인정받게 되었고 평민회 의장 역할을 한 호민관의 정치적 권한도 크게 신장되었다.

이처럼 신분상, 경제상 그리고 권력 행사에 있어서 시민의 권한이 점점 상향되는 일련의 법률을 제정하고 개정하는 과정이 바로 공화정기 로마법의 특징이다. 법률이 시대 상황에 따라 그리고 로마시민의 적극적 정치 참여에 따라 조정되고 변화한 것이다. 로마의 귀족계급에 대한 평민계급의 견제와 균형이 점차 강화되는 사회적 기술의 발전 과정이었다고 할 수 있다.

12표법으로 시작되는 시민법

로마 공화정이 시작된 반세기 만인 BC 451년에서 449년의 기간에 로마에서는 평민의 요구로 '법전제정 10인관'이 설치되어 포괄적인 입법이 이루어졌다. 이를 12개의 표表에 기록되어 공시되었다 하여 12표법이라고 부른다.

12표법 입법의 전 과정에 관해서는 불확실한 면이 있으나 그것이 평민들의 항거의 결과로 비상정무관인 법제정 10인관에 의해 입법된 것은 확실하다. 이 법은 그리스 영향을 받은 남부 이탈리아의 여러 도시의 법들을 참고하여 개별적으로 이들을 종합하고 수정했다고 알려져 있다.

12표법과 관련하여 우리가 주목할 부분을 요약하면 다음과 같다.

첫째, 이 법은 지금 온전히 전해오는 것은 아니고 약 3분의 1만이 전해지고 있다.

둘째, 이 법은 로마시민들의 항거를 계기로 만들어진 특유한 법이라는 의미로 시민법[1] 이라고도 부른다. BC 287년 야니쿨룸 항거 이후에 제12표에 민회에서 가결된 모든 법률은 법적인 구속력을 가진다는 조항이 추가된 것도 이를 입증해준다.

셋째, 관습법으로 내려오던 것을 성문법으로 만들고 귀족들의 자의적 법적용을 제한하는 의미가 있다. 그러나 제11표에 귀족과 평민 간의 결혼을 금지한다[2]는 등의 내용에서 보듯이 기본적으로는 당시 권력과 재산을 보유한 귀족들의 기득권을 수호하려는 내용이 포함되어 있다.

넷째, 이 법에는 주로 민사와 관련된 내용들이 많다. 예를 들면 사적인 권리분쟁과 소송절차 및 집행에 관한 상세한 내용들과 채무에 관련된 사항, 가족법, 상속법 그리고 상해, 절도, 재물손괴 등 불법행위에 대한 판단과 처벌규정이 있다.

다섯째, 당시가 농경사회이기 때문에 농경민을 구성원으로 하는 공동체에 맞는 법이다.

여섯째, 시기적으로 보아서 그리스의 영향을 받았을 것이라는 점이다. 12표법은 배상금을 의미하는 포에나poena(제8표 4조)가 그리스에게 가져온 용어인 것을 비롯하여 그 내용면에서 그리스 도시법과 유사한 면이 보이기 때문이다.

일곱째, 12표법은 갈리아인에 의해 파괴되어 없어졌으나 후에 다시 만들어져 8세기에 이르기까지 보존되었다.

외국인에게도 적용되는 만민법(국제법)

BC 3세기 무렵부터 로마가 이탈리아 반도를 넘어 전 유럽과 아프리카 북단을 비롯한 지중해의 여러 지역을 점령함에 따라 외국인들의 로마 방문과 거주가 늘어난다. 로마시민과 로마시민이 아닌 외국인과의 계약이나 소송이 있을 경우 이에 합당한 법률이 필요하였다. 로마의 법체계와 다른 외국인에 대한 합리적인 통치법의 하나는 로마시민권을 부여하는 방법이었다. 외국인으로서도 불이익을 당하지 않기 위해 로마시민권을 부여받는 것이 중요하였다. 처음에는 로마인에게 한정되었던 시민권을 이탈리아 반도의 전 주민으로 확대하였다가(율리아법과 로스키아법), 212년에 카라칼라의 칙령에 의해 속주지방의 주민에 대하여도 로마시민권을 부여하게 되었다. 속주의 경제 파탄과 재정수입 감소 등 부작용이 있었으나 법체계에서 보면 로마법이 세계적인 만민법이 되었다.

법의 내용도 농경사회에 맞는 법에서 점차 상업부문도 포괄하는 법으로 발전하였고 농경사회의 가족주의 중심에서 개인주의 법으로 발전하였다. 이러한 변화는 BC 242년 외국인과 관련된 법률 문제를 담당하는 법무관이 새로 생긴 이후인 공화정 후기, 즉 BC 2세기에서 1세기 사이에 집중적으로 이루어졌다. 특히 로마 시민권자와 외국인에게 공통적으로 적용되는 매매나 계약에 관련된 채권법을 중심으로 법률이 제정되었다.

시민법상으로는 엄격한 형식을 요구하는 토지나 토지부속물 매매에서 당사자 간의 합의만으로 계약이 성립되는 일반 채권적 계약을 할 수 있게 한 점은 신의를 원칙으로 하는 만민법의 원리를 적용한 것이다. 즉 로마 시민법의 기본인 12표법에서도 법적 근거를 찾을 수 없는 임대차에 대한 법적 근거가 만들어졌다.

만민법은 기본적으로 신의를 바탕으로 하고 있으며 각 민족 간에 오랜 기간에 걸쳐 형성된 국제적으로 통용되는 상거래 관습을 중요하게 여겼다.

『로마법 대전』의 편찬

로마의 성문법은 가이우스의 법학제요에 의하면 원로원 의결, 평민회 의결, 황제의 칙법, 정무관의 고시법, 법률가의 해답 등의 형태로 나뉜다. 로마 제정기에 와서는 황제의 칙법과 황제의 권위에 의거한 해답권을 가진 법률가들의 해답이 중요한 역할을 했으며, 예부터 중요한 역할을 했던 고시법은 130년 하드리아누스 황제Hadrianus, 재임 117~138의 명에 의한 영구 고시록의 편찬으로 일단락되었다.

로마의 법원사에서 3가지 중요한 사건은 앞에서 본 바와 같이 BC 451년~449년의 시민법인 12표법, 438년의 동로마 황제 테오도시우스408~450에 의한 칙법집, 그리고 529년~533년 동로마 황제 유스티니

아누스의 명에 의해 만들어진 『로마법 대전 *Corpus Iuris Civilis*』이다.[3]

『로마법 대전』은 그간의 모든 법률을 집대성하고 체계화한 것으로 오늘날까지도 영향을 미친 대작업이었다. 이 작업을 위해 유스티아누스는 529년 트리보니아누스를 법무관으로 임명하고 그의 지휘 아래 특별위원회를 만들어 12권으로 된 『유스티니아누스 법전』을 편찬했다. 『유스티니아누스 법전』은 하드리아누스 황제 이후의 칙법을 모은 『칙법휘찬 *Codex Constitutionum*』, 고대 로마의 모든 법률가들의 주요 저작을 포함하여 법학설을 정리한 『학설휘찬 *Digesta*, 그리스어로 *Pandectae*』, 제국 내 법학교에서 사용할 교과서로 만든 『법학제요 *Institutiones*』의 세 가지 종류의 책으로 구성되었다. 『칙법휘찬』을 수정한 『신칙법휘찬 *Codex Repetitae Praelectionis*』이 534년 11월 16일의 칙법으로 발포되었다. 그 후에도 입법 사업은 계속되어 유스티아누스의 사망까지 158개의 칙법이 발포되었으며 이것은 칙법휘찬 후의 신칙법 *Novellae*이라고 불린다.

주요 내용 중에는 재산권이나 노예제에 관해 자주 인용되는 다음과 같은 내용도 들어 있다.

> 바다와 바닷가는 모든 사람의 소유이다. 내 제국의 모든 사람은 누구나 마음 놓고 바닷가에 나갈 수 있다. 강은 모든 사람의 소유이다. 내 제국의 모든 사람은 누구나 강에서 물고기를 잡을 수 있다. 바닷가에서 파도에 실려 온 보석이나 값진 재물을 발견한 사람은 그것을 가져도 된다. 노예를 소유하고 급료를 주지 않고 부려도 된다. 그러나 노예가 주인에게 덤비지 않는 한, 때리거나 학대할 수 없다.

이상, 학설휘찬, 법학제요, 칙법휘찬, 신칙법을 총칭하여 로마법 대전이라고 한다.[4]

로마법의 영향

함무라비 법과 달리 공화정기 로마법은 평민의 자유와 권리가 향상되어가는 변화하는 법률이었다. BC 495년 평민들의 성산항거에 의하여 그들의 이익을 대변할 호민관제를 도입하게 하였고 BC 367년에는 집정관 중 1명을 평민 중에서 뽑게 하였다. 제정기로 들어서면서 이러한 평민의 견제와 균형을 위한 권한이 사라져 로마의 멸망을 가져오게 하였지만 시대의 변화에 따라 법률이 개정되는 신축성을 보였던 것이 로마법이다.

일반적으로 로마법이란 고대 로마의 법, 곧 로마가 역사의 무대에 등장한 때로부터 멸망할 때까지의 전 시기에 걸쳐 통용되었던 로마의 모든 법을 가리킨다. 이 법은 초기의 소도시국가였던 로마의 법으로 시작하여 대제국의 법으로 확대되었고, 초기의 관습법으로부터 출발하여 후기에는 『로마법 대전』으로 집대성되었다. 이에 따라 동로마의 유스티니아누스 황제[483~565]가 제정한 이른바 『로마법 대전』의 법을 로마법이라 부르기도 한다. 또한 전문적인 로마법학에서는 아무 수식 없이 로마법이라 하는 경우 흔히 고전기의 로마법, 즉 로마의 법학이 가장 고도의 수준에 이르렀던 시기[1~2세기]의 법을 가리키는 경우도 있으나, 반드시 구속력 있는 용어법은 아니다.[5]

그러나 로마법은 로마가 멸망한 지 이미 수백 년이 지난 후에도 현행법으로서 적용되었으므로 중세의 로마법, 근세의 로마법이라는 용어도 사용된다. 프랑스 대혁명 이후 나폴레옹 법전에도 형식과 내용 면에서 영향을 미쳤다. 20세기에 들어서면서 현행법으로서의 지위는 거의 상실했으나 오늘날 유럽, 미국 등 대부분의 서구 문명국가는 물론 서구법의 영향을 받은 동양의 일본이나 한국 역시 그 영향을 받을 만큼 현재 살아 있는 법률들의 뿌리가 되고 있다.

법가의 등장과 진시황의 천하통일

동양에서도 로마법에 비견될 수 있는 법가사상이 발전하였다. 관중, 상앙, 한비, 이사 등 법가는 중국의 전국시대에 출현하여 법치를 주장하고 실천함으로써 진의 천하통일에 기여하였다. 법가사상은 제후국들 간의 경쟁과 전쟁에서 승리하기 위한 기술, 즉 제후와 백성을 제압하려는 군왕의 통치기술을 주로 다루었다. 군왕의 통치기술로서 법치는 성문법으로 만든 점, 신뢰를 높인 점, 예측 가능성을 높인 점, 군주도 법의 제약을 받게 된 점 등에서 그 이전보다 진일보한 사회적 기술로 평가할 수 있다.

법가들이 활동한 BC 400~221년의 시기는 주의 법제인 예禮와 형刑이 지배하던 시대이었고 군주들의 통치이념으로 유가의 덕치가 주류를 이루고 있었다. 법가는 공자와 맹자의 가르침을 따르는 당시 주류 학파인 유가를 맹렬히 비판하면서 시대의 변화에 따라 시대에 맞는 제도와 법을 만들어 통치를 해야 한다고 하였다.

이 당시에는 어떤 법이냐보다 예치와 법치를 두고 무엇이 군왕의 통치이념으로 유리한지가 쟁점이었다. 한비자는 전쟁터에서 세 번이나 도망쳤던 노나라 사람이 '부모 봉양을 위해 할 수 없이 그렇게 하였다'는 변명을 듣고 공자가 효자라 칭찬한 것을 예로 들면서 공사를 구분 못하여 나라를 망치게 하는 것이 예치라고 유가의 비현실적 정치철학을 맹렬히 비판하였다. 그는 시대에 뒤떨어진 유가의 철학을 버리고 현실에 맞는 철학, 즉 법치를 하여야 나라가 부강해진다고 하였다. 오랫동안 정신 세계를 지배해온 유가에 대한 비판이 신랄하였던 것은 당시 언론과 사상의 권력 면에서 유가의 주도권이 그만큼 강력하였다는 것을 반증해준다. 향후 그 주도권을 누가 차지할 것인가를 놓고 유가와 법가 간에 치열한 투쟁이 벌어지고 있었음을 알 수 있다.

법치를 실천에 옮긴 사람들은 관중에 이어 상앙과 이사 등이었다. 한비자는 법가사상을 집대성하여 저술을 남겼지만 실제 정치에서 그의 뜻을 펼치지 못하고 순자 밑에서 동문수학하던 이사의 질투에 의하여 감옥에서 죽었다.

이사는 진의 왕 정(통일 후 진시황)을 보좌하여 법치를 실행하고 결국에는 진이 중앙집권적 통일제국을 세우는 데 중추적 역할을 한다. 그러나 진시황이 죽은 다음 2세 치하에서 조고의 모함으로 반역죄로 몰려 결국은 허리를 잘리는 형벌을 받고 죽는다.

성문법을 제정하여 이를 공표함으로써 백성이 공유토록 하고 신상필벌의 원칙으로 귀족, 평민을 막론하고 평등하게 법적용을 받게 하려 했던 것이 법가의 법치주의 정신이다. 한비의 말대로 부국강병으로 천하통일을 하려는 전국시대 시대정신에 맞는 통치 철학인 법가사상은 백성의 신뢰를 얻는 진일보한 사회적 기술이었다.

진나라는 많은 저항을 무릅쓰고 법가를 통치이념으로 받아들여 천하를 통일을 하였다. 그러나 법가의 법치는 군주의 통치술에 한정되었다는 점에서 한계가 있다. 초기 로마법이 평민의 항거에 의하여 만들어졌던 것과 달리 위로부터 군주의 통치를 위한 기술로 도입되어 백성의 생산성을 높이고 부를 증가시키기 위한 인권과 재산권 등 민생법을 발전시킨 것은 아니었다.

한비가 집대성한 법가 사상

한나라 제후의 아들로 태어난 한비^{BC 280년 전후~234}는 말더듬이였고 귀족사회에 잘 어울리지 못하였다. 이사와는 동문수학한 순자의 제자였다. 그는 유가의 전통사상 중 예^禮의 형식을 받아들이고 그보다 100년 전의 한나라 재상이었던 신불해^{申不害}와 진나라의 재상 상앙^{商鞅}의 법치사상을 발전시켜 법술 이론을 정립하였다. 한나라에서 나라를 부강하게 할 건의서를 글로 서술하여 고분^{孤憤}편, 오두^{五蠹}편 등 다수의 저술을 남겼다. 진나라 시황제가 태자 시절 이를 읽고 "아아, 나는 이 사람을 만나 함께 놀아본다면 죽어도 한이 없겠다"라고 말했을 정도였다.[6]

한비자 법가사상의 몇 가지 특징을 간추려 보면, 첫째, 시대에 맞는 정치철학은 예치가 아니라 법치라고 주장했다. 그는 공자나 맹자를 대표로 하는 당시 주류 유학자들이 인의에 바탕을 둔 정치를 하는 것은 허식이며 실익이 없다고 비판한다. 대신 "백성들을 통일하는 방법으로는 법보다 좋은 게 없다. 관리들을 엄히 단속하고 백성들을 위압하며 지나친 행동과 위태로운 행동을 물리치고, 사기치고 속이는 일을 멎게 하는 데는 형벌보다 좋은 게 없다. 형벌이 무거우면 곧 감히 권세로서 천한 사람들을 업신여기지 않을 것이며 법이 상세하면 임금은 존귀해져서 침해를 당하지 않는다"⁷라고 군주의 통치방법으로 법치가 최선임을 역설하였다.

둘째, 법적용의 평등성과 신상필벌의 원칙을 강조하였다. "법은 귀한 사람만 보아주지 않으니 먹줄에 굽음이 없음과 같다. 법이 행하여짐에는 지혜 있는 자라도 마다할 수 없고 용감한 자라도 감히 다툴 수가 없다. 형벌이 행하여짐에는 대신들도 피하지 아니하고 착한 일을 상줌에 있어서는 낮은 사람匹夫이라도 빠트리지 않는다." 이는 법집행의 형평성을 주장한 것으로 만인에게 공평하게 적용되어야 함을 강조한 것이다.

또한 오두편에서는 "명철한 군주는 그의 법을 깎아세운 듯이 하고 그의 형벌을 엄하게" 하여야 하고 "상은 후하고도 확실하여 백성들로 하여금 이익을 누리게 … 형벌은 무겁고도 반드시 시행하여 백성들로 하여금 이를 두려워하게 하는 게 가장 좋다"고 하였다.

셋째, 법의 공개성을 강조하였다. 법은 통일되고도 견고하게 하여 백성들로 하여금 그것을 알게 하여야 한다고 하였다.⁸

넷째, 법과 술이 다 갖추어져야 나라가 올바로 될 수 있다. 신불해의 술術과 상앙의 법法 중 어느 것이 더 중요하냐는 질문에 대해 법과 술 두 가지가 다 필요하다고 하였다. 법정편의 다음 문답이 이를 명쾌히 설명한다.

어떤 사람이 질문하였다.

"신불해와 상앙 두 사람의 말은 어느 편이 나라를 위하여 절실합니까?"

이에 대하여 나는 이렇게 대답하였다.

"그것은 헤아릴 수 없는 일입니다. 사람은 10일 동안 아무것도 먹지 않으면 죽고 큰 추위가 대단할 때 옷을 입지 않아도 죽습니다. 그런데 옷과 먹을 것 어느 것이 사람에게 더 절실하냐고 묻는다면 한 가지라도 없어서는 안 된다고 대답할 것입니다. 모두 삶을 지탱하는 데 쓰이는 물건이기 때문입니다.

지금 신불해는 '술'을 강조하였고 상앙은 '법'을 강조하였습니다. 술이란 책임을 따져서 벼슬을 주고 명분을 좇아서 내용을 추구하며, 사람을 죽이고 살리는 권한을 쥐고서 여러 신하들의 능력을 시험하는 것입니다. 이것은 임금이 잡고 있어야만 할 것입니다. '법'이란 관청에 갖추어져 있는 법과 법령이며, 백성들의 마음에 반드시 있는 형벌입니다 … 이것은 신하들이 스승으로 삼아야 할 것입니다 … 그래서 한 가지라도 없어서는 안 될 것이며 모두 제왕이 쓰는 도구입니다."

그래서 한비의 법가사상은 '법술의 학'이라고도 한다.

마지막으로 그는 왜 위험을 무릅쓰고 법술을 주장하는가에 대하여 "그것은 백성과 인류의 발전을 위한 것"이라고 그의 신념을 확실히 말하고 있다.

한비는 초나라의 오기나 진나라의 상앙이 불행하게 처형당한 것을 예로 들어 법치 주장이 위태로운 일인데 왜 군이 이를 주장하는가라는 당계공의 질문에 대하여 문전 편에서 "저도 선생의 말을 잘 안다. 천하를 다스리는 표준과 백성들을 건사하는 법도는 매우 처신하기가 어렵다. 그러나 선왕의 가르침을 버리고 제가 위험한 행동을 하는 까닭은 속으로 법술法術을 세우고 법도를 제정하는 것이 백성들을 이롭게 하고 인류를 편케 하는 근거가 되는 길이라 여겼기 때문이다"라고 하였다.

이상에서 본 바와 같이 한비의 법가사상은 백성의 이익과 인류의 발전을 위한 사회적 기술로 주장되었다. 그는 이러한 신념을 가지고 유세하고 저술을 하였다. 그의 법가사상은 신불해와 상앙으로부터 법술을 아울러 계승하고 다른 학파들의 장점도 채택하였는데 순자로부터 예를 배워 형식과 위엄을 존중할 줄 알게 되었고 노자에서 도의 사상을 받아들여 철학의 바탕으로 삼았다. 이는 제자백가의 사상을 집대성했다는 뜻이다.

다만 인의를 내세우는 당시 주류학파라 할 수 있는 유가에 대해서는 엄한 비판을 가하였다. 그리하여 유가사상이 사회윤리의 바탕이 되어온 중국사회에서 한비자는 여러 차례 금서 목록에 오르는 등 배척 대상이 되었다. 그러함에도 불구하고 실제로 한비의 법가사상은 성과를 거두어 진왕의 천하통일에 큰 역할을 하였다.

한비 자신은 이사의 손에 죽는다. BC 237년 이사는 진왕 정을 설복하여 한나라를 정벌하려 하였다. 다급한 한나라는 그동안 중용하지 않았던 한비를 불러내어 진나라에 보냈다. 한비는 "한나라를 치는 것은 진나라에 불리하다"는 내용을 진왕에게 올리고 진왕을 만났다.

진왕은 한비의 학설에 호의적이었으므로 그를 매우 환대하였다. 사마천의 『사기』에 의하면 이사가 이를 시기하여 "한비는 한나라 왕의 아들입니다. 지금 임금께서 천하를 통일하려는데, 한비는 한나라를 위하지 진나라를 위하지 않을 것입니다. 이것은 바로 인정입니다. 지금 임금께서 오랫동안 그를 붙들어 두었다가 돌려보낸다는 것은 스스로 후환을 남기는 것입니다. 엄한 법에 따라 처형하는 게 좋을 듯 합니다."[9]라고 진왕에게 말했다. 진왕은 이를 받아들여 한비를 옥에 가두었다. 한비는 자기의 사정을 임금에게 호소하려 했으나 뜻대로 되지 않자 이사가 보낸 독약을 먹고 마침내 자살하였다. 순자가 죽은 시기와 비슷한 BC 233년이다. 이로써 보면 한비가 진나라에 4년여를 머물렀을 것으로 보인다.

한비가 죽은 지 3년 만에 한나라는 진나라에 멸망당한다.

실천가 상앙의 변법 개혁

상앙商鞅은 성은 공손씨 이름은 앙이다. 그는 전국시대 진나라의 정치가로서 법치를 시행하고 법치란 무엇인가를 보여주려 애쓴 법가 실천가이다. 그는 법가사상을 기초로 진의 국정개혁을 추진해서 후에 진의 천하통일의 초석을 놓았다고 평가된다.

상앙은 제1차 변법과 2차 변법으로 개혁을 추진하였다. 제1차 변법은 BC 356년에 진의 효공이 상앙을 좌도장左道長이라는 벼슬에 임명하여 단행한 국정개혁으로 호적제를 도입하고 민중을 5호 또는 10호로 조를 짜서 서로 감시, 고발하는 의무를 부과했다. 만약 죄를 지은 자가 있어도 이를 고발하지 않으면 조 전체가 연좌하여 처벌받는 연좌제를 실시하였다. 반대로 비리를 고발하면 전쟁에서 적의 목을 벤 것처럼 후히 상을 주었다.

또한 한 집에 2가구 이상이 살면서 분가하지 않으면 세금을 배로 부과하였다. 남자는 농업, 여자는 길쌈 등 가내수공업을 장려하고 그

성적이 좋은 자는 세금을 면제해준다. 상업을 하는 자와 태만하여 빈궁해지는 자는 노예의 신분으로 떨어트린다. 전쟁에서 공을 세우는 자는 작위를 준다. 종실이나 귀족이라 하여도 전공이 없으면 작위를 삭제한다. 사사로이 싸우는 자私鬪는 그 정도에 따라 세금 부과를 배가한다. 이런 내용들이 포함된 법령을 문서화하여 사회규범의 기준으로 삼아 이를 반포하고 반드시 지키도록 하였다. 이들은 대부분 조세수입 증가와 전쟁 승리를 위해 고안된 법규들이다. 군왕의 통치를 위한 법제임을 알 수 있다.

그는 이 법령을 반포하기 전에 반포한 법은 반드시 지킨다는 의지를 보여주기 위해 3장(30척, 약 8.3미터)의 나무를 남문에 세워놓고 이 나무를 북문으로 옮기면 10금을 준다고 공표하였다. 이를 옮기는 사람은 아무도 없었다. 다시 상금을 50금으로 올려 공표하였다. 그러자 한사람이 나무를 옮겼다. 상앙은 포고대로 50금을 주었다. 법집행에 대한 신뢰를 높이려는 실험이었다. 법령을 공포한 후 철저하게 집행하는 바람에 1년 동안에 도성에 몰려와 새 법의 불편함을 고하는 진의 백성이 수천 명이나 되었다.

그러던 중 태자 영사嬴駟(후에 혜문왕)가 법을 어겼다. 상앙은 "법이 잘 시행되지 않는 것은 위에 있는 자부터 범법을 자행하기 때문이다"라고 태자를 처벌하려 하였다. 그러나 태자는 차기 임금이라는 점을 감안하여 전육장 공자 건虔을 처벌하고 그 스승인 공손가를 경형黥刑에 처하였다. 이로써 그가 시행한 1차 변법이 신뢰를 얻게 되었다. 다음부터 진의 백성들은 법을 잘 지켜 법 시행 10년 후부터는 길바닥에 흘린 물건도 집는 사람이 없었다고 한다.

이러한 덕에 진은 위의 안읍을 정복하고 3년 후인 BC 350년에 수도를 옹에서 함양으로 옮겨 루문, 궁전, 정원을 건설하였다. 상앙은 대량호 작을 받았고 제2차 변법을 시행한다.

2차 변법은 부모와 장성한 자식이 한 집에 사는 것을 금했다. 이것은 당시 야만의 풍습이라 여겼기 때문으로 생각되지만 가구 수를 늘려 조세수입을 늘리기 위한 것으로도 풀이된다. 전국의 집락을 31현으로 나누고 각각 영令(장관), 승丞(보좌)을 두어 중앙집권화를 철저히 하였다. 주나라로부터 내려오던 정전제를 폐지하여 전지의 경계를 개방하는 구획 정리를 행하였다. 토지의 개간과 확장을 인정한 것으로 의미가 있다. 도량형도 통일하였다. 이때 또 다시 공자 건이 범법을 하자 이번에는 코를 베는 형벌을 가하여 법의 공정성을 다시 한번 세웠다.

BC 340년 상앙이 위나라를 침공하여 대승하고 돌아오자 그 공을 인정받아 상商과 어於의 15읍에 봉하고 호를 상군이라 하여 그때부터 상앙으로 불리게 되었다.

상앙이 실행한 법치는 백성들의 자유나 권리 강화보다는 군왕의 통치력을 강화해 전국시대의 경쟁에서 승리하게 하려는 것이었다. 그런 점에서 평민의 자유와 권리를 보호하고 강화하기 위해 밑으로부터의 요구로 만들어진 로마의 법과는 다르다.

그래도 사회의 신뢰기반을 구축하고 백성들의 행동과 미래에 대한 예측가능성을 높인 점에서 그의 법치는 평가받을 만하다. 그의 법치의 특징을 정리하자면, 첫째는 공개성이다. 법령을 만들어 모든 백성이 알도록 공개하였다. 둘째로 법 집행의 철저성을 들 수 있다. 법을 반포하고도 제대로 집행하지 않으면 효과가 없다. 그는 장대를 옮기면 상금을 준다는 것을 실제로 보여주었다. 셋째로 만인이 법 앞에 평등하다는 것을 보여주었다. 왕족이나 평민을 막론하고 법을 위반하였을 때에는 반드시 처벌했다.

이사의 개혁

이사李斯, ?~BC 208는 초나라의 상채上蔡 사람으로 전국시대 진나라의 승상이 되어 진시황을 도와 진의 법치주의 기반을 확립하고, 진의 천하통일을 이룩하는 데 크게 기여하였다. 한비와 마찬가지로 순자의 문하였으나 법치주의에 그 사상적 기반을 두었고, 도량형의 통일과 군현제를 강화하였으나 악명 높은 분서갱유를 실시하기도 하였다.

그는 젊은 시절에는 초나라 말단 관리였으나 여불위의 천거로 시황제가 되기 전의 진왕 정에게 소개된다. 이사는 진왕의 명령으로 타국에 잠입하여, 각국의 왕족과 장군 사이의 이간책을 실시하는 공적을 세우고, 객경客卿(타국 출신의 대신)이 되었다.

BC 237년 순조롭게 출세하고 있던 이사였지만, 한나라의 정공이 진나라에 들어와서 왕에게 권하여 도랑을 파게 하였는데 이것이 진나라의 힘을 빼는 한나라의 모략전술이라고 대신들이 들고 일어나 외객들을 일체 추방하라는 추방령이 내려졌다. 외객에 해당되는 이사는 추방령 철회를 요구하는 편지를 진왕에게 제출했다. 이른바 간축객서諫逐客書다. 이 편지에서 그는 역대 왕조에서 외객을 초빙하여 성공한 예를 들면서 축객을 철회해 줄 것을 간청하였다.

효공은 상앙의 법을 채용하여 풍속을 개혁하고 이에 따라 백성은 번영하고 나라는 부강하게 되고, 백관은 즐거이 봉사하고, 제후는 친절히 복종하고 초와 위의 군사를 무찔러 토지를 넓히기를 천리, 이 때문에 지금에 와서는 나라가 잘 다스려지고 군사가 강하게 되었습니다 ….

신은 땅이 넓으면 곡식이 많고, 나라가 크면 사람이 많고, 병정이 굳세면 군졸이 용감하다고 들었습니다. … 임금의 땅에는 사방의 구별이 없고, 임금의 백성에는 이국의 차별이 없고, 네 계절이 조화하여 제각기의 아름다움이 충만하고 귀신도 성인의 시대를 칭송하여 복을 내리는 것입니다 ….

그런데 지금은 인민을 버리고 적국을 이롭게 하며, 빈객을 물리치고 제후를 도와 천하의 선비를 뒷걸음질 치게 하여 서쪽으로 향하게 아니하고, 발을 묶어 진으로 들여놓지 않으려 하는 것은 이른바 적에게 군사를 꾸어주고 도둑에게 양식을 공급하는 일이 됩니다. 진에서 나는 물건이 아니고도 보배로 삼을 것이 많으며, 진에서 난 선비가 아니고도 충성을 원하는 자가 많습니다. 이제 외객을 추방하여 적의 나라를 이롭게 하고, 인민을 줄어들게 하여 적에게 이롭게 하고 국내에서는 스스로 모자라는 것을 견디고, 대외적으로는 열국의 원한을 사면, 어떻게 나라의 편안을 이룰 수가 있겠습니까?

이러한 설득력 있는 간축객서가 힘을 발휘하여 진왕은 추방명령을 철회하고 이사를 복직시켜 그 계책을 따른다.

그는 그 후 승상으로 진왕을 보좌하여 마침내 BC 221년 진이 천하를 통일하는 데 큰 기여를 하였다. 나중에 이사가 조고의 모함을 받고 옥에 갇혔을 때 올린 편지를 보면 그가 생전에 무엇을 했는지 잘 알 수 있다.

> 신이 승상이 되어 백성을 다스린 지 30
> 여 년, 진의 영토가 아주 좁았을 때부터
> 의 일입니다. 선왕의 시대에는 진의 토
> 지는 겨우 사방 천리, 군사는 수십만
> 에 불과하였습니다. 신은 구차한 재능
> 을 다하여 삼가 법령을 받들고, 지모
> 가 있는 신하를 가려 가만히 금과 옥
> 을 주어서 제후를 유세케 하고, 또 가
> 만히 병기를 만들어 정치와 교화를
> 정돈하고, 투사를 관직에 앉히고
> 공신을 존중하여 녹을 높였습니다.
> … 그리하여 마침내 6국을 병합하
> 고 진왕을 천자로 하였습니다. … 자
> 와 저울을 고쳐서 셈을 통일하고 문물

진시황. 변방국이었던 진나라는 법가를
받아들여 춘추전국시대를 통일하였다.

> 제도를 천하에 보급하여 진의 명성을 높였습니다. … 형벌을 너그럽게
> 하고 조세를 가벼이 하여 임금께 인심을 모으고 ….[10]

이것은 죄를 청하는 식으로 쓰여졌으나 자신의 업적을 내세운 것
이기도 하다. 이에 의하면 그의 개혁정책은 법령을 만드는 법치, 형벌
을 너그럽게 하며 조세를 낮추는 등 백성을 이롭게 하는 제도의 도입,
자와 저울 등 도량형의 통일 등 문물 제도의 정비라고 할 것이다.

그의 업적 중 군현제의 강화는 후세까지 지속적으로 유지 발전되는 큰 개혁이었다. 시황제가 6국 통일을 이룩하자 승상인 왕관^{王綰}과 어사대부 풍겁^{馮劫} 등 중신들은 주나라의 제도인 봉건제를 복원하려 하였다. 이들 대신들이 20여 명의 시황제 왕자들을 각지의 왕으로 봉하도록 하자는 복고주의적 시도를 한 것이다. 이사는 이에 반대하였다. 그는 한비와 마찬가지로 시대에 뒤떨어진 주나라의 제도를 도입하는 것은 멸망에 이르는 길임을 강조하고 상앙 시대부터 내려오던 군현 제도를 한층 강화한 중앙집권제를 확립하였다.

군현제는 중앙에서 지방에 직접 지방관을 파견하여 다스리게 하고 지방관들의 근무 태도나 비위행위를 수시로 감찰할 관리를 파견하여 통제하는 중앙통제 방식으로 이사는 철저한 중앙 감독과 처벌을 주장하고 시행하였다. 진이 이렇게 1척의 토지에도 아우나 왕자를 세워 왕으로 삼지 않고 공신을 제후로 봉하지 않은 것은 훗날까지 전쟁의 우려를 없애려는 의도도 있었다. 군현제는 신해혁명 이전까지 중국 역대 왕조에 영향을 미쳤다고 볼 수 있다. 대신 왕의 형제나 친속에게는 이름뿐인 작위를 부여하였다.

이사가 법도를 분명히 하여 율령을 정하고 군현제를 실시한 것 외에도 문자를 통일하고 이궁 별궁을 짓고 제왕이 영토 안을 순행하도록 한 업적도 들 수 있다.

분서갱유

이사는 한비와 마찬가지로 옛 제도를 내세워 현대를 비판하려는 보수주의를 배격하였다.

BC 213년에 다시 순우월淳于越이 자제와 공신을 봉하여 제후로 삼자는 진언을 하자 진시황이 이사에게 이를 조사하여 보고토록 하였다. 이사는 상서를 올려 고대를 끄집어내어 시대를 거스르는 허황된 말이라 비판하고 "학문을 한다는 사람들이 법률과 문교의 제도를 비난하고 새 법령이 내릴 때마다 자기가 배운 바를 중심으로 … 이단을 내세워 … 무리를 이끌고 비방하는 것을 일로 삼고 있다. 이러한 일을 금하지 않고서는 위로는 임금의 권력을 떨어트리고 아래로는 당파가 설립되는 것을 막을 수가 없다. 그러므로 이를 금해야 한다"고 하였다. 그리고 이어서 "원컨대 모든 문학, 시서, 백가의 저술을 폐기하고, 명령을 받고 나서 만 30일이 되어도 아직 버리지 않는 자는 먹실을 넣는 형을 가하여 매일 아침 성을 청소하고 성을 수리하는 성차가 되게 하십시오. 버리는 데까지 가지 않을 것은 박사관 소장 도서와 의약, 복서, 농서와 원예의 서적으로 하고 만약 배우려 하는 자는 관리로서 스승을 삼게 하는 것이 좋겠습니다"라고 했다. 시황이 이를 승인하여 BC 213년에서 BC 206년까지 서적을 불태우고 유학자 460여 명을 구덩이에 묻었다고 전해진다.

분서갱유는 비판을 용납하지 않는 우민정책으로 볼 수 있지만 한편으로는 당시 진나라의 군현제를 비롯한 개혁정책에 반대하는 주류 세력들의 반발이 매우 거세어 이를 없애려는 극단적 사상탄압과 언론 봉쇄 정책으로 볼 수도 있다.

상앙과 이사의 죽음

법치를 실천하였던 상앙과 이사는 모두 비참한 죽음을 맞았다. 상앙은

BC 338년 효공이 죽고 신왕 혜문왕이 즉위하자 그의 후견이었던 공자 건, 공손가 등 반상앙파들과 이제껏 상앙의 변법에 반대를 해온 진나라의 주요 원로세력이 합세하여 상앙을 탄핵한다.

상앙은 서둘러 도읍을 떠나 도피하려 했다. 도중에 숙박을 하였는데 숙박집 주인은 상앙인 줄 모르고 "상앙의 엄명으로 여행권을 소지하지 않은 사람을 받아들일 수 없습니다"라고 숙박을 거절하였다. 상앙은 "법의 강력한 시행의 폐해가 여기에 이르렀구나"라고 한탄하였다 한다. 상앙은 그의 봉지에서 항거하였으나 전투 중 죽고 만다.

이사의 죽음도 비참하였다. BC 208년 이사는 우승상 곽거질^{霍去疾}과 장군 풍겁^{馮劫}과 함께 아방궁의 축조를 멈추도록 2세 황제에 고했지만 거절당하였다. 그러고도 재삼 2세 황제에게 간하자 분노한 황제가 조고의 모략을 받아들여 조고에게 심문토록 하였다. 고문에 견디지 못하고 조고가 이사의 장남이 초나라와 내통하고 있었다고 날조하여 보고한 반역죄를 인정함에 따라 그해 7월, 함양의 시장 바닥에서 허리를 베어죽이는 요참형을 당하였다.

성과와 한계

법가사상은 당시로서는 진보된 사상으로 진시황으로 하여금 제국을 통일하게 하는 데 도움이 되었다. 무엇보다도 인의보다 편익을 내세우는 법치는 백성들로 하여금 그들의 행위나 미래에 대한 예측 가능성을 높였다. 또한 군왕의 자의성을 제한함으로써 보다 합리적이고 예측 가능한 정책을 수행도록 하여 신뢰사회를 만들어가는 데 기여하였다.

그러나 법가사상의 역할은 거기까지였다. 기본적으로 백성과 제후를 제압하여 동원하는 통치기술이었던 법가사상은 통일 후 제후들의 반격을 이기지 못하고 밀려나게 된다.

진나라는 얼마 되지 않아 2세 황제 때 한나라에 망하게 되는데 이는 제후 세력을 압도할 추진 체계를 조직하는 데 실패하였기 때문이다. 관료제를 확실히 도입하여 한비자의 권유대로 우수한 인재를 뽑고 이들을 통해 시대에 맞는 새로운 사회적 기술인 법치를 강화하여 나갔다면 오래 지속될 수도 있었을 것이다. 그러나 관료제의 기반을 튼튼히 하지 못했고, 당시 기득권 세력인 제후들이 여전히 생산의 물적 기반을 점유하고 있었으며 황제가 그들의 영향하에 들어가 법가의 개혁이 멈추어 버린 것이 한나라에 망한 한 원인이 되었다.

전국시대를 통일할 때까지는 제왕의 법치가 유효하였으나 일단 통일 후 나라를 유지 발전시키는 수성 단계에서 기득권 세력을 이길만한 힘을 발휘하지 못했다. 이런 점에서 이사의 군현제의 실시는 중앙집권체제를 굳히는 진보적 제도개혁이긴 하였으나 이를 추진하는 중앙의 관료제가 미약했기 때문에 성과를 거두지 못했다.

21장 | 법의 지배
마그나 카르타와 나폴레옹 법

영국의 의회 민주주의의 발달을 살펴볼 때 언급한 바와 같이 대헌장은 군주에 대한 귀족들의 권리 선언이었다. 여기에서는 사회적 기술로서 대헌장의 기본적 성격과 주요 내용 그리고 그 후 수백 년 동안 영국 법률과 의회 발달의 시금석이 되는 변천 과정을 좀 더 상세하게 정리해보고자 한다. 그리고 프랑스 대혁명 이후 만들어진 나폴레옹 법에 대해서도 살펴본다.

마그나 카르타

1215년 6월 15일 윈저 궁 부근의 템스 강변에 있는 러니미드에서 영국의 존 왕과 25명의 영주, 주교, 수도원장 등으로 구성된 귀족 사이에 맺은 63조항의 합의문이 바로 대헌장이다. 왕으로부터 귀족들의 자유와 재산권을 보장받는 내용이었다.

봉건적 군신관계는 왕이 영주에게 봉토와 토지에 속박된 농노를 공여하는 대신 영주는 왕에 대하여 조언과 원조concilium et auxilium의 의무를 지는 관계다. 이런 관계를 유지하면서 거의 강제적으로 합의한 마그나 카르타는 존 왕과 귀족들 간의 무력 충돌 후에 체결된 것으로써 수세에 몰린 존 왕이 전통적으로 귀족들이 누리던 봉건적 권리와 지위를 재확인하고 이를 더욱 강화한다는 내용을 담고 있다.

러미니드의 마그나 카르타 기념비.

이 합의문은 귀족들이 런던 시민의 지지를 바탕으로 왕에 압력을 가해 귀족들이 내건 조항에 대하여 존 왕이 승인하는 형식이었으며 6월 15일 서명한 후 귀족들은 6월 19일에 다시 왕에게 충성 맹세를 하였다. 1215년의 원문은 개별조항 번호도 없었고 문단이나 구절로 나뉘어 있지도 않았다. 오늘날처럼 개별조항을 나누고 번호를 붙인 것은 1759년 윌리엄 블랙스톤 경William Blackstone이었다.

중요조항

카르타Carta는 중세 영국 법제에서 특정 집단에게 국왕이 공여하는 특혜나, 구체적 양허사항을 담고 있는 문서를 말한다. 도시, 직업 집단, 대학교 등에 대하여 국왕이 공여하는 특권liberties을 규정한 문서들이다. 마그나 카르타 또한 이 범주를 넘어서는 것은 아니며, 따라서 시민으로서 개인의 자유권을 보장하는 현대적 의미의 '인권선언'과는 거리가 멀다. 그러나 법제도의 변천과정에서 흔히 보듯이, 과거의 문서에 담겨있는 의미는 후세의 해석에 영향을 받게 된다. 그래서 마그나 카르타는 후대의 진보적 해석과 이후 발전된 권리청원 및 권리장전으로 이어짐으로써 민주주의와 시민의 권리를 보장하는 기초적인 문서로 자리매김하게 되었다.

이 헌장의 내용은 봉건주의 사회에서 왕으로부터 봉토를 받은 봉건 영주나 교회 성직자들의 권리를 강화한 것으로 그 안에는 봉신의 조세나 부담금에 대한 조항, 교회의 자유, 자유민의 인권 및 재판에 관한 사항, 도시 특권의 확인, 지방 관리의 직권 남용 방지, 사냥, 당면한 애로사항의 처리 등 여러 규정을 포함하고 있다.

이 규정들은 그 후 여러 차례 수정되지만 다음 몇 개 조항이 계속적으로 중요한 의미를 가진다.

제1조 교회의 자유를 보장한다.

제12조 오랜 관습으로 인정되어온 것 이외의 어떠한 과세, 군역 면제 대납금 혹은 봉건 지원금도 귀족들의 동의 없이는 부과할 수 없다. 다만 왕이 인질이 되었을 때의 협상금, 왕의 아들이 기사가 될 때 필요한 비용, 왕의 장녀가 시집을 갈 때 필요한 비용 등은 예외로 한다. 런던 시로부터의 지원금도 비슷하게 다루어진다.[1]

제13조 런던 시는 옛 부터 내려오는 특권과 무관세를 누린다. 더욱이 우리는 모든 다른 도시들, 성시, 마을, 다섯 항구의 영주들도 다른 항구들과 마찬가지로 그들의 자유와 무관세를 누린다.[2]

제21조 대귀족은 동료 귀족에 의해서만 처벌될 수 있다.

제39조 자유민은 동등한 신분을 가진 자에 의한 합법적 재판이나 국법에 의하지 않고서는 체포, 감금, 추방, 권리와 재산의 몰수 또는 어떠한 방식의 고통도 받지 않는다.[3]

이 중에서 중세를 지나 근대에 이르면서 진화한 것은 조세권과 자유에 관한 사항들이다. 제12조 과세와 관련하여 귀족들의 동의를 거쳐야 한다는 조항은 명예혁명 후의 권리장전 등에서 일반적 징세에 대해서는 의회의 동의가 필요하다는 것으로 진화하였다. 또한 '자유민은 그와 동등한 자의 적법한 판정에 의하지 않고는 체포, 구금되거나, 권리 및 재산이 박탈되거나, 법적 보호가 박탈되지 않는다'라는 제39조는 적절한 재판 절차를 통하지 않고서는 개인의 자유를 침해할 수 없다는 조항으로, 후대에 배심재판 보장 혹은 절차의 정당성due process을 강조하는 사상으로 발전하였다. 당시는 봉건제 사회였으므로 봉건 영주가 전통적으로 해오던 봉건 법정을 개최할 권한을 보장하는 내용이었다.

또한 이 문서에서 자유민이란 성직자, 귀족, 자유 시민(거주와 이전의 자유가 있는 평민)을 뜻한다. 합의문의 내용들로 알 수 있듯이 대헌장은 일부 자유민이 포함되기는 하지만 주로 성직자와 귀족, 그리고 봉건 제후의 자유권과 재산권 등의 권리 보장이 중심이었다.

마그나 카르타가 서명된 후 왕의 권한은 상대적으로 위축되었고 귀족과 성직자들의 권리는 크게 강화되었다. 이러한 경향은 더욱 발전하여 앞에서 본 바와 같이 의회 제도를 탄생시키게 된다. 마그나 카르타는 원래 고위 귀족신분의 권리를 강화하는 문서였으나 17세기에 이르러서는 부르주아 시민들의 자유를 신장하는 법률로 진화하였다. 특히 자유권과 재산권의 적용 범위는 명예혁명 이후 신흥 상인계급, 신흥지주, 도시 부자들이 포함된 시민으로 점차 넓혀졌다. 특히 12조에

마그나 카르타의 변천사

1216년부터 수정된 마그나 카르타

마그나 카르타는 1215년 조인된 이후 존 왕이 이를 협박에 의해 작성된 것이기 때문에 무효라고 선언하여 다시금 내란이 일어났다. 내란은 곧바로 진압되어 대헌장은 1216년에 재확인되었고 그 후 1369년까지 계속하여 수정 보완되는 과정을 거쳤다.

영국이 존 왕과 귀족들의 대립으로 혼란해지자 프랑스의 필리프 2세는 이 혼란을 틈타서 자신의 장남 루이(루이의 아내가 존의 조카였다)의 왕위 계승권을 주장하며, 루이를 프랑스군과 함께 영국으로 보냈다. 존 왕은 이 전쟁에서 전사하고, 존의 아들이 헨리 3세로 즉위하였다.

헨리 3세는 9살에 불과했고, 아직 많은 잉글랜드 지역이 프랑스 왕자 루이의 지배하에 놓여 있었다. 이런 상황에서 왕권파의 윌리엄 마셜이 헨리의 섭정을 맡게 되었다. 마셜과 교황의 대리인인 구알라가 1216년 11월 12일에 자유헌장Charter of Liberties을 발표하였는데 이는 대헌장에서 서명 귀족 25명의 특권을 보장하기 위한 상세한 조치들이 적시되어 있는 61조를 비롯한 일부 조항들을 삭제하여 63개를 42개항으로 축소시킨 것이다.

이 후에 맺어진 램버스 조약(1217년)에 따라 발표된 자유헌장은 다시 수정되어 47개 조항으로 확대되었다. 그뿐 아니라 사냥터 헌장Charter of the Forest이 보충 헌장으로 첨부되었다.

있는 왕의 과세권 제한과 39조에 담긴 자유 시민의 인권과 사유재산 권 보장 그리고 사법권의 독립 등의 내용은 권리청원, 권리장전 등을 만들어낸 영국 시민혁명의 동력이 되었고, 영국 의회 제도의 기틀을 만든 핵심적 사안이었다고 평가된다.

자유민의 자유에 대한 해석 논쟁

1628년 권리청원의 초안을 만든 법학자 에드워드 쿡^{Edward Coke}은 마

이 둘을 합쳐서 처음으로 마그나 카르타^{Magna Carta Libertatum}라고 기록하기 시작하였다. 이는 사냥터 헌장에 나오는 더 많고 중요한 일반 자유에 대한 조항들이 포함되어 있어서 이를 그 이전의 단순한 자유헌장과 구분하기 위해서였다.

1225년의 대헌장_{The Great Charter, 1225}

성년에 들어선 헨리 3세에 의해 반포된 것이다. 그는 대헌장을 좀 더 줄여 37조로 만들었다. 이 대헌장이 영국법에 들어가는 최초의 버전이다. 이번에는 헌장에 왕의 자유의지가 포함되었다. 1227년 헨리 3세는 향후 모든 헌장은 자신의 사인이 있어야 한다고 선언하였다. 이 선언은 그와 전임자들의 이름으로 행해졌던 이전의 모든 행위의 정당성을 의문시하게 만들었지만 1237년부터는 다시 1225년의 헌장이 모두 확인되고 영구적으로 승인되었다.

1297년의 대헌장_{The Great charter, 1297}

1297년에 에드워드 1세는 새로운 세금을 부과하는 조건으로 1225년 대헌장의 수정에 합의하였다. 이 수정안은 제1조 영국교회의 자유, 제9조 런던의 고래의 특혜 유지, 그리고 절차의 정당성, 자유민 보호 등이 포함되어 있는 이전의 39조를 제29조로 바꾼 것이었다. 이 법은 헌법적으로 매우 중요한데 오늘날 법령으로 남아있기 때문이다.

그나 카르타가 귀족만을 보호하기 위한 것이 아니라고 해석했다. 마그나 카르타를 깊게 논평한 최고의 법학자 중의 한 사람인 그는 1225년 판본을 검토한 결과 마그나 카르타가 귀족만을 보호하기 위한 것이 아니며 그동안 수백 년 동안 이를 잘못 해석하여 왔다고 비판했다. 그는 마그나 카르타의 특권들 혹은 자유권liberties이라는 개념에 개인의 자유individual liberty가 포함된다고 해석했다.

1331년부터 1369년까지 에드워드 3세는 6개의 법령을 통과시켰다. 대부분 대헌장의 어느 부분을 더욱 확실히 하기 위한 것이었다. 특히 1354년의 세 번째 법령에서는 제 29조를 재정의하여 자유인의 개념을 넓혔는데 재산 등 어떠한 조건도 붙이지 않고 자유인으로 인정하였다. 이때 처음으로 재판에 있어서 '절차의 정당성'라는 개념도 도입되었다.

중세 및 튜더 왕조 시대

1387년 이후 튜더 왕조 시기1485~1603인 15세기까지 대헌장은 영국 정치 무대에서 중심적 역할을 하지 못하였다. 이는 의회제도가 미약하나마 작동하기 시작하였고 더 많은 법률들이 만들어졌기 때문이다. 그러나 대헌장은 법학자들에게는 하나의 교과서가 되었다.

법전으로서 대헌장은 헨리 3세 시기부터 인식되어 왔지만 다른 법률과 달리 특별한 취급을 받지는 않아서 조항의 일부가 수정되거나 폐기되기도 하였다. 그것은 정부에 대항할 수 있는 시민의 확고한 자유권 조항들로 인식되기보다는 어느 수준의 자유를 정의한 평범한 법률 중 하나로 생각하였다. 튜더 왕조 시대에는 왕권에 대한 저항권으로서 자유는 그다지 효과가 없었다.

17~18세기 시민혁명기

1628년 권리청원The Petition of Right, 1628은 마그나 카르타에 6법을 첨부하는 방식을 취하

쿡은 마그나 카르타의 자유를 보완하기 위하여 1628년 권리청원을 기초했다. 권리청원을 제정하는 토론 중에, 쿡은 국왕의 주권을 부정하는 유명한 주장을 했다. 그는 국왕이 아니라 성문법이 절대적이라고 믿었다.

이보다 앞서 프랜시스 베이컨Francis Bacon은 제39조가 재판 절차의 정당성과 재판 시스템의 기초가 된다고 하였다. 로버트 벌리, 제임스

였다. 그러나 찰스 1세는 이를 법으로서 인정하지 않았고 그는 어떠한 법적 제한을 받지도 않았다. 마그나 카르타 신봉자들이 믿었던 것과 달리 왕은 법에 의해 제약받지 않았다. 찰스 1세는 1642~1649년과 1689년에 초법적으로 군대를 사용했다.

찰스 1세가 처형되고 공화정이 시작되면서 마그나 카르타의 적용 여부가 관심사가 되었다. 그러나 크롬웰은 마그나 카르타를 무시했다. 그는 그의 위원회의 조언과 동의를 받아 통치하였다.

명예혁명은 사회계약설과 같이 역사에 대한 이념적 해석을 강화하였다. 이는 후에 휘그Whig당의 역사 해석이 되었다. 헌법은 사회계약에 기초하여 만들어지는 것이라는 존 로크의 견해를 휘그당이 받아들였다. 이러한 사회계약으로 마그나 카르타, 권리청원, 권리장전과 같은 문서들이 대표적이라고 본 것이다.

1716년 셉테니얼 법the Septennial Act은 의회주의를 강화하여 법률 개정권을 확인하였고 의원의 임기도 이전의 3년에서 7년으로 연장하였다. 이전에 의회 없이 귀족이 왕에 대항하였던 것이 마그나 카르타였다면 이제 이 법은 의회 안에서 왕에 대항하는 헌법으로 간주되었고 그만큼 의회의 권한도 강화되었다.

최종적으로 윌리엄 블랙스톤은 1759년 저서에서 마그나 카르타에 조문을 붙여 오늘날과 같은 식으로 편집하였다.[4]

모리스 등과 청교도들은 마그나 카르타를 자유의 선언이라든가 모든 법과 정부 위에 있는 기본법이라고 과잉해석하기도 하였다.

마그나 카르타의 의의

마그나 카르타는 중세 봉건사회에서 왕과 귀족들 간의 권리 투쟁에서 나온 합의문이었으나 이것이 결국은 영국 자유 시민의 권리를 보장하고 사법권의 독립을 확보하며 개인의 재산권을 보장하는 근대를 만들어가는 근간이 되었다.

이를 통해 권력분립을 위한 의회 제도가 정착되었으며 권리청원에 이어 권리장전을 만든 명예혁명이 성공하였고 법치제도가 발전하였으며 나아가 산업혁명을 일구어냈다. 사회 발전에 중요한 사회적 기술인 법치, 삼권분립, 산업경제 발전 등이 같은 뿌리에서 자라나 꽃을 피운 것이다. 마그나 카르타가 없었다면 이러한 발전이 영국에서 먼저 일어나지 않았을지도 모른다. 그만큼 역사적으로 중요한 합의문이라 하겠다.

나폴레옹 법전

"내 진정한 영광은 40번의 전쟁에서 얻은 것이 아니다. 워털루는 그 많은 전쟁에서 승리하였던 기억들을 모두 지워버릴 것이다. 무엇으로도 지울 수 없고 영원히 살아남을 것은 오직 나의 민법전이다."[5] 이 말은 나폴레옹이 유배 중인 세인트 헬레나 섬에서 한 말이다.

나폴레옹 법전은 프랑스 대혁명 이후에 근대 시민적 가치를 반영하여 개인의 자유와 권리 그리고 시민사회의 여러 원리를 법적으로 규범화한 법전으로 역사 발전에 크게 기여하였다. 이는 또한 봉건사회의 잔재를 완전히 해소한 근대법이라고 할 수 있다.

나폴레옹 법전은 나폴레옹 치하에서 완성된 5법전cinq codes napoléoniens을 말한다. 민법, 형법, 절차법, 상법, 범죄법code of criminal instruction 등 나폴레옹 시기에 나온 5법을 합하여 나폴레옹 법전이라고 부른다.

최초에는 프랑스 민법Civil Code of the French이라고 하였으나 제정 과정에서 나폴레옹이 시작부터 내용 정리의 전 과정에 깊숙이 간여하였기 때문에 나폴레옹 법the Napoleonic Code이라고 부른다. 나폴레옹 법전은 그것이 자유·평등·박애의 프랑스 혁명의 정신을 이어받았다는 점에서, 그리고 보다 철저하게 로마법, 프랑스의 관습법, 봉건법 등을 통일시키려는 작업의 산물이라는 점에서 인류 역사상 근대 최초의 통일된 민법전이다.

> "모든 프랑스인은 시민권을 누린다(8조). 시민권은 시민의 등급과 관계 없이 독립적이며 오직 헌법에 의해서 획득되고 유지된다(7조)."[6]

이 법으로 르네상스에서 태어난 근대적 개인이 자유권, 평등권을 법적으로 보장받는 한 시민으로 완성된다.

이같이 나폴레옹 법전은 개인의 자유권을 보장하는 법률이었다는 점에서 의의가 크다. 이 법전에는 근대적 시민권을 인정하는 이외에도 만인의 법 앞에 평등, 국가의 세속성, 신앙의 자유, 경제활동의 자유 등 근대적 가치들을 거의 담아내고 있다. 유럽 대륙에서 봉건제를 극복한 근대 시민사회 법의 규범이 되었고, 이후 여러 나라에 영향을 미쳤다.

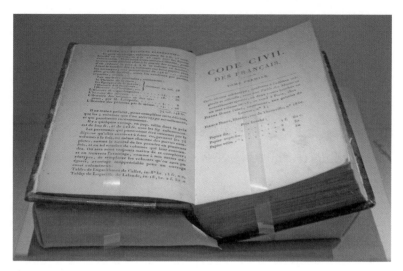

나폴레옹 법전. 최초의 근대법으로 나폴레옹의 점령지역에도 적용되어서 유럽 전체에 큰 영향을 끼쳤다.

나폴레옹 법전이라는 이름은 나폴레옹이 이같이 법률 제정에 직접 참여한 이유도 있으나 벨기에, 라인 강 서부지역의 독일, 네덜란드 등에도 적용됨에 따라 1807년 이를 프랑스라는 국가 개념을 넘어서 나폴레옹 법전이라 개명하였다. 그 후 나폴레옹이 실각한 1816년에는 프랑스 민법전이라 다시 개명하였으나 나폴레옹 3세 치하인 1852년에 다시 나폴레옹 법전이라 개명하게 되었다.

캠버서레스, 13년에 걸쳐 법전을 완성하다

로마법과 봉건사회의 여러 법을 참조하고 프랑스 혁명의 자유·평등·박애 정신을 이어받아 집대성한 프랑스 민법전은 다음과 같은 절차로 만들어졌다.

1790년 프랑스 혁명 이후 국민회의가 입법위원회에 시민법을 제

출할 것을 요구했고 위원회는 캠버서레스Cambaceres를 위원장으로 임명하여 그 일을 맡겼다.[7]

캠버서레스는 다음 세 가지 원칙을 세워 이를 추진하였다. 첫째, 자연법이 그 어느 것보다도 상위에 있기 때문에 가능한 한 자연법에 접근한다. 둘째, 진리는 하나이고 나눌 수 없기 때문에 완벽한 단일 단위의 입법안을 유지한다. 셋째, 법적 규제에 있어서는 지극히 단순성을 가져오도록 한다.

그의 1차 안은 사람과 재산이라는 두 부분으로 나누어 695조의 내용으로 구성되었으나 1793년에 국민회의에 의하여 논의 끝에 수정이 요구되었다. 두 번째 안에서는 국민회의의 희망에 따라 사람과 재산과 행위(또는 의무)의 세 부문으로 나누고 총 287조로 간단하게 축약하였다.

캠버서레스는 사람이 공동체 생활을 하면서 스스로 신체의 주인이 되는 것, 자신의 필요를 충족시키는 것, 그리고 자신과 자신의 재산을 더 큰 이익을 위해 관리하는 것, 이 세 가지는 필요하고도 충분하다고 생각했다. 이 때문에 모든 시민법은 자유권, 재산권 그리고 계약권으로 수렴된다[8]는 것이다. 그러나 이 두 번째 안도 투표에서 받아들여지지 못했고 1794년 9월에 다시 수정을 요구받았다.

세 번째 안은 내용을 보완하여 1,104조의 방대한 법안으로 역시 사람과 재산과 행위의 세 부문으로 구성하였다. 1796년에 다시 국민회의에 상정하였다. 이번에는 보수파 500인의 공격을 받았다. 그들은 이혼 문제, 결혼 없이 태어난 아이들의 권한, 그리고 상속자에 있어서 동등성 원리 등이 부도덕하다고 주장하였다. 시민법 입법 계획과 일부

조항은 채택되기도 하였으나 결국 1797년 2월 회의에서 일부 의원들의 재고 주장에 밀려 역시 무산되었다.

마지막 네 번째 안은 나폴레옹이 등장하면서 만들어진다. 나폴레옹은 캠버서레스에게 시민법 제정에 참여할 위원을 추천하도록 하여 네 사람의 위원이 맡게 했다. 1800년 8월 12일, 트롱셰François-Denis Tronchet 위원장, 비고 드 프레Felix-Julien-Jean Bigot de Preameneu, 포르탈리스Jean-Etienne-Marie Portalis, 말빌Jacques de Maleville 등 네 명의 기초위원이 임명되었다. 캠버서레스는 법률 고문으로 참여하여 찬반 토의에 간여하였다. 여기에 나폴레옹도 직접 참여하여 법률을 1장씩 검토하기 시작했고, 1804년 3월 21일에 36장으로 구성된 법전을 만들어냈다.

국가 위원회는 이 토론을 위하여 109회나 열렸고 나폴레옹이 직접 주재하는 경우도 많았다. 이 과정에서 가족 제도와 관련하여 나폴레옹이 선호한 부권을 강조하는 지중해식 원리가 도입되기도 하였다. 캠버서레스는 이혼과 입양 제도를 시종 주장하여 법조항에 반영하기도 했다. 마침내 사람, 재산, 소유권, 그리고 법치에 관한 네 개 부문으로 나눈 2,281개 조항의 '프랑스 시민법French civil Laws'이 완성되어 3월 21일 공표되었다.

법치와 관련하여 주목할 것은 법원의 독자적 판결을 중시했다는 점이다. 나폴레옹 법전은 판사가 단순히 일반법 조항을 적용하여 사건을 심판하는 것을 금지하였다. 프랑스에는 이른바 판례법이 없었기 때문인데 이후는 사건별로 법률과 입법 모두 판사의 해석을 요구하도록 했다. 이 때문에 이후 방대한 판례법 체계가 만들어지게 되었다.

시민권 제도 확립

나폴레옹 법전은 모든 프랑스인은 시민권^{civil rights}을 가진다고 규정했다. 그리고 그 시민권은 어느 누구도 독립적으로 행사할 수 있는 권리라고 명시했다.

전통적 신분에 관계 없이 누구나 시민권을 가질 수 있다는 것은 봉건사회를 종식하고 시민사회로 진입하였다는 선언이며 이는 또한 모든 시민이 법 앞에 평등하다는 사실을 분명히 한 것이었다. 그러므로 나폴레옹 법은 근대 시민사회의 기초를 놓은 법이라 할 수 있다.

나폴레옹 법전은 제1부를 할애하여 시민권에 대한 세부 사항을 법제화하였다. 프랑스 혁명을 부르주아 혁명이나 시민혁명으로 부르는 이유가 바로 여기에 있다. 그 후 비록 반혁명과 재혁명 등 순탄하지 않은 과정이 반복되었지만 나폴레옹 법이 시민권에 대한 탄탄한 기초를 놓았기 때문에 시민사회가 지속발전할 수 있었다. 그 덕에 프랑스 혁명은 근대 시민 사회를 연 역사적 사건으로 확고한 자리를 잡았다고 말할 수 있다.

근대적 재산권 제도 확립

나폴레옹 법에서 주목할 사항은 근대적 재산권 제도를 확립한 점이다. 1789년의 프랑스 혁명에 의해 나온 인권선언에서 소유권은 신성불가침이라고 그 절대성을 인정하여 사유재산권제의 기초를 확립했는데 나폴레옹 법에서 이를 구체화하였다. 근대적 재산권 제도는 토지에 대한 복잡한 봉건적 제약을 폐지하는 데 역점을 두어 탄생되었다. 이미 영국에서 권리청원과 권리장전을 통하여 왕권으로부터 사유재산이 보호될 수 있는 제도가 마련되었으나 나폴레옹 법전에서는 더 나아가 제2부와 제3부를 통하여 그 속성과 처분 및 상속 증여에 관해 상세하게 다루고 있다. 재산권은 존 로크가 말했듯이 천부적 권리이며 이를 소유한 자는 그것의 이동과 자유 처분권을 누구의 간섭도 없이 보유한다는 원칙을 법제화한 것이다. 이는 근대 자본주의의 기본이 되는 사적 소유권에 대한 법적 기초를 확립한 것이므로 프랑스 대혁명과 나폴레옹 전쟁을 부르주아 혁명 또는 시민혁명의 확산이라고 평가하는 중요한 이유이기도 하다.

일부 조항을 인용하면 다음과 같다.

소유권(재산권)은 법으로 금지한 경우를 제외하고는 가장 절대적 방법으로 그것들을 누리고 버릴 수 있는 권한이다.544 공공재를 제외하고는 누구도 이러한 재산권 행사를 강제할 수 없다.545 재산에 대한 권한은 그것이 실물이든 사람이든 그것이 생산하는 모든 것에 대하여, 그리고 재산가치의 증가에 의하여 그것과 관계 지어진 모든 것에 대하여 자연적인 것이든 인공적인 것이든 권한이 부여된다. 이 권한을 재산가치 증식권right of accession, 546이라 한다.

그 외에도 사용권, 공유권, 주거권, 상속 증여 계약 등 다양한 재산권에 대하여 법으로 정하고 있다.

나폴레옹 법전의 유일한 흠이 있다면 여전히 남녀 차별적 법률이었다는 점이다. 이 법에서는 남성이 부인과 자녀들에 대한 지배권을 갖도록 하였다. 프랑스뿐 아니라 이 당시 영국을 비롯한 유럽 전역에서 일반적 상황이었다. 여성에게는 투표권도 없었다. 여성은 남성 중 소수자보다도 더 낮은 권한밖에 소유하지 못했다. 부부 상호 간의 동의에 의한 이혼 조항도 사라졌다.

22장 | 재산권의 확립과 보호

근대 국가가 출현한 1차 목표는 국민의 생명과 재산 보호였다. 국민이 납세하여 경찰과 군대를 보유하게 하는 제도도 국민의 생명과 재산을 보호하기 위한 장치이다.

재산권은 인류가 잉여생산물을 생산하면서부터 생겨났다. 이는 누가 그것을 소유하는가의 문제이기 때문이다. 또한 그 소유물을 누구에게 상속할지와도 밀접한 관련이 있다. 그렇기 때문에 재산권의 문제는 인류 역사만큼이나 오래되었다.

재산권이란 무엇인가?

고대의 재산권은 신관이나 왕 그리고 귀족들의 재산을 보호하려는 목적으로 생겨났다. 재산을 훔친 자를 엄벌한다고 할 때, 재산 보유자는 대부분 권력자들이나 귀족들이었을 것이다. 중세는 왕이나 영주, 종교 그리고 지주들의 재산을 보호하는 재산권 제도가 존재했다.

재산권 제도는 근대 산업사회가 되면서 신흥 상인과 자본가 그리고 지주들의 재산을 보호하는 방향으로 더욱 강화되는 한편 개인의 자유와 권리가 천부적이라는 사상이 출현하면서 인권 존중이 중요할 뿐 아니라 모든 사람의 재산을 평등하게 보호해야 한다는 주장이 나왔다. 인간이 노동을 통해 얻은 재산은 인격과 동일하므로 역시 천부적 권한이라는 주장도 나오게 된다. 나아가 인간이 자유와 권리를 누리고 행복을 추구할 천부적 권리를 가지고 태어났으므로 이를 위해 취득하고 증식하는 재산에 대하여도 같은 대우를 하여야 한다는 논리도 확고해진다. 오늘날은 평등한 개인의 인권과 재산을 보호하는 것을 국가의 의무라고 헌법에 명시하게 되었다.

재산권이 생명과 마찬가지로 국가가 법률로 보호할 대상이라면 도대체 그 이유는 무엇인가? 근대 국가의 형성과 권력분립의 중요 원인으로 등장한 재산권은 과연 무엇인가?

우리가 잘 아는 바와 같이 재산에는 물질적 재산과 브랜드 가치와 같은 무형의 재산이 있다. 그것을 개인이 소유할 수도 있고 복수의 사람이 그룹으로 소유할 수도 있으며 또는 기업처럼 법인이 소유하는 경우도 있다. 재산권은 재산의 소유자가 그것을 소비, 보유, 처분, 이전할 수 있는 권리를 말한다. 그리고 타인이 그것을 침해하지 못하게 하는 권한이기도 하다.

미국 대법원의 제임스 윌슨James Wilson 판사는 1790~91년에 미국 재산권법에 대한 철학적 기반을 조사한 후 『재산권의 역사에 대하여 On the History of Property』라는 저서를 펴냈다. 이 저서에서 그는 "사람들은 그의 재산에 대하여 천부적 권한을 가진다. 그리고 그의 개성에 대하여, 자유에 대하여, 안전에 대하여도 천부적 권한을 가진다"라고 인권, 자유, 안전 등과 더불어 재산을 천부적 권리라고 결론을 내렸다.

재산권의 역사를 다룬 이 책의 서두에서 그는 "재산권은 권리이거나 혹은 법적 권한"이라고 말하고 그 권한은 세 가지 단계가 있는데 가장 낮은 단계가 소유, 둘째 단계가 소유와 사용, 셋째 단계는 소유와 사용과 처분이라고 했다. 그리고 노동은 보상을 가져다주는 데 유용하고 숙련된 노동에 대한 보상이 바로 재산이며, 재산에 대한 권한은 공공적이 아니라 배타적인 것이라고 주장하였다.

이렇게 재산권을 개인에게 부여된 천부적 권한이라고 주장하기 시작한 것은 근대에 이르러서이다. 존 로크에 의하면 재산은 자연에 대하여 자신의 노동을 가하여 얻은 것이므로 이를 자기가 소유하고 자기 마음대로 처분할 수 있는 재산권은 천부적인 권한이라 주장했다. 이는 노동가치설로 발전한다. 최초에 신은 인간에게 특정한 자연권이라는 것을 부여하였다고 본 로크는 "인간은 본래 … 타인의 위해와 공격에 맞서 자신의 소유물, 즉 자신의 생명, 자유, 재산을 보전할 힘을 갖고 있다"고 주장하였다.

로크는 『정부에 대한 두 번째 논고』에서 사람들이 사회계약을 하는 것은 "그 국가 내에서 그가 가지고 있는 재산을 매우 안전하고 해를 입지 않으면서 즐길 수 있도록 하기 위해서"라고 생각했다. 그래서 "사람들이 모여 국가commonwealth를 이루고 자신을 정부에 속하게 하는 가장 크고 중요한 목적은 그들의 소유물의 보전preservation of their property이다"라고 결론지었다.[1]

사람들은 자신의 재산을 배타적으로 소유함으로써 생산 활동을 할 수 있다. 우리의 천부적 권리를 우리가 속한 사회에 맡기고 공동체로 하여금 입법권을 가지게 하여 우리가 만든 법에 의해 통치되도록 하는 이유도 여기에 있는 것이다. 만약 그렇지 않으면 우리의 재산과 평화가 자연상태와 마찬가지로 불확실해지기 때문이다.

그렇다고 국가에 무한정 절대권한을 부여하는 것은 아니다. 국가에 사람과 재산persons and estates에 대한 절대적 임의적 권한을 부여하여 집행하되 그 결과 자연상태보다 더 나빠진다면 이에 대항하여 자유를 방어할 권한이 있다. 재산에 대한 침해나 파괴는 신체에 대한 것과 마찬가지로 저항하거나 혁명을 일으킬 수 있을 만큼 정당성이 있다고 본 것이다.

실제로 18세기까지도 국가의 재산권 보호는 가진 자들의 권한 보호에 치우쳤다. 로크보다 약 1세기 후의 애덤 스미스는 국부론에서 시민정부가 시민의 재산을 보호하기 위하여 구성되었다고는 하나 실제로는 부자를 빈자로부터 보호하기 위해, 혹은 재산을 가진 사람을 재산을 전혀 갖지 않은 사람으로부터 보호하기 위해 구성되어 있다고 비판하고 있다.[2]

재산권에 대해서는 근대 이후 오늘날까지도 많은 학자들의 해석과 주장이 계속된다. 헤겔은 노동에 의지가 들어갔으므로 그로부터 얻은 재산은 인격과 같다고도 하였다. 재산권 인격론을 주장한 것이다. 미국의 현대 철학자 노직은 헤겔과 비슷하게 재산권이 인권과 유사함을 다음과 같이 주장하고 있다.

누군가의 노동의 결과를 강탈한다면 그 사람에게서 시간을 강탈하고 그에게 다양한 활동을 명령하는 것이나 마찬가지이다. 누군가 당신에게 일정한 시간 동안 특정한 일 또는 보수가 없는 일을 하라고 강요한다면, 그 사람은 당신이 무엇을 해야 하며, 그 일로 어떤 목적을 달성해야 하는가를 직접 정하는 꼴이다. 이런 행위는 … 부분적으로나마 그들을 당신의 소유주로 만든다. 당신에 대한 소유권을 그들에게 넘기는 행위다.[3]

이같이 재산권은 그것이 천부적이든 아니든 인권에 못지않는 중요한 권리로 받아들여지고 있다.

이처럼 재산권 보호는 인류가 지향하는 기본적 가치를 실현하는 것으로 역사 발전의 한 축으로 작용해왔다. 생명과 재산을 보호하기 위해 근대 국가가 세워졌고 법이 만들어졌으며 국회와 법원이 각각 입법과 심판을 담당하게 되었다.

역사상 주요 법에 나타난 재산권 보호

세계 최초의 재산 관련 법은 수메르의 도시국가였던 라가시Lagash 문서에서 발견되었다. 우루카기나Urukagina 왕이 재산 판매를 강제하지 못하도록 금지한 법을 만든 것으로 알려졌다.

BC 18세기 함무라비 법에서는 재산에 대한 명확한 언급들이 나타난다. 앞에서 살펴본 바 있는 함무라비 법전에서 "도둑이 소나 양, 당나귀, 돼지, 염소 중 하나라도 훔쳤더라도 그 값의 열 배로 보상해주어야 한다. 도둑이 보상해줄 돈이 없다면 사형당할 것이다"라든가, "어떤 사람이 다른 사람의 땅에 있는 나무를 베었다면 그에 대해 변상해주어야 한다" "어떤 사람이 자신의 논에 물을 대려고 하다가 부주의한 사고로 다른 사람의 논에 물이 차게 만들었다면 그는 자신이 망가뜨린 곡식에 대해 변상해주어야 한다"는 등의 내용이 발견된다. 고대 농경 사회에 맞는 재산권 보호법이었음을 알 수 있다. 그들은 이미 당시 중요 재산으로 곡물과 가축과 나무와 농사 관련 농지 등에 관한 것을 꼽았다. 이를 침해했을 때 매우 엄한 처벌이 내려졌다. 물론 이것은 당시 농경지나 산지 및 가축 등을 소유한 신

존 로크

전 그리고 왕과 귀족들의 재산을 보호하기 위한 것이 주목적이었지만 일반인도 이러한 재산을 소유하고 있으면 역시 해당되는 법률이었다.

모세의 십계명에도 "도둑질하지 말라" "남의 재물을 탐내지 말라" 등이 포함되어 있다.

우리 역사에서도 고조선 시대 법률인 8조법이 존재하였다. 『한서漢書』 지리지地理志에 그중 3조목이 전해지고 있다. "남의 물건을 훔친 자는 데려다 노비로 삼는다. 단, 자속自贖하려는 자는 1인당 50만 전을 내야 한다"는 재산 관련 조항이 그 하나이다. 나머지 두 조항은 인권에 대한 조항들로서 사람을 죽인 자는 사형, 상해를 입힌 자는 곡물로 이를 배상하여야 한다는 것들이다.[4] 현재 남아 있는 3개 조가 사람의 생명 존중과 신체에 대한 상해를 죄로 인정하여 벌칙을 가하고 재산권을 존중해서 이를 훔친 것을 엄벌에 처하는 등 사람과 재산의 중요성에 대한 법조항들이다.

고조선인은 절도죄에 대해 상당히 관심이 컸던 듯하며, 비록 속
전贖錢을 내고 자유민이 되더라도 이를 부끄러이 여겼고, 결혼의 상대
자를 구할 수가 없었다고도 전해진다. 이러한 법 조목의 존재로 미루
어 보아 고조선 사회가 이미 원시적인 씨족사회를 벗어나서 발달된
생산력을 기초로 한 사유재산 제도와 가부장적인 가족 제도가 성립된
사회이었음을 알 수 있다.

고대 그리스의 철학자 아리스토텔레스는 정치학에서 사유재산을
옹호하는 주장을 하고 있다. 모든 사람은 개인의 이익을 위해서 최선
을 다하지만 공동의 이익을 위해서는 그렇지 않다고 하여 이미 사유
재산 제도가 보편화되어 있음을 암시하고 있다. 그리고 여러 사람이
함께 살거나 공동 인간 관계를 갖는 것은 심히 어렵다. 그중에서도 공
동재산을 가지는 경우에는 특별히 더 힘들다는 언급도 하고 있다.

로마 시대의 초기 공화정시대의 대표적인 법이었던 12표법에 의
하면 재산 침해에 대한 엄벌 조항들이 들어 있다. 절도범에 대해 살해
까지도 정당하게 보았다.

12표법 8표에서는 "쟁기로 수확한 … 농작물을 야반에 (가축에게)
먹인 행위와 훔친 행위切離는 성인인 경우 케레스 신수神樹에 효수하
는 극형에 처하도록 하였다. … 미성년자는 법관의 재량으로 태형이나
1~2배를 배상토록 하였다"고 되어 있다.

또한 건물을 소실시키거나 집 가까이에 쌓아놓은 노적가리를 고의
적으로 소실시킨 자는 포박되어 태를 친 후 화형에 처해지도록 하였
다. 그러나 우연히, 즉 과실로 범한 경우에는 손해를 배상하도록 하거
나 그가 자력이 없는 경우에는 보다 가볍게 처벌하였다.

그 밖에 타인의 나무를 벌목한 자는 그루당 25아스의 배상을 한다고 규정하였다. 야반에 절도를 한 경우에는 범인을 (어떤 자가) 살해하더라도 적법한 것으로 인정하였다. 경계에 관한 분쟁이 생겼을 때 상세한 법이 존재하는 것은 그만큼 사유재산에 대한 보호 제도가 성숙되어 있었음을 말해준다. 예를 들어, 제7표에 의하면 경계 획정의 소訴에 있어서 타인의 토지 옆에 울타리를 세운 경우에는 경계를 넘어서는 안 되었다. 벽의 경우에는 1보의 거리를 두어야 하고, 건물의 경우에는 2보의 거리를 유지하지 않으면 안 되었다. 구덩이나 도랑을 파는 경우에는 그 공작물의 깊이만큼 거리를 두어야만 했다.

중세의 철학자이며 신학자인 토마스 아퀴나스Thomas Aquinas는 재산권에 대하여 다음과 같은 인식을 가지고 있었다.

사람이 외부 물질을 소유하는 것은 자연적인 것이다. 그리고 법률적인 것이다. 남의 것을 몰래 훔치는 도둑질은 죄이고 도덕적 죄이다. 강도는 더 슬픈 죄악이다. 그러나 (불가피한) 필요에 의해 훔치는 것은 합법적이다. 불가피한 필요의 경우에는 모든 것이 공유재산이다.[5]

재산권 보호를 왕과 귀족 간에 보다 적극적으로 합의한 것은 1215년 영국의 마그나 카르타였다. 이는 사실상 재산권 보호를 위한 헌장이었다. 대헌장에서 제후나 성직자들의 전통과 관습을 보호하여야 한다는 뜻은 그들의 생명과 지위 그리고 재산에 대하여 고래로부터 전해오는 기득권을 인정하라는 것이므로 재산권의 보호가 중요 항목이었다. 더구나 왕의 임의 과세를 제한하는 강력한 요구가 포함되어 있는 것도 역시 재산권의 보호라고 할 수 있다.

근대로 들어서면 재산권을 둘러싼 왕과 귀족들의 싸움은 더욱 치열해진다. 그 과정에서 재산권의 적용 범위가 신흥 상인이나 소지주 그리고 상공인들의 재산 보호로까지 넓혀지게 되었다.

권리청원에는 누구도 의회의 동의 없이 증여, 공채발행, 헌금, 조세 등의 금전적 부담을 강요할 수 없고, 거부했다고 하여 형벌을 받지 않는다. 이것이 명예혁명으로 획득한 권리장전으로 발전해 법적 권위를 갖게 되었다. 그러나 어디까지나 의원이나 귀족들의 재산을 왕으로부터 보호하려는 한계성을 보여준다.

미국에서는 독립혁명이 성공을 거두는 1776년에 버지니아 권리장전이 채택된다. 권리장전 11조에는 재산에 관하여 신성성을 강조하였다. 이제 재산은 인권과 마찬가지로 개인에 부여된 천부적인 것으로 격상되기 시작한 것이다.[6]

프랑스의 대혁명 때 발표된 인간과 시민의 권리 선언에서는 이제 확실하게 재산권이 인권과 더불어 정치가 보호하여야 할 권리임을 명확히 하였다. 그리고 소유권은 신성불가침이라고 선언된다. 제2조에서 "모든 정치적 결사의 목적은 인간의 자연적이고 소멸될 수 없는 권리를 보전함에 있다. 그 권리란 자유, 재산, 안전, 그리고 압제에 대한 저항 등이다"라고 선언했다. 그리고 유명한 제17조는 "하나의 불가침적이고 신성한 권리인 소유권은 합법적으로 확인된 공공 필요성이 명백히 요구되고, 또 정당하고, 사전 보상이 아니면 침탈될 수 없다"고 명시하여 인권과 더불어 재산권의 불가침성을 크게 강조하고 있다.

나폴레옹 법전에서는 인간과 시민의 권리선언을 이어받아 2~3부에 걸쳐 재산권의 정의, 보호 등에 대한 상세한 내용을 적시하고 있다. 오늘날은 모든 국가의 헌법 등에서 공공 목적 등 일부를 제외하고는 사유재산권 보호 제도를 철저하게 지키도록 자세히 규정하고 있다.

자본주의 역사와 함께 발전

마그나 카르타 이후 명예혁명으로 권리장전이 나오기까지 오랫동안 왕과 의회가 다툰 것은 경제적인 면에서는 재산권을 누가 행사하는가에 관한 것이었다고 해도 과언이 아니다. 국왕이 조세 부과를 마음대로 하던 것을 의회의 승인을 받아 시행하도록 한 조치도 재산권이 누구에게 있는가를 확인하는 것이나 마찬가지였다.

명예혁명 이후 사유재산권 제도가 사실상 확립됨에 따라서 영국에서 급속히 금융이 활성화되고 이와 더불어 산업혁명이 일어난 사실은 사유재산제의 확립이 근대 산업의 발달의 기초 내지는 전제가 되었음을 잘 보여준다.

사유재산 제도가 자본주의 시장경제의 전제인 이유는 그것이 재산 증식을 담보하기 때문이다. 이것이 전제되지 않으면 재산 증식을 위한 자본주의적 노력이 이루어지지 않는다. 시민혁명에 의해 설립된 근대 국가는 개인의 인권과 재산권을 보호하고 재산 증식을 실현하기 위해 출현하였다고 해도 과언이 아니다. 시민혁명의 주체가 바로 이들 상인 자본가 등 부르주아였다는 사실이 이를 뒷받침해준다.

사유재산 제도는 사회 번영에 필수 요소이다. 중세에는 주요 재산인 토지를 경작하여 거기에서 나온 부가가치를 영주나 지주가 가져갔다. 그러나 근대 사회에서 개인의 노동에 의하여 생산된 재화와 축적된 재산은 개인의 소유물이므로 그로부터 창출되는 산출물도 역시 개인의 소유물이 된다. 물론 생산단위인 기업에서는 기업이 재산을 창출하고 그중 일부를 노동자에게 임금을 주는 형식으로 분배한다. 어쨌거나 개인이든 기업이든 소유자의 것임에는 틀림없다. 이것이 축적된 재화를 이용하는 근대 자본주의적 생산을 촉진하는 유인이다. 근대 국가에서 재산세를 부과하는 것은 소유자로 하여금 그 재산을 생산적으로 활용하도록 강제하는 역할도 한다.

오늘날 자본주의 시장경제는 등기 제도와 계약 제도 등의 새로운 세세한 사회적 기술들을 통해 소유권을 문서로 명확히 하고 거래를 기록하는 국가 시스템으로 발전하고 있다. 재산권을 보호하고 재산 제도가 작동하게 하는 것은 현대 국가의 중요한 기능이다. 국가가 개인의 재산권을 더 명확히 관리하고 보호할 뿐 아니라 생산 활동을 활성화시켜 이를 증식시키도록 하며 거래 과정에서 나타나는 사기 등에 대해 처벌도 할 수 있게 한다. 신용의 기록을 보유함으로써 자산 가치에 대해 보다 더 정확한 평가와 신뢰할만한 정보를 가질 수 있게 되기도 했다.

미래를 만들 사회적 기술들

역사 발전이란 생명 존중, 자유 확대, 신뢰 구축, 재산권 확립 등과 같은 인류가 지향하는 공통의 기본가치를 실현하는 것이다. 지금까지 인류 역사 속에서 이러한 발전을 이끈 사회적 기술들을 신분 이동, 교환과 교역의 확대, 견제와 균형, 신뢰와 법치라는 네 가지 카테고리로 나누어 각각 그 사례들을 살펴보았다.

생명체로서 인간의 천부적 인권과 자유권이 실현되는 것은 근대에 이르러서지만, 신분 격차가 있던 시대에도 신분 이동의 길이 열려있는가 아니면 닫혀있는가에 따라 사회 발전의 속도와 지속성은 차이가 있었다. 신분 이동의 길이 열려있는 사회는 발전하였고 닫혀 있는 사회는 쇠퇴하였다.

교환과 교역은 인류의 존속과 번영을 위해 물질적 필요를 충족시키기 위한 것이므로 그 확대는 인류 사회의 본성 중의 하나이다. 생명의 존속과 번영을 위해서 기본적 수요와 문화적 수요가 충족되어야 하고 이를 위해 잉여생산물을 서로 교환하고 교역하는 것은 발전과 궤를 같이 하였다. 희소성과 잉여생산의 조합으로 이루어지는 교환과 교역은 여러 가지 사회적 기술들을 만들어내면서 확대되었다.

공동체 사회의 규모가 커지고 지배 질서의 하나인 국가가 성립하면서 견제와 균형의 기술이 등장하였다. 정치권력의 독재를 막기 위해 권력분립의 아이디어가 나왔고 경제권력의 독점을 막기 위해 시장제도와 바람직한 기업지배구조 구성안이 나타났다. 최근에는 유인설계라는 상생을 위한 방안들도 고안되고 있다.

생명, 자유, 신뢰, 재산권을 지키기 위한, 즉 발전을 위한 과정은 법치의 역사를 통해 이해할 수 있다. 각 시대마다 시대적 요구에 따라 그에 걸맞는 법과 제도가 등장하였고 이를 지키기 위한 노력이 강화되었다. 점차 인치에서 법치로 통치의 중심이 바뀌면서 인간의 기본권과 재산권을 보장하는 현대적 법률로 진화하는 과정은 흥미롭다. 법치는 기본권 보장 외에도 예측 가능성을 높이기 때문에 사회의 안정과 발전에 기여한다.

사회적 기술의 역사 발전에 대한 가설

이상의 네 가지 분류에 속한 역사적 사실들을 살펴봄으로써 우리는 제도, 조직, 리더십의 사회적 기술이 역사 발전에 어떠한 역할을 하였는지 구체적으로 접해볼 수 있었다. 이들을 종합하여 볼 때 역사를 발전시키는 사회적 기술에 관한 몇 가지 가설들이 도출된다.

1. 인류 역사는 유익한 사회적 기술에 의해 발전해왔다. 예를 들면 생명체의 존속과 번영을 가져오게 한 것들, 인간의 자유권을 확

대시킨 것들, 공정성과 예측 가능성을 높여 공동체가 협력하게 만든 법치, 교환과 교역을 확대시킨 재산권 보호 제도들은 역사 발전에 기여한 중요한 사회적 기술들이다.

2. 그러한 사회적 기술들은 투쟁, 혁명, 탐험, 아이디어, 정치적 합의 등을 통해 탄생했다. 긴 역사 속에서 보면 다양한 방법들이 총동원된 느낌을 준다. 시간도 걸리고 희생도 있었고 지식을 동원하기도 하였다.

3. 생명, 자유, 신뢰, 재산권 같은 기본적 가치들은 경제성장, 민주주의, 경쟁 등과 같은 수단적 가치를 통하여 실현된다. 이들 수단적 가치들은 그 자체가 목적은 아니다. 그것이 기본적 가치를 향상시킬 때 의미를 가진다.

4. 특정한 사회적 기술은 특정한 역사적 시기에 나타난다. 시대정신이 있는 것이다. 시대를 크게 앞선 조숙한 기술은 선구적 역할을 하지만 반드시 당대에 성공하는 것은 아니다.

5. 지역적인 것으로부터 시작하여 점차 세계적인 것으로 발전한다.

6. 사회적 기술은 제도, 조직, 운영능력의 순서로만 전개되는 것은 아니다. 반대로도 이루어질 수 있다. 비전을 가진 사람들의 리더십이 우선할 수도 있고 운영 과정에서 제도와 조직이 개선되거나 강화될 수도 있다.

이러한 사회적 기술 덕분에 지난 역사 과정에서 신분 이동과 관련하여 제1의 인권이라 할 자유권과 제2의 인권이라 할 사회권이 차례로 확보되었고, 오늘날에는 제3의 인권이라 할 환경권, 즉 지속 가능한 발전, 범세계적 균형 발전 등으로까지 확장 발전해가고 있다. 교환 교역도 전 세계적 규모로 점점 더 확대되어가고 있다. 견제와 균형 시스템은 권력은 물론 기업 제도와 사회의 모든 조직으로까지 영역을 넓혀가고 있다. 신뢰와 법치와 관련하여도 세계 각국은 거의 유사한 헌법을 가지게 되었다.

그렇다면 사회적 기술이 역사를 바꾼다는 명제가 오늘날 우리 사회에 던지는 시사점은 무엇인가?

첫째, 국가 경영의 사회적 기술들은 생명 존중, 자유 확대, 신뢰 구축, 재산권 제도 확립 등 기본적 가치의 실현에 기여하는가 여부에 따라 평가할 수 있다. 어떠한 제도나 조직 그리고 정책이 이러한 가치들을 실현하는 데 긍정적 역할을 할 때 이를 좋은 사회적 기술이라 할 수 있다.

둘째, 정치는 시대적 상황에 맞는 좋은 사회적 기술들을 찾아내 실현시키는 것이다. 이제는 과거와 달리 입법기관인 의회가 제도 생산기관으로서 중요하며 민주적 절차에 따라 선출된 의원들이 이를 담당한다. 의회가 매우 중요하기는 하지만 제도와 조직과 운영능력이 조화를 이루어야 하므로 권력이 분립된 모든 정부의 모든 부서가 제 기능을 다 하는 것이 중요하다. 민간부문에서도 각각 목적을 수행하려면 마찬가지로 사회적 기술들이 필요하다.

셋째, 오늘날 우리 시대에 필요한 사회적 기술은 무엇인가를 생각하게 한다. 시대를 초월한 사회적 기술은 어느 시대에도 존재하지 않는다. 각 시대에 맞는 수준의 발전 단계가 있고 이에 맞는 사회적 기술들이 존재한다. 그것을 찾아 제도를 만들고 조직을 만들며 운영을 하는 리더십이 필요하다.

우리에게 필요한 사회적 기술들

오늘날 우리에게 필요한 사회적 기술은 무엇인가? 신분 이동, 교환 교역, 견제와 균형, 신뢰와 법치 등과 관련하여 새로이 등장하는 문제는 무엇이며 이를 해결하는 사회적 기술들은 무엇인가?

전세계는 얼핏 보아도 경제적, 종교적, 인종적 격차가 여전히 존재하고 경우에 따라서는 점점 악화되는 것처럼 보인다. 자본주의 300년 역사를 볼 때 인류는 큰 번영을 이루었지만 그 혜택의 격차가 크게 나타나 고착되고 있다. 상위 1퍼센트의 부자에게 부가 집중되고 나머지 99퍼센트 서민에게는 혜택이 덜 가는 상대적 빈곤 현상이 심화되고 있다.

지난 몇백 년간 자본주의 국가들의 조세 자료를 면밀히 조사한 토마 피케티Thoma Piketty의 『21세기 자본Capital in the Twenty-First Century』은 그러한 현상이 대부분의 선진국에서 일어난 보편적 현상이라고 보았다. 그 이유는 자본수익률이 경제성장률을 상회하기 때문에 생기는 현상이라고 분석하였다. 그 과정에서 일부 사회에는 희망이 없는 계층도 생겨나고 있다. 신분 이동이나 경제적 부의 확대에 대한 모든 희망을 포기한 사람들이 나타나기 시작하였다는 것이다.

희망격차사회란 희망을 가지고 삶을 영위하는 계층과 전혀 희망을 가지지 못하는 계층으로 나뉘는 사회를 말한다. 현대 선진국에서 이러한 불평등 현상이 나타나 심화되고 있다는 것은 신분 이동 면에서 역사 발전에 장애가 생겼다는 뜻이다.

아직도 세계 곳곳에 분쟁지역이 존재하고 전쟁의 위험이 상존하고 있다. 분단이나 종교적 분쟁이나 침략전쟁의 위험은 생명 존중에 반하고 인권과 자유권, 재산권, 신뢰 등 인류의 발전을 설명하는 가치들을 모조리 무너트린다. 그동안 발전되어온 3세대 인권의 확장, 지구 곳곳의 균형 발전, 생존권을 위협받는 경제적 빈곤의 해결을 이룩할 사회적 기술이 필요하다. 이러한 점 등을 고려할 때 지금 역사를 발전시키기 위해 필요한 사회적 기술들은 무엇일까?

　　첫째, 평화를 위한 통합 기술이 절실하다. 유럽은 지난 세기 두 차례 세계대전을 겪은 후 유럽석탄철강위원회ECSC를 출범시켜 유럽연합까지 탄생시켰다. 유럽연합이라는 통합을 위한 사회적 기술의 종합판이 시사하듯이 국가 간, 이념 간 경제적 격차 간의 분열과 대립을 완화시키려는 노력, 이를 통합 기술이라고 한다면 바로 이것이 향후 전세계가 필요로 하는 사회적 기술이 아닐까? 특히 중동이나 극동 등 세계 분쟁지역에서 더 이상 전쟁이 일어나지 않도록 평화조약을 맺고 통합해나가는 노력이 필요하다. 이는 생명존중이라는 인류의 기본적 가치를 실현하는 것이다.

　　남북한 간에도 더 이상 전쟁은 없어야 한다는 평화를 위한 통합 기술이 필요하다. 정경분리 원칙을 선언하고 경제적 교류를 확대하며 분쟁 가능 지역인 비무장지대를 평화지대로 지정하여 공동 관리하는 방안과 서해의 분쟁 지역을 공동 어로가 가능한 평화지역으로 만드는 일 등을 추진해볼 만하다. 이러한 조그만 시작을 기초로 하여 시간을 두고 점점 고차원의 평화조약 내지는 통일로 가는 길을 모색하는 것이다. 우선 가능한 것들부터 시작하자. 예컨대 어려운 정치 통합에 앞서 한반도 경제의 통합을 단계적으로 해나갈 수 있다. 유럽이 유럽경제공동체를 시작으로 하여 점차 유럽연합으로 나아간 것을 참고할 일이다. 무엇보다도 진정성 있는 평화 통합의 구체적 기술이 모색되어야 한다.

둘째, 신분 이동과 관련하여 더 이상 과거와 같은 해방운동은 필요하지 않다고 생각하는 사람들이 있다. 이미 개인의 자유권, 사회권, 환경권까지 보장받고 있는 마당에 현대의 신분 이동을 위한 사회적 기술은 더 이상 필요하지 않다고 말이다. 그러나 오늘날 선진국이라 해도 아직도 신분 격차가 여러 형태로 남아 있고 이를 해결할 사회적 기술들이 요구되고 있다.

무엇보다 갈수록 심화되는 사회적, 경제적 격차 문제에 관심을 가져야 한다. 점점 심화되고 있는 일반 서민과 상위 고소득층 간의 소득 격차는 현대판 신분사회를 만들고 있다. 이런 문제가 공정한 시장경제 제도의 운영 과정에서 나온 것이라면 이 제도의 결함을 수정함으로써 해결하여야 한다.

하지만 시장의 자유경쟁이 공정하지 않다면 이를 해결하는 일부터 시작해야 한다. 예를 들면 천부적 재산권의 침해를 들 수 있다. 불공정한 조세 제도, 착취적 임금 제도, 아이디어나 기술 탈취와 같은 지적 소유권 문제 등의 재산권 침해가 신분 격차를 고착화시키는 데 일조하고 있을 수 있다. 공정한 규칙을 만들어야 하고 이를 더욱 잘 관리하여 불공정성을 시정하는 일이 먼저 이루어져야 하는 이유이다.

2011년 미국 뉴욕의 월가로 모여든 시위대가 이러한 불평등의 문제를 제기했을 때 이미 이것은 불평등이 전 세계 자본주의 시장경제의 문제로 등장했다는 신호였다. 이 문제 해결을 위한 지혜로운 사회적 기술들이 고안되어야 한다. 이는 향후 한동안 인류 사회를 이끌어 갈 중요한 사회적 기술이 될 것임에 틀림없다.

좀 더 범위를 넓히면 희망격차사회가 되어가고 있다는 주장도 귀담아 들을 필요가 있다.

모두가 평등한 이상사회는 격차가 없는 사회다. 그러한 사회는 희망이 없는 사회일 수도 있다. 노력을 하나 아니하나 마찬가지이기 때문이다. 그러나 오늘날 우리 사회는 노력을 하면 계층 이동이 가능한 사람과 아무리 노력해도 계층 이동이 불가능한 사람들로 나뉘는 문제가 발생하고 있다. 이러한 경향은 21세기 들어 점차 심화되고 있다. 희망을 갖지 못하는 사람들이 점점 늘어난다면 이를 해결하는 사회적 기술이 시급히 필요하다. 예를 들면 우리나라에서 중소기업이 대기업으로 성장하는 예가 지난 수십 년간 크게 줄었다. 그리고 자신의 기업을 대기업으로 성장시키려는 기업가 정신을 가지고 창업에 뛰어드는 사람도 점점 줄어들고 있다. 계층 이동이 열린 사회를 만드는 일이 희망격차를 해소하는 것임을 인식하여 이를 가능하게 하는 사회적 기술을 개발하여야 한다.

환경격차 문제도 해소되어야 한다. 제3의 인권선언은 인류의 천부적 인권 중 하나가 환경의 혜택을 공정하게 받아야 한다는 점을 지적한다. 그러나 지금 인류가 생명을 위협하는 환경파괴 사회에 살고 있음은 주지하는 바와 같지만 동시에 환경적 폐해가 차등적으로 나타나고 있는 현상도 주목해야 한다. 경제격차가 환경격차를 만들고 그 폐해가 상속되는 문제를 풀어야 한다.

셋째, 교환 교역이 계속 확대됨에 따라 두 가지 문제를 풀어야 한다. 하나는 자유무역의 확대 방안을 마련해야 하는 문제이고, 다른 하나는 교역이 막힌 지역과 통상을 넓혀가는 현대판 지리상의 발견이다.

콜럼버스가 산타페 협약을 맺어 아메리카 대륙을 세계무역권으로 편입하게 한 것처럼 오늘날 세계무역이 점점 더 자유화되어 가고 있으나 아직도 정치적 이념적, 종교적 차이로 인하여 막혀있는 섬들이 존재하고 있다. 이러한 지역들과 평화적 교역의 확대가 이루어지도록 하는 방안이 사회적 기술로 나타나야 한다. 무역 확대와 관련하여 중세 베네치아 공화국의 정경분리 원칙을 주목할 필요가 있다. 종교와 정치적 신념이 다르더라도 상품과 용역의 교역은 민생을 향상시키기 때문에 확대되고 계속되어야 한다. 이런 저런 이유로 이를 가로막는 것은 어리석은 일이다. 자유무역의 확대는 소비자와 생산자에게 효율성과 이익을 가져다 주는 일이므로 앞으로도 계속되어야 한다.

넷째, 견제와 균형은 언제나 필요하다. 특히 새로운 권력에 대한 견제와 균형 시스템이 필요하다. 국내외적으로 모든 권력에 대해 견제와 균형을 실현하기 위한 제도의 고안이 필요하다. 초강대국이 세계를 주름잡는 일, 국내적으로 독점, 검찰, 정부 규제 등 견제장치 없는 기관들의 권력 행사는 발전에 기여하기보다 오히려 장애가 될 수 있다.

사물인터넷이나 빅데이터 관련 사업들이 미래 유망 산업으로 지목되고 있는데 이들 산업의 특성상 경제권력이 정보 플랫폼 산업으로 집중될 가능성이 높아지고 있다. 정보를 장악하는 자가 권력을 보유하게 되는 것은 과거나 미래에나 마찬가지이다. 따라서 정보 독점이나 남용 행위에 대한 규제가 필요하다. 이 분야의 성장도 필요하지만 모든 것이 마비될 수 있는 메가톤급 리스크도 나타날 수 있기 때문이다. 따라서 이를 잘 관리하고 견제하여야 사회가 발전한다.

투명성을 높이고 반부패 제도를 강화하고 특히 권력자들의 비리를 견제하는 기술이 미래에도 필요하다. 독점과 관련하여 기업집단의 불공정한 시장 교란 행위를 철저하게 규제하는 노력이 선행되어야 한다. 정부의 기업 개입과 간섭을 줄이기 위해서는 규제완화가 불가피하지만 생명의 안전과 건강 그리고 공공질서 유지를 위한 규제는 더욱 강화되어야 한다. 반칙이나 불공정에 대한 규제도 강화되어야 한다.

언론이나 정부의 권력을 견제하는 시민의 운동도 필요하다. 각 분야에서 전문성을 가진 시민들이 자발적으로 감시와 적발 활동을 하는 것이 중요하다. 이러한 운동과 관련하여 사물인터넷을 활용하는 방안 등이 고려될 수 있다. 다른 한편으로는 상생 협력을 위한 유인설계 제도를 적극 도입하여야 된다.

다섯째, 신뢰와 법치를 향상시키기 위해서는 법을 만드는 의회를 개혁해야 한다. 의회가 제 기능을 할 수 있는 방안이 무엇인지, 정부권력과 관련하여 어떻게 하면 이를 달성할 수 있는지 사회적 기술로서 검토되어야 한다. 입법 활동의 자유화, 소수의견의 존중 등을 위한 기술을 개발할 필요가 있다. 시민 입법의 길을 여는 등 시민의 참여를 높이는 실질적 민주주의가 이루어지는 방안이 모색되어야 할 것이다. 지역 분할이나 승자독식의 선거 제도 역시 개선되어야 한다. 한 선거구에서 복수 당선자를 뽑는 중·대선거구 제도나 복수로 뽑아놓고 순차적으로 의회활동을 하도록하는 방안도 고려해볼 만하다.

경제적 격차와 희망격차를 극복하는 일은 자유와 평등을 실현하는 길이며 통합을 통한 신뢰 사회를 만드는 길이기도 하다. 사회적 기술이야말로 반부패 사회, 투명 사회를 만들기 위한 해결책이 되어줄 것이다.

주

2부

3장

1   John Scheild, Roger Hanoune, *Nos Ancestre les Romans,* 1993(『로마인의 삶』, 1997, p.130) "시민권의 개념은 로마인들이 물려준 가장 중요한 유산 중의 하나"라고 함.

2   몽테스키외, 2013, 『로마의 성공, 로마제국의 실패』, p.51

3   클라우디우스 연설문은 황제가 태어난 리옹의 박물관에 원본 비문이 보관되어 있다.

4   크리스 스카레, 2004, 『로마황제』, 윤미경 옮김, 갑인공방, p.52

5   로마의 법률기록에는 라틴시민권을 가진 사람은 전혀 찾아 볼 수 없다. 이를 보면 로마시민권과 라틴시민권을 구분하지 않은 듯하다. 법적 권리에서는 큰 차이가 없다는 뜻이기도 하다. 다만 자식에게 유산을 남기지 못하고 공직에 취업하지 못한다는 것만 다르다(로버트 냅, 2012, 『99%의 로마인은 어떻게 살았을까』, p.261-262).

6   로버트 냅, 위의책, p.261

4장

1   로버트 냅, 위의책, p.209

2   원제는 '변형담', 아풀레이우스 작으로, 세계 최초의 장편 소설로 완전한 형태로 남아 있는 로마 시대의 소설이다.

3   아테나이오스, 『지식인들의 저녁식사』.

4   여기서 티베르 강은 로마를, 오르테스 강은 동방을 지칭한다고 보면 된다. 즉 동방에서 흘러들어온 이민족, 즉 노예와 해방노예가 로마를 파멸로 이르게 하였다는 것을 암시한다.

5   로버트 냅, 위의책에서 재인용, p.260

6   로버트 냅, 위의책, pp.272-273

7   파피루스선집, 냅에서 재인용, p.252

8   라틴고전비문집, 냅에서 재인용, p.212

5장

1   『이탈리아 르네상스 이야기』를 저술한 부르크하르트Bruckhardt가 르네상스기의 이탈리아인을 "근대유럽의 첫 아이"로 규정한 바 있다.

2   에라스뮈스는 네덜란드 출신이지만 영국의 토마스 무어와 친구이고 헨리 왕자(후에 헨리 8세)와도

친분이 두터웠다. 유럽 각지를 여행하였으며 이탈리아의 토리노 대학에서 신학박사 학위를 받았다. 이탈리아에 머무는 수년 동안 르네상스 인문주의자들과 교류도 깊었다. 종교개혁의 마틴 루터와는 '자유의지'를 놓고 두 차례 저서 논쟁을 벌이기도 하였다.

3 　下田淳, 2013, 『ヨーロッパ文明の 正体』, p.167

4 　下田淳, 위의책, p.167

5 　下田淳에서 재인용.

6장

1 　M. Aronson & M. Budhos, *Sugar Changed The World: A Story Of Magic, Spices, Slavery, Freedom And Science*, 2010(『설탕, 세계를 바꾸다』, 2013, pp.87-88)

2 　유종선, 2012, 『미국사 다이제스트100』, p.187

3 　David Boyle, *What If Money Grew on Trees?*, 2013(정록엽 역, 『나무에 돈이 열린다면』, p.112)

4 　유종선, 위의책, pp.190-191

5 　무기고를 습격하다가 체포되어 사형당한 사건.

6 　유종선, 위의책, pp.202-203 참조.

7 　M. Aronson & M. Budhos, 위의책, 2010(『설탕, 세계를 바꾸다』, 2013, p.143)

7장

1 　한국민족문화대백과사전, "토지개혁조"

2 　고려 말기 이래 사전 확대 과정에서 은결되어 국가의 지배에서부터 빠져 있던 토지를 국가소유로 편입시키고 토지의 등급을 조사하는 토지조사사업으로 국가재정의 수취원을 확대했으며, 합리적인 지대징수를 할 수 있게 하였다(민족문화대백과사전).

3 　땅을 갈지 아니하고 괭이로 땅의 겉을 헤치어 씨를 뿌린 다음 거두어들일 때까지 전혀 손질을 하지 아니하는 원시적 농경 방법에 의한 경작권.

4 　과전법의 조세 규정에 따르면, 공전·사전을 막론하고 수조권자에게 바치는 조는 매 1결당 10분의 1 조인 30두(斗)였다. 그리고 전주(田主)가 국가에 바치는 세는 매 1결당 2두였다. 조의 부과는 경차관 (敬差官)이나 사전의 전주가 매년 농사의 작황을 실제로 답사해 정하는 답험손실법(踏驗損實法)이 었다(한국민족문화대백과, '과전법').

5 　박제가 저, 안대회 역, 『북학의』, pp.294-295

6 　박제가 저, 위의책, pp.219-220

3부

8장

1   브라이언 페이건, 2011, 『세계선사 문화의 이해: 인류 탄생에서 문명 발생까지』, p.163

2   고든 차일드는 신석기 기간을 기껏해야 2000년 정도로 보고 그것은 구석기의 1/100도 되지 않는 짧은 기간이라고 보았다(『신석기 혁명과 도시혁명』, p.111).

3   농경은 터키 동부와 유프라테스 강안의 아부 후레이라(Abu Hureyra)에서 BC 1만 년경 개시되었다. 양과 염소가 이 유적과 여타 취락에서 BC 9천년 이후로 갑작스레 가젤 영양 사냥으로 대체된다. 2천년 사이에 인구가 수천에서 수만으로 늘어난다. 이집트 나일 강 유역 식량생산은 BC 7000년경, 목축은 3000년경이고 중국은 BC 9500년경 벼를 재배했고 BC 6500년경 널리 확산되었다.(이상 『세계 선사문화의 이해』, p.239)

4   고든 차일드, 위의책, p.131 참조.

5   고든 차일드, 위의책, p.211 참조.

6   고든 차일드, 위의책, p.218 참조.

7   여호수아 13장 5절에 등장하는 그발족(Giblites).

8   木村稜二, 中村るい, 2012, 『古代地中海 世界の歴史』, p.61

9   木村稜二, 中村るい, 2012, 위의책, pp.62-63

10   이언 모리스, 2013, 『왜 서양이 지배하는가』, pp.339-340

11   木村稜二, 中村るい, 2012, 위의책, pp.65-66

12   궈팡, 2013, 『역사가 기억하는 인류의 문명』, p.184

13   조르주 장, 1995, 『문자의 역사』, p.63

14   실크로드라는 명칭은 19세기 독일의 지리학자 리히트호펜이 그의 저서 『China』(1877)에서 비단길 (Seidenstrassen)이라고 처음 사용하였다. 그는 중국에서 예로부터 서역이라 불리는 현재의 중국 신강 위구르 자치구인 동 투르키스탄을 동서로 가로지르는 교역로, 이른바 오아시스를 경유하는 길을 비단길이라고 불렀다. 그 후 스웨덴의 지리학자인 헤딘이 1938년에 중앙아시아 여행기를 펴냈는데 그 제목을 『The Silkroad』라 하여 널리 알려지게 되었다.

9장

1   *International Dictionary of Historic Places: Southern Europe*, p.175

2   로저 크롤리, 2013, 『부의 도시 베네치아』, p.352

3   로저 크롤리, 2013, 위의책, pp.366-367

4   로저 크롤리, 2013, 위의책, pp.26-27

5   1255년 상선 정기항로 '무다' 시작.

10장

1   현대 역사학자들은 이것은 다소 과장되었다고 한다. 거기에 지도제작자를 고용하여 모리타나아 (Mauritania)해안을 그리게 한 것은 사실이나 천문대를 설치할 정도의 과학 센터를 설치한 것은 아 니라 한다.

2   동방견문록에는 "황금으로 가득 찬 일본국은 황금으로 왕국을 짓고 궁궐 안에 난 길과 마룻바닥에 는 4cm 두께의 황금벽돌이 깔려 있다. 심지어 창문틀까지 죄다 금으로 만들었다. 그리고 가는 곳마 다 장밋빛으로 빛나는 진주를 채집할 수 있다 … 죽은 사람의 입 속에 진주 한 알을 넣어준다"라는 과장된 기술이 있다.

3   조약 내용은 유네스코 세계기록유산에 등록된 「산타페 협약」에서 발췌.

4   제2차 항해에는 1493년 9월 24일 17척의 배에 1200명을 태워 항해를 했다.

5   그러나 그 기술적 우위가 지속적으로 발전하여 스페인의 전성시대를 오래 지속시키지 못한 데는 이 사벨 여왕의 가혹한 가톨릭화 정책도 한 몫 하였다. 이사벨 여왕은 "이단심문" 제도를 도입하여 이슬 람교도와 유대교인을 1만 명 이상 처형하였고 40만 명 이상을 추방하였다. 8만 명은 가톨릭으로 개 종시켰다.(『世界の'道'から歷史を讀む方法』, p.111) 이는 중남미 식민지로부터 실어온 은과 금을 생 산적으로 사용하지 못한 것과 더불어 지속적 발전을 이어가지 못한 원인이 되었다.

11장

1   이언 모리스, 2013, 『왜 서양이 지배하는가』, p.622

2   윌리엄 로젠, 2011, 『역사를 만든 위대한 아이디어』, p.356

12장

1   新羅處海濱, 八分今之一. 句麗方左侵, 唐師有右出. 倉庾自有餘, 稿饒禮無失. 細究此何故, 其用在舟車. 舟能通外國, 車以便馬驢. 二者不可復, 官晏將何如.

2   마지막 문장, 又必通遠方之物, 而後貨財殖焉, 百用生焉.

3   박제가, 『북학의』, p.275, 안대회 역.

4   위의 책, p.258 주석 참조.

4부

13장

1   마키아벨리, 2010, 『군주론 & 로마사평론』, p.114

2   몽테스키외, 2013, 『로마의 성공, 로마제국의 실패』, pp.125~126

3   몽테스키외, 위의책, p.128

4   마키아벨리, 위의책, p.100

5   마키아벨리, 위의책, p.139

14장

1   1302년에 프랑스에서도 3개 신분으로 구성된 삼부회의가 열렸다.

2   Douglass North, 1973, *The Rise of the Western World: A New Economic History*

3   볼테르, 2014, 『철학 편지』, pp.40-41

4   귀팡, 『역사가 기억하는 식민지 쟁탈』, p.142

5   리처드 아크라이트의 수방적기, 제임스 하그리브스의 다축 방적기, 새뮤얼 크롬튼의 뮬 정방기(수방
     적기와 다축 방적기의 결합체)를 이용한 면방적기. 1769년, 특허를 얻었으며 1783년에 그 효력이 발
     생되었다. 면직·방직 공장의 설립으로 이어졌다.

6   Douglass North, 위의 논문 등 참조.

7   대런 애스모글루, 제임스 로빈슨, 『왜 국가는 실패하는가』, p.302

15장

1   "Government should be set up so that no man need be afraid of another"

2   유종선, 『미국사 다이제스트 100』, p.114

3   귀팡, 『역사가 기억하는 혁명의 물결』, p.21

16장

1   2007년에 이미 모기지 은행이 파산하기 시작했다. 뉴 센츄리 파이낸셜, 노바스타 파이낸셜, 프레몬
     트 제너럴 등이 대표적 사례다. 2008년에는 베어스턴스(08.3.14), 패니메이Fannie Mae, 프레디 맥
     Freddie Mac(08.9.7), 리먼 브라더스(08.9.15), AIG 구제금융(08.9.16), 골드만 삭스 등이 동시 다
     발적으로 파산했고, 모건 스탠리는 은행지주회사로 전환됐다(08.9.22).

2   벌과 민스는 기업경영방법상의 변화라기보다는 문명적 변화(a major shift in civilization)라고 까
     지 의미를 부여했다.

3   민스에 따르면 소유(ownership)란 기업 내에 이권을 가진 그룹에 적용되는 말로써 소유자는 주주,
     채권자, 종업원 등이며 이에 반하여 경영, 정부, 은행 등 힘을 가진 그룹은 지배(control)를 하게 되
     는데 이들은 모든 가치 있는 정보를 가지고, 실제 기업을 운영하며, 이익 등 과실을 배분할 업무를
     담당한다.(Means, 1931)

4   Adolf A. Berle, Jr., Gardiner C. Means , 1930, "Corporations and The Public Investor",
     The American Economic Review, 20:1, p.54~71

17장

1   佐伯啓思, 2004, 『自由とは 何か』, pp.186-194

2   하이에크도 실업자 및 고용 불가능한 빈곤자에 대한 정부의 대책이 당연한 것으로 보고 있다. 다만

어떠한 형태의 대책이 시장기능을 최소한으로 방해하지 않을 수 있는가에 관심을 가져야 한다고 하였다.(『個人主義と 經濟秩序』, pp.153-154)

3   존 스튜어트 밀이 자유론(J. Mill, 1869)에서 주장한 것으로 남에게 해가 되지 않는 한 신체, 재산, 사상의 자유가 보장된다는 주장이다. 'harm principle'은 타자위해의 원칙이라고 부르고 있지만 실제로는 'Do not harm to others', '타자에게 해를 끼치지 말라'의 의미를 함축하고 있다.

4   일정규모이상의 자산총액 등 시행령이 정하는 기준에 해당하는 기업집단(대규모 기업집단)에 속하는 회사는 자기의 주식을 취득 또는 소유하고 있는 계열회사의 주식을 취득 또는 소유하는 것을 금지하였다.

5   대규모 기업집단에 속하는 회사(계열사 포함)가 타회사에 출자할 수 있는 총액을 순자산액의 40%를 초과할 수 없도록 제한하였다(출자한도액의 설정).

6   당초에는 개별회사별로 불공정거래행위를 규제하던 것을 기업집단에 의한 불공정거래행위도 규제하도록 하였다. 즉, 계열회사 또는 다른 사업자를 통한 불공정거래행위나 계열회사에 대한 차별적인 지원행위도 규제대상에 포함시켰다.

7   임영재·이건범(2003), 김현종·이인권(2005), 곽만순(2006), 강철규·이재형(2007) 등 참조.

8   조지 애컬로프와 조셉 스티글리츠(비대칭정보), 마이클 스펜스(노동)가 2001년 노벨경제학상을 받았다. 이 중 레몬시장문제는 스티글리츠가 기여한 부분이다.

5부

18장

1   데이비드 마이스터(Meister)의 신뢰방정식 참조.

2   George Davoodi(2002)는 부패지수[국제투명성기구의 부패인지도 지수(CPI)] 1단위가 감소하면 국민 1인당 GDP가 2.64% 상승하는 것을 보여주었다. 이 당시 CPI는 1에서 10단위까지의 숫자였다.

3   1995년부터 2011년까지는 10점을 만점으로 0이 가장 부패한 수준을 나타냈으나, 2012년부터 100점 만점으로 변경되었다.

4   필자가 초대위원장으로 취임하였다.

5   대한민국 부패방지 및 국민권익위원회의 설치와 운영에 관한 법률(2008.2.29).

19장

1   Hammurabi's Code of Laws.

2   통지아위 편, 2011, 『역사가 기억하는 세계 100대 제왕』, P.19 참조.

3   (제50조) If he give (as security) a field planted with [grain] or a field planted with sesame, the owner of the field shall receive the grain or the sesame which is in the field and he shall return the loan and its interest to the merchant. 제51조 If he have not the

money to return, he shall give to the merchant [grain or] sesame, at their market value according to the scale fixed by the king, for the loan and its interest which he has obtained from the merchant.

4   Charles F. Horne 박사가 1915년에 쓴 L.W.King의 함무라비 법전 영역판 서문.

5   BC 2350~2334년 수메르지역에는 인구 100만 명을 거느린 왕들이 나타난다. BC 2350년에는 움마의 루갈자게시(Lugalzagesi) 왕이 인구 100만으로 수메르 전 지역의 지배권을 가졌으며, BC 2334년에도 메소포타미아 북부의 아카드 왕국의 사르곤 왕이 인구 100만으로 수메르왕국을 정복한다. (시릴 아이돈, 2010, 『인류의 역사』, p.72, pp.78~79)

20장

1   최병조, 로마12표법, 참조, http://blog.naver.com/kimsdong/70084819876, 2014

2   BC 445년 카누레이우스 법에서 허용으로 바뀜.

3   최병조, 로마법의 정의와 변천사, 2010 http://blog.naver.com/kimsdong/70084819876

4   이것은 프랑스의 로마 법학자 고토프로아(Dionysius Gothofredus, 1549~1622) 교회법 대전에 대응해서 붙인 명칭이다.

5   최병조, 로마법 정의와 변천사 참조.

6   『사기열전』 중 『노장신한열전老莊申韓列傳』

7   『세계사상대전집 5 : 순자荀子/한비자韓非子』 중 「문전편問田篇」, p.275

8   『세계사상대전집 5 : 순자荀子/한비자韓非子』 중 「오두편五蠹篇」

9   『사기열전』, p.37

10   『사기열전』, pp.239~240

21장

1   (12조) No 'scutage' or 'aid' may be levied in our kingdom without its general consent, unless it is for the ransom of our person, to make our eldest son a knight, and (once) to marry our eldest daughter. For these purposes only a reasonable 'aid' may be levied. 'Aids' from the city of London are to be treated similarly.

2   (13조) The city of London shall enjoy all its ancient liberties and free customs, both by land and by water. We also will and grant that all other cities, boroughs, towns, and ports shall enjoy all their liberties and free customs.

3   (39조) No free man shall be seized or imprisoned, or stripped of his rights or possessions, or outlawed or exiled, or deprived of his standing in any other way, nor will we proceed with force against him, or send others to do so, except by the lawful judgement of his equals or by the law of the land.

4   이상의 마그나 카르타 변천사는 Wikipedia, Magna Carta 참조.

5   "My true glory is not to have gained forty battles; Waterloo will erase the memory of so many victories; what nothing will erase, what will live eternally, my Civil law." (Napoleon Bonaparte, Saint-Helen's memorial)

6   (8조)The exercise of civil rights is independent of the quality of citizen, which is only acquired and preserved conformably to the constitutional law. (7조)Every Frenchman shall enjoy civil rights.

7   법전 완성 과정에 대한 내용은 Wikipedia, Cabaceres 참조.

8   "Three things are necessary and are enough with the alive man in company : to be a master of his person; to have goods to fill his needs ; to be able to lay out, for his greater interest, of his person and his goods. All the civil laws are thus reduced to the rights of freedom, property and to contract." (Cambaceres).

22장

1   John Locke, 1960, *Two Treatises of Government*

2   "Civil government, so far as it is instituted for the security of property, is, in reality, instituted for the defense of the rich against the poor, or of those who have property against those who have not at all". *The wealth of nations*, p. 167

3   Nozick, 『정의란 무엇인가』(마이클 샌델, 2010)에서 재인용(96).

4   나머지 2개조는 "사람을 죽인 자는 즉시 사형에 처한다", "남에게 상해(傷害)를 입힌 자는 곡물로써 배상한다"이다.

5   "In cases of need all things are common property"

6   (제11조) 재산에 관한 논쟁 및 사람과 사람의 소송에 있어서는 배심원에 의한 고래로부터 내려오는 는 어느 재판이 어느 누구에게도 구애됨이 없이 신성한 것이 되어야 한다.

참고자료

Adam Smith, 1937, *An Inquiry into The Nature and Causes of The Wealth of Nations,* The Modern Library, Random House, New York.

Adolf A. Berle, Jr., Gardiner C. Means, 1930, "Corporations and The Public Investor", *The American Economic Review.*

Adolf A. Berle, Jr., Gardiner C. Means, 1932, *The modern corporation and private property,* Macmillan Co.

Alessandro Arrighetti, Gilberto Seravalli, Guglielmo Wolleb, 2008, "Social Capital, Institutions, And Collective Action Bet. Firms", Ch. 19. in D. Castigione, J. W. Van Deth and G. Wolleb, 2008, *The Handbook of Social Capital,* Oxford Univ. Press.

Amartya Sen, 1999, *Development as Freedom* (아마르티아 센, 2001, 『자유로서의 발전』, 박우희 역, 세종연구원).

Arnold Toynbee, 1884, *Lectures on the Industrial Revolution of the Eighteenth Century in England,* Rivington's (1884); Whitefish, Kessinger Publishing (pb 2004).

Barry Edward O'Meara, 1822, *Napoleon in Exile, or A Voice From St. Helena.*

Bernard Schwartz, 1998, *The Code Napoleon and the Common-law World,* The Lawbook Exchange.

Brian Fagan, 2011, *World Prehistory: A Brief Introduction,* Routledge (브라이언 페이건, 2011, 『세계선사 문화의 이해: 인류 탄생에서 문명 발생까지』, 이희준 역, 사회평론아카데미).

Chris Scarre, 2002, *Chronicle of The Roman Emperors,* Thames & Hudson Ltd. (크리스 스카레, 2004, 『로마황제』, 윤미경 역, 갑인공방).

Cyril Aydon, 2007, *The Story of Man* (시릴 아이돈, 2010, 『인류의 역사』 이순호 역, 리더스 북).

Dario Castiglione, Jan W. Van Deth, Guglielmo Wolleb, 2008, *The Handbook of Social Capital,* Oxford University Press.

Daron Acemoglu, James Robinson, 2012, *Why Nations Fail,* Crown Business (대런 애스모글로우, 제임스 로빈슨, 2012, 『왜 국가는 실패하는가』, 최완규 역, 시공사).

David Boyle, 2013, *What If Money Grew on Trees?*, Ivy Press (데이비드 보일 외, 2014, 『나무에 돈이 열린다면』, 정록엽 역, 황소걸음).

David Dollar, Aart Kraay, 2000, "Property Rights, Political Rights, and the development of Poor Countries in the Post-Colonial Period", *World Bank Oct. 2000*.

David Meister, Charles H. Green, Robert M. Galford, 2000, *Trusted Advisor*, Touchstone (데이비드 마이스터 · 찰리 그린 · 로버트 갤포드, 2009, 『신뢰의 기술: 고객을 내편으로 만드는 프로페셔널 법칙』, 정성묵 역, 해냄).

David Ricardo, 1817, *On the Principles of Political Economy and Taxation*, London.

Douglass North, 1990, *Institutions, institutional Change and Economic Performance*, Cambridge University Press.

Douglass North, Barry Weingast, 1989, "Contributions and Commitment: The Evolution of Institutions Governing Public Choice in Seventeenth Century England", *The Journal of Economic History*, 49(4).

Douglass North, Robert Thomas, 1973, *The Rise of the Western World: A New Economic History*, Cambridge University Press.

Edna Ulman-Margalit, 1978, *The Emergence of Norms*, Oxford University Press.

Eric Beinhocker, 2006, *The Origin of Wealth: Evolution, Complexity, and The radical remaking of Economics*, HBRP (에릭 바인하커, 2007, 『부의 기원』, 안현실 · 정성철 역, 랜덤하우스코리아).

Georges Jean, 1987, *L'ecriture me'moire des hommes*, Gallimard (조르주 장, 1995, 『문자의 역사』, 이종인 역, 시공사).

George T. Abed, Hamid Reza Davoodi, 2000, "Corruption, Structural Reforms, and Economic Performance in the Transition Economies", *IMF Working Paper* No.WP/00/132, International Monetary Fund.

Gordon Childe, 1950, "The Urban Revolution", *Town Planning Review*.

Gordon Childe, 1951, *Man makes himself*, Mentor (고든 차일드, 2013, 『신석기혁명과 도시혁명』, 김성태 · 이경미 역, 주류성).

Hayek, 1944, *The Road to Serfdom*, The University of Chicago Press

Hayek, 1949, *Individualism and Economic Order*, Routledge & Kegan Paul 『ハイエク全集』, 3; 전집3권은 嘉治原郎 · 嘉治佐代 역(1988), 『個人主義と 經濟秩序』, 春秋社.

IBRD, WB, 2008, *The Growth Report: Strategies for Sustainable Growth and Inclusive Development*, by The Commission on Growth and Development, 산업연구원

(2009), 성장보고서: 지속적 성장과 포괄적 발전을 위한 전략.

Ian Morris, 2010, *Why The West Rules for Now?*, Picador (이언 모리스, 2013, 『왜 서양이 지배하는가』, 최파일 역, 글항아리).

Jeremy Rifkin, 2004, *The European Dream: How Europe's Vision of the future is Quietly Eclipsing the American Dream?*, Tarcher (제러미 리프킨, 2005, 『유러 피언 드림』, 이원기 역, 민음사).

John Locke, 1960, *Two Treatises of Government,* Cambridge University Press.

John Rawls, 1971, *A Theory of Justice,* Cambridge, Belknap Press of Harvard University Press.

John Scheild, & Roger Hanoune, 1993, *Nos Ancestre les Romans* (존 셰이드 · 로제르 아 눈, 1999, 『로마인의 삶』, 손정훈 역, 시공사).

John Stuart Mill, 1859, *On Liberty* (존 스튜어트 밀, 2000, 『자유론』, 최요한 역, 홍신문화 사).

Kang Chul-kyu, Lee Jae-Hyung, 2009, "The Economic Growth Effect of Social Technology Improvement: A Cross-Country Analysis", *J KED, 2009.6* 제1호.

Kang Chul-kyu, Lee Jae-Hyung, 2010, "An Analysis of Income Sensitivity to Social Technology: A Comparison among Country Groups Using Panel Data", *International Studies Review,* vol. 11, No 1.

L. W. King, 1915, Hammurabi's Code of Laws (함무라비 법전 영역판).

Marc Aronson, Marina Budhos, 2013, *Sugar Change the World*, Clarion Books (마크 애론슨, 마리나 부드호스, 『설탕, 세계를 바꾸다』, 설배환 옮김, 검둥소.

Margaret Davidson, 1994, *I Have a Dream : The Story of Martin Luther King* (Paper-back, Reissue)-Scholastic Biography.

Martin Luther King, 1987, *I Have a Dream: Martin Luther King, Jr. Handbook of activities,* University of Pittsburg.

Michael Sandel, 2009, *JUSTICE: What's the Right Thing to Do?*, Farra, Straus and Giroux (마이클 샌델, 2010, 『정의란 무엇인가』, 이창신 역, 김영사).

Nozick, 1974, *Anarchy, State, and Utopia,* Basic Books.

Patrick Curry, Oscar Zarate, 1995, *Introducing: Machiavelli* (패트릭 커리, 오스카 자라 트, 2007, 『마키아벨리』, 이상현 역, 김영사),

Philip Matyszak, 2003, *Chronicle of The Roman Republic,* Thames & Hudson Ltd. (필 립 마티작, 2004, 『로마공화정』, 박기영 역, 갑인공방).

Richard Dawkins, 1976, *The Selfish Gene,* Oxford University Press.

Richard Nelson, 2003, "Physical And Social Technologies and Their Evolution", *Columbia University working paper.*

Rober Axelrod, 1984, *The Evolution of Cooperation,* Basic Books.

Robert D. Putnam, 1993, "The Prosperous Community: Social Capital and Public Life", *American Prospect.*

Robert Klitgaard, 1988, *Controlling Corruption,* University of California Press.

Robert Knapp, 2011, *Invisible Romans,* Havard University Press (『로버트 냅, 99%의 로마인은 어떻게 살았을까』, 2012, 김민수 옮김, 이론과 실천).

Roger Crowley, 2011, *City of Fortune; How Venice Won and Lost a Naval Empire,* Random House (로저 크롤리, 2013, 『부의 도시 베네치아』, 우태영 역, 다른세상).

Ronald Coase, 1937, "The Nature of the Firm", *Economica* 4 (16): 386 – 405.

Ronald Coase, 1988, *The Firm, The Market, and The Law,* The University of Chicago Press.

Song Hong Bing, 2014, *Currency Wars* 05, Changjiang Literature Press (쑹훙빙, 2014, 『탐욕경제』, 홍순도 역, 박한진 감수, 알에이치코리아).

Thomas Piketty, 2013, *Capital in the 21ˢᵗ Century,* Belknap Press (토마 피케티, 2014, 『21세기 자본』, 장경덕 역, 글항아리).

Trudy Ring, Robert M. Salkin, Sharon La Boda, 1996, *International Dictionary of Historic Places: Southern Europe,* Taylor &Francis, Retrieved 24 March 2011.

Willam Easterly, Ross Levine, 2003, "Tropics, germs, and crops: How endowments influence economic development", *Journal of Monetary Economics, 50 (1),* 3-39.

William Rosen, 2010, *The Most Powerful Idea In The World: A Story of Steam, Industry and Invention,* University of Chicago Press (윌리엄 로젠, 2011, 『역사를 만든 위대한 아이디어』, 엄자현 역, 21세기북스).

강철규, 2011, 『소셜테크노믹스: 사회적 기술의 경제학』, 엘도라도.

궈팡, 2013, 『역사가 기억하는 인류의 문명』, 이한님 역, 꾸벅.

궈팡, 2012, 『역사가 기억하는 중고대사: 500년부터 1000년까지』, 원녕경 역, 꾸벅.

궈팡, 2013, 『역사가 기억하는 유럽의 변화: 1500년부터 1600년까지』, 정유희 역, 꾸벅.

궈팡, 2013, 『역사가 기억하는혁명의 물결: 1700년부터 1800년까지』, 조유리 역, 꾸벅.

궈팡, 2013, 『역사가 기억하는 식민지 쟁탈: 1800년부터 1914년까지』, 홍지연 역, 꾸벅.

김희보, 2010, 『세계사 다이제스트100』, 가람기획.

루키우스 아풀레이우스, 2007, 『황금당나귀』, 송병선 역, 매직하우스.

루터·에라스무스, 2011,『자유의지와 구원』, 김주한·이성덕 역, 두란노 아카데미.

마르코 폴로, 1994,『동방견문록』, 최호 역, 홍신사상사.

마키아벨리, 2010,『군주론 & 로마사 평론』, 이동진 역, 해누리.

M.I.핀리 편, 1987,『헤로도투스: 역사』, 이용찬 역, 평단문화사.

박제가, 2013,『북학의』, 안대회 역주, 돌베개.

볼테르, 2014,『철학 편지』, 이병애 역, 동문선.

부르크하르트, 2011,『이탈리아 르네상스 이야기』, 지봉도 역, 동서문화사.

사마천, 1971,『사기열전』, 최인욱 역, 현암사.

샤를 드 몽테스키외, 2013,『로마의 성공, 로마제국의 실패』, 김미선 역, 사이.

스벤 헤딘, 2010,『마지막 탐험가: 스벤 헤딘의 자서전』, 윤준·이현숙 공역, 뜰.

시오노 나나미, 2014,『리더를 위한 로마인 이야기』, 한성례 역, 호미디어.

안효상, 2014,『세계사 콘서트』, 지식갤러리.

유종선, 2012,『미국사 다이제스트100』, 가람기획.

이강혁, 2012,『스페인역사 다이제스트100』, 가람기획.

주경철, 2014,『크리스토퍼 콜럼버스: 종말론적 신비주의자』, 서울대학교 출판문화원.

통지아위 편, 2011,『역사가 기억하는 세계 100대 제왕』, 정우석 역, 꾸벅.

한국중앙연구원, 한국민족문화대백과사전, 토지개혁조 참조.

韓非子, 1971, 세계사상대전집 5, 荀子/韓非子, 감학주 역, 五蠹篇, 問田篇, 대양서적.

『한서 지리지·구혁지(漢書 地理志 溝洫志)』, 2007, 이용원 해역, 자유문고.

헌재 1990. 9. 10. 89헌마82, 판례집 2, 306, 310헌재 2008. 10. 30. 2006헌바35, 판례집 20-2
　　　상, 793, 804-805.

藤野繡, 2011,『世界の '道'から 歷史を 讀む 方法』, kawade夢新書;s377, 河出 書房新社.

木村稜二, 中村るい, 2012,『古代地中海 世界の 歷史』, 筋摩書房.

三井 誠, 2005,『人類進化の 700萬年-書き換えられる[ヒトの起源]』, 講談社 現代新書.

佐伯啓思, 2004,『自由とは 何か』, 講談社 現代新書.

下田淳, 2013,『ヨ＿ロッパ文明の 正體』, 筋磋新書.

인터넷자료

EAWC(Exploring Ancient World Cultures): Readings from the Ancient Near East,
　　　Wikipedia

최병조, 로마12표법 http://blog.naver.com/kimsdong/70084819876, 2014

최병조, 로마법의 정의와 변천사, 2010 http://blog.naver.com/kimsdong/70084819876헌
법재판소 판례정보 http://www.ccourt.go.kr/,